JN025646

イノベーション入門

Introduction to Innovation

小川 正博 著
Ogawa Masahiro

はしがき

　今日イノベーションという言葉が氾濫している。そこにはわが国の国際競争力の低下，企業経営の革新や産業構造変革の遅れ，低迷する新規創業，低い生産性など旧態たる経営からの脱皮や，閉塞する経済からの脱皮などの思いがある。

　かつては技術革新という名のもので，技術や製品開発に励んだ日本企業は1980年代から1990年代にかけて躍進し，世界に存在感を示した。しかしその後，経済は低迷し失われた10年どころか，失われた30年という状況にさえ陥った。一方でアメリカでは情報技術を活用する企業が，次々と新しい事業を創造して世界経済をリードするようになった。また中国をはじめとする新興国企業も存在感を高めている。世界経済が成長するなかで，わが国の経済力は低迷し，相対的に低下している。

　イノベーションは新しい機能の創造である。顧客に利便性のある新たな機能を提供する製品や技術，サービスなどを事業として提供し，それが普及して社会経済が飛躍する現象がイノベーションである。そのために既存のさまざまな経営資源や，新しく開発された技術などを新たに結合して事業化する。多様化し複雑化する社会のなかで，新たな課題を解決するイノベーションや，急速に進化する情報技術をはじめとする新たな技術を活用したイノベーションが求められている。

　わが国経済が再び躍動し，未来に希望のある活気ある社会になるには，イノベーションを競い合いながら躍進する企業が必要である。それを見て挑戦する若者が必要である。未知のものにはリスクが伴うが，新たな利便性の創造に向けて，事業に挑戦する企業家が必要である。こうした企業家が登場することを筆者は期待している。

　わが国に少しでもイノベーションを喚起したいとの思いで本書に取り掛かったものの，イノベーションを成功させる方法論や実践論で効果的な書物は手に余

る。そこで今日でも進行するさまざまな例を掘り下げることで，イノベーションの理解を進め，同時にそれら事象に関連する経営学の知見を用いて，できるだけ平易にイノベーションの意義を理解する書とすることに努めた。それがどこまで到達できたかははなはだ心もとないが，イノベーションに興味を持つ読者の目に留まれば幸いである。

　本書の構成は次のようになる。

　第1章ではコンテナが製品や部材の輸送コストを引き下げ，輸送時間を短縮することで世界の工場立地に変動をもたらし，ものづくりのグローバル化を加速したイノベーションであることをみる。それは世界経済や国家の盛衰にまで影響を与えた。この例からイノベーションの特質や影響力，必要性が理解できる。また過去のイノベーションによって，われわれの生活が成り立ち豊かになる一方で，それが新たな課題を惹起させることを知る。それがまた次のイノベーションを誘引する。

　第2章では今日でもイノベーションの基礎になるシュンペータの新結合概念の理解を進める。入手できるあらゆる資源を新たに結び付けることで登場する従来は存在しなかった新しいものが，経済を新たな軌道に導き，経済を質的に発展させる現象を，シュンペータは今日いうイノベーションとした。それが資本主義経済発展の原動力になり，そこでは他を顧みず未知に挑戦する企業家の役割を重視した。

　ただシュンペータが注目した経済の発展をもたらすようなダイナミックなイノベーションだけではなく，業界では斬新なものを生み出すような小さなイノベーション，企業が収益獲得を目指して新たに目論む事業創出も，やがてイノベーションに結びつくことがある。また改善の積み重ねによって異質なものを生み出した場合も，本書ではイノベーションとする。

　第3章は製品や技術のイノベーション，そして生産システムのイノベーションを検討する。前者ではオフィスの事務作業を変えたゼロックスと，キヤノンの普通紙複写機のイノベーションを取り上げる。さらに人と牛馬によって営ま

れてきた農業から，それらを解放し食糧増産によって食糧危機を救ったトラクタのイノベーションをみる。これらをベースに製品イノベーションや，プロセスイノベーションの理解を進め，さらに中小企業のイノベーションについても事例をみる。また工場現場で長い時間と，試行錯誤を経て開発されたトヨタ生産システムはものづくりだけでなく，コンビニエンスストアのような流通業にまで，業務方法や企業活動を変えるイノベーションである。

イノベーションは需要を獲得しなければ実現しない。そのため製品イノベーションだけでなく，プロセスイノベーションを繰り返し，小さなイノベーションや新たなイノベーションも加わって，顧客を獲得することでダイナミックなイノベーションに育っていく。

第4章では今日のイノベーションをリードし，多くのイノベーションの中核になっている情報技術の発展経緯と特質，またデジタル技術の持つ特質とその進化の意義，それらが企業経営に及ぼす変容を理解する。コンピュータ技術とデジタル技術の特質，それらがもたらした影響をもとに，企業経営変革の必要性について検討する。

コンピュータは70年という時間をかけて，今日ではわれわれの日常生活まで一変させるような影響をもたらしている。あらゆる対象を数値化してしまうデジタル技術と相まって，まさに経済を新しい軌道に移行させるダイナミックなイノベーションである。またインターネットはあらゆるものを結び付け，製品と業務の両面から企業活動を変革する。

情報技術は業務自体を変革するだけでなく，業務を結び付ける情報を変質させる。このため従来の結びつきを解体して，多様で大量な情報を新たに活用する仕組みの構築が企業経営には求められる。

引き続き第5章では，前述のような高機能化と低価格化をもたらすデジタル技術製品の新たな生産方法，ものづくりイノベーションについてみていく。構造や製造方法がブラックボックスな，そして高度なプログラムで構成されるなど，内部が複雑で高機能なモジュールが市場化される。それを調達して組み立てることによって，高度な製品が容易に生産できるモジュール型製品アーキテ

クチャが登場した。そのものづくり方法のイノベーションで，デジタル製品の産業構造や産業のリーダーが変わった。最終製品企業ではなく中核モジュール企業が，イノベーションを繰り返しながら産業をリードする自律分散型産業構造をもたらした。それはベンチャー企業や新興国企業に新たな活躍の場を与える。一方で日本企業はそれに遅れた。

第6章ではヤマト運輸の宅急便と時計のイノベーションを取り上げ，製品や技術だけでなく，事業自体のイノベーションを検討する。イノベーションは新たな顧客価値を創造する。顧客のコンテクストや異質な場面，放置されている課題などに顧客価値が眠っている。ただ製品の基本である機能的価値の実現だけでなく，顧客の主観的な価値にも注目することが，事業のイノベーションの鍵になることをみる。そうした顧客価値によって新たなカテゴリーを創造し，さらに顧客価値によって新たなカテゴリーを創造し，さらにビジネスシステム（ビジネスモデル）として設定することが必要である。

第7章ではカメラのイノベーションを取り上げて，クリステンセンの破壊的イノベーション理論について検討する。カメラの進化を検討することによって，イノベーションは一つの製品や技術だけではなく，さまざまな企業の模倣や幾多の小さなイノベーションが登場して，重層化し相互作用しながら，さらに性能を高めることがわかる。

既存製品と類似な製品だが，それとは異質な機能を特徴にして手軽で低価格な製品が，ローエンドの顧客層や既存製品の未消費者の需要を獲得し，次第に既存製品の中核市場を獲得することで，優良企業を衰退させ後発企業が取って代わることを解明した破壊的イノベーション理論についての理解を深める。それは優良企業の製品とは異質な顧客価値に注目して市場を開拓すれば，後発企業や，中小企業でも優良企業を打ち負かす可能性を理論化した。

第8章ではアマゾンやグーグル，アリババなどを取り上げ，インターネットを活用した事業イノベーションをみる。ネットビジネスでは利用者をいかに多数集めるかが重要で，そのために利用者に便利で魅力的な機能を無償で提供し，そこで流通する情報や顧客情報を，それを求める企業に販売したり，広告

事業によって収益を獲得する。それを担うプラットフォーム企業が登場して，最終利用者などに便利な機能を提供する企業，機器企業などが参加して，次々とイノベーションを競い合うエコシステムが形成される。それを運営するプラットフォーム企業は巨大化しさまざまな影響をもたらす。今日では情報こそが価値をもち，イノベーションの中核になる。

　終章はイノベーションのいくつかの特質をまとめる。イノベーションには事業化が不可欠で，新たな事業の創出競争が生まれることで社会経済が活性化し，新しい軌道に乗る。

　新型コロナ感染症防止のため，現代社会が経験したことのない行動制限を受けるなかで本書を執筆した。そこでは情報先進国の掛け声だけで，世界に遅れをとってしまった情報技術活用が露呈した。またワクチン開発どころかマスク生産にも遅れるわが国産業の課題を痛感する。技術立国を標榜するわが国企業が，旧態たるままで空洞化してしまったという思いを禁じ得ない。そんな状況のなか，自分なりに挑戦しなくてはとの気概で，温めてあった構想で上梓にこぎつけた。いつの間にかイノベーションに取り残されるわが国の状況に警鐘を鳴らし，楔を入れたいとのささやかな思いである。

　最後に，コロナ禍で一段と厳しい出版事情のなか，本書の刊行だけでなく，いつも快く著書刊行をお引き受け頂いている同友館の脇坂康弘代表取締役社長，そして多忙のなか面倒な編集校正作業を頂いた出版部次長佐藤文彦氏には厚く御礼申しあげたい。

2021年2月

小川　正博

【初出一覧】

第4章　情報技術のイノベーションと企業経営の変容
「顧客価値からの中小企業イノベーション」『商工金融』2018年10月号，商工総合研究所。「情報技術の進展と事業イノベーション」『情報技術と中小企業のイノベーション』御茶の水書房，2017年。をベースに大幅に加筆修正。

第5章　モジュール化によるものづくりイノベーション
「自律分散型ものづくりと中小企業」『情報技術と中小企業のイノベーション』御茶の水書房，2017年。加筆修正。

第6章　顧客価値からの事業イノベーション
「イノベーションの推進と事業化の課題」『大阪商業大学論集第191・192合併号』2019年。「顧客価値基準による事業イノベーション」『情報技術と中小企業のイノベーション』御茶の水書房，2017年。をベースに大幅に加筆修正。

◉目次

第①章
コンテナにみる
イノベーションの特質

　コンテナを知らない人はいないだろう。トラックや貨物列車，そして大型の船舶で運ばれる金属製の箱である。街中ではトレーラートラックに積載されたコンテナを見かけることがある。鉄道の駅や沿線では緑や青，茶色などのコンテナをいくつも連ねた貨物列車を見かける。東京湾など大きな港ではコンテナを整然と積載した大型コンテナ船が海上を行き来している。港ではコンテナが整然と並べられ，大型ガントリークレーンがコンテナの荷揚げ荷下ろしする。

　しかしその日常の風景に溶け込んだコンテナが，世界経済を変えたイノベーションであることはあまり知られていない。経済のグローバル化は通信技術の発達に負うだけではない。コンテナによる迅速な物の輸送が大きな役割を果たしている。コンテナは世界のものづくり地図を変えた。それは中国のような新興国の経済を隆盛させ，相対的に日本のような先進国経済の地位低下を招いた。

　トラックから荷台を分離して，それを箱状にすることではじまったコンテナは物流を変革し，今日のグローバル経済を支える手段として，経済を新しい軌道に乗せたイノベーションである。そのコンテナ輸送は企業家精神の旺盛な運送業経営者マルコム・マクリーン（Malcom McLean）が創造した。以下ではレビンソン（Levinson,2006）を基にコンテナのイノベーションについて検討する[1]。

　コンテナの発展をみることで，イノベーションとは何か，それはどのようにして起こるのか，その実現や普及には何が必要なのか，それは何をもたらすのかといったイノベーションの概略を理解することができる。

---

(1) 以下のコンテナに関する内容の多くはLevinson（2016）によっている。詳しくは同書を参照。

1 コンテナの発想と輸送の発展

　トラックの荷台を箱にする発想から生じたコンテナは，輸送手段のシステム化によってイノベーションに発展する。それは野望に燃えた1人の経営者の発想から生まれた。

1.1 非効率な貨物輸送

　かつて荷物は木箱や麻袋などに詰め込まれ，バラ荷の貨物としてトラックや鉄道，船舶で運ばれていた。1台の車両などに大量の荷物を積み込んで運ぶことが運送業の収益を高めるので，その貨物には穀物や野菜，工業製品など，形状や重さ，内容物も雑多な荷物が混載される。それにわが国でも同様だが運送業には規制が多い。運送ルートや運賃，それに使用する車両や船舶などの輸送手段，営業範囲なども細かく規定されて運送業経営を制約するとともに，その規制や補助金によって企業を保護してきた。

　そのため運送業では貨物の積み込み，積み下ろしが輸送途中で何度も発生し，そうした貨物の取扱作業が輸送時間よりも長くなり，輸送コストの多くがその作業で発生する。このような貨物の取扱作業の効率化に注目してコンテナを着想し，輸送方法にイノベーションを起こしたのが，野望に燃えたマクリーンである。小さなガソリンスタンド経営者に雇われた若者は，少しでも安いガソリンの仕入れに奔走する。

　1934年その意欲に燃えた働き振りをみた経営者が，使い古しのトレーラートラックの自由な使用を許した。さらに格安のダンプカーを入手してマクリーン運送を創業する。翌年にはトラック2台，トレーラートラック1台，運転手9人を雇う。創業6年後の1940年にはトラック30台に，第2次世界大戦終了後には162台のトラックを保有するなど躍進に躍進を重ねる。

1.2 低価格追求

　マクリーンは飽くなき事業意欲と，それを達成するための創意工夫を怠らな

い人物である。トラックを増やすためにトラックを保有する運転手を雇う。個人事業主になる復員軍人には政府からの低利融資があり，それを活用してトラックを購入した復員軍人を雇い入れ，資金負担なしでトラック台数を増やした。ガソリンエンジンではなく燃費の安いディーゼル車を導入する。事業拡大のためには必要なルートの認可を持つ企業を買収する。買収できなければルートを借りる。こうして1954年には売上高8位，税引き後利益3位の全米最大級のトラック輸送企業の1つに成長する。

マクリーンの競争戦略はコストリーダーシップである。綿密なコスト分析で低コストの運賃を実現して顧客を増やし，営業エリアを拡大していく。低コスト化のためにはあらゆる方法を講じ，それで顧客を獲得するのが一貫した経営姿勢である。払い下げにより戦時中の軍用船をただ同然で手に入れる沿岸海運会社によって，トラック運送のシェア低下を懸念したマクリーンは1953年，反対にハイウエイの渋滞回避のために船舶の利用を構想する。

トレーラートラックから台車を取り外し，それを湾岸海運で運び，到着港では別のトレーラーに乗せて輸送するという発想にたどり着く。トラックに比べて速度が遅い船は，低い料金が認められており低運賃を実現できる。

ただそれにはターミナルになる港湾と，そのための施設が必要だった。戦後利用が落ち込んだ港湾は当時寂れていた。そのため活性化方策を求めていた港湾局に交渉することで，港湾局側がターミナルを建設することになる。自らは投資せずに港湾に施設を確保したのである。その一方で海運会社の買収を進める。

16港に寄港できる権利を持つ海運子会社を買収し，ついでその親会社アメリカ最大級のウォーターマン海運を1955年に買収する。このとき買収先企業の資産を担保に資金を借り入れて買収する，という当時としては考えられない手法を採用する。今日ではレバレッジド・バイアウト（LBO：Leveraged Buyout）と呼ばれ，少ない自己資金で企業を買収する手法で，その先鞭をつけたことになる。こうして海運会社を相次いで買収し，さらに戦時下で使用された貨物船を払い下げ改修する。それらは余っていた船で格安で入手できた。

1.3 コンテナの運用

　一方で耐久性があり取り扱いやすいコンテナ製作に着手する。1949年にアルミ製のコンテナを製作した技術者をスカウトする。何段かに積み上げて船舶に載せるための堅牢な強度だけでなく，荒れる海でも崩れないように船体に固定できること，クレーンによって容易に積み上げ積み下ろしができること，船舶だけでなくトラックにも簡単に固定できしかも着脱が容易なこと，そのうえ運搬コストの低下に寄与するといった課題解決が，箱であるコンテナには求められた。

　さらにマクリーンは港湾の整備拡充を申請し，鉄道会社にコンテナ輸送を働きかけ，港までのコンテナ貨物の輸送体制を整える。運送業界の複雑な規制や利害の調整を，マクリーンはあらゆる手段を活用して実現し，コンテナ輸送事業を実現するために輸送手段の新たな結合を目指した。それはコンテナという箱の扱い方のイノベーションであった。

　数カ月の公聴会をへて政府は，ニューアークとヒューストン間のコンテナ輸送を1955年末に認可し，さらに沿岸警備隊の許可を得て1956年4月26日にコンテナ船が運航を開始する。一般の貨物船で貨物を積み込むと1トン5.83ドルだったが，コンテナ輸送では15.8セントと大幅なコスト低下になった。

　荷物を収める金属製の箱であるコンテナの積み替え用のクレーンの設置や，コンテナ積載用に船舶を改造するなどして，マクリーンはコンテナ輸送を推進する。それは輸送コストを引き下げた。ただ本格化にはコンテナだけでなく，コンテナ用船舶の建造や大型クレーン，コンテナヤード，倉庫などを備えた港湾，そこに運搬するコンテナ積載のトラックや鉄道など，コンテナに係わる輸送手段の新たな結合が，システム化が不可欠だった。

1.4 コンテナ輸送の発展

　さらにマクリーンは外国航路にコンテナ輸送を持ち込むことで，コンテナの本格的な効果が発揮できることを理解し，外国航路に進出する。国際輸送では貨物の積み込み積み下しのために，港では多くの滞留時間を要していた。当時

の荷役作業では本船から艀，艀から桟橋と荷物を移動させる作業があり，その都度積み替えが発生する。それらの荷物は種々雑多であるために取り扱いが複雑なうえ重労働である。それに荷物の破損や盗難さえ珍しいことではない。

　1964年にマクリーンのシーランド社はコンテナ船18隻を確保する。これに触発されてアメリカ海運業界にコンテナ船ブームが一挙に起こる。1965年夏の2か月間で26隻の改修が発注される。同時期バラバラだったコンテナサイズや保持金具が規格化される。まず1966年にはシーランドを含む3社がアメリカ起点の大西洋航路に参入，船会社も港湾もコンテに輸送に本腰を入れるようになる。翌1967年には60社がコンテナ輸送に参入し，仕向け地はヨーロッパ，アジア，ラテンアメリカまで広がる。1968年になるとフルコンテナ船が登場し，そのためコンテナ船でなくとも，コストを無視してコンテナを運ぶ状況さえ生まれた。

　工場でコンテナ詰めされ，輸出梱包なしで輸送途中での損傷や盗難もなく，保険料も割引され短期間で顧客のもとに届けられる。その結果，3年間で大西洋航路では混載船を定期運航する船会社が，アメリカ企業では2社月3便に減少した。短期間に雪崩を打ってコンテナ輸送の時代に突入したのである。それでも鉄道会社はコンテナ輸送には乗り気でなく，トラックから需要を奪える機会なのに，新しい輸送に積極的には移行しなった。

1.5　コンテナ輸送の発展と競争激化

　今日では世界経済に不可欠な存在になったコンテナだが，当初は同業の運送業者や荷主もコンテナには目を向けなかった。それはクレーンによる積み替え作業にはトラブルがつきもので，そのうえ少量な国内の貨物輸送では十分にメリットが発揮できなかったからでもある。国際輸送になってその効果が大きなものになるが，そのためには国境を越えた港湾整備が不可欠である。コンテナ船が接岸できる水深の深い港湾，陸上に巨大なクレーンとコンテナヤードを設備する港湾は，利用者が増加しないためなかなか増えなかった。

　コンテナ輸送が拡大するのは1965年になってからである。アメリカから

ヨーロッパへの軍事物資輸送，さらにベトナム戦争という大きな需要が登場し，コンテナによる国際貨物輸送のメリットが発揮される。ベトナム戦争は運送会社の経営環境を変えた。

勃発したベトナム戦争では，アメリカ軍の武器弾薬や食料などの補給が課題になり，軍のロジステックスは機能しなかった。大量の物資を必要とするが，混載船で運搬していたため，求められている場所に必要な物資が届かず大混乱に陥っていた。その課題解決にコンテナ輸送を提案したのもマクリーンである。コンテナ輸送の有効性を認めないアメリカ軍にコンテナの採用を納得させ，突貫工事でベトナム中南部のカムラン湾に大きなコンテナ港を造り，大型クレーンも設置した。

それまでの混載船20隻分の武器弾薬以外の物資が，7隻のコンテナ船でアメリカからベトナムに供給できた。軍は初めてコンテナの効果を理解し，仕向け地別に1品目を1コンテナに積み込むというルールを設定し，荷物の行方不明なしに必要な個所に物資が届くようになる。

コンテナは個々の荷主にコンテナを満載する荷物があり，それを1か所に輸送することで効果を発揮する。貨物内容が秘密で，途中での荷物の積み替えもないため盗難も避けられ，軍需物資の輸送にコンテナは最適だった。

1.6 競争激化と経営環境の変化

1968年になるとフルコンテナ船が登場して定期航路を行き交うようになり，本格的にコンテナの時代を迎える。しかし競争激化のなかでコンテナ輸送を創始したマクリーン・インダストリーズはやがて競争に敗退し，1986年に経営破綻する。「先んずれば制す」の，それまでの果敢な行動が通用しなくなった。自社よりも大きな海運会社の買収や，鉄道への投資などの積極策で，マクリーンは一代で巨大企業を築くが，競争激化のなかで環境変化が起きていた。

石油ショックによる石油価格高騰のなかで，低速だが積載量の大きなコンテナ船を建造したものの，その後の石油価格の下落で速度重視への需要変化を見誤った投資意思決定の誤り，巨額な資金調達への遅れや情報技術の活用の遅れ

などを，その要因としてレビンソン（2016）は指摘する。さらに筆者は大きな要因として，マクリーン社独自の顧客価値の欠如を指摘したい。

　確かにマクリーンは輸送コストの引き下げを掲げて多様な対策を講じた。そのために貨物の滞留時間を削減し，1隻の輸送量の増大による規模の経済性追究，運送料金規制をかいくぐる方策などによって低価格を実現した。それはコンテナ輸送が一般化しない環境，コンテナ海運の競合者が少ない環境では，従来のバラ済み輸送に対してはコストリーダーシップを発揮して，その競争優位によって確固たる運送業者の地位を築くことができた。

　しかしコンテナ輸送の普及に従って，競合するコンテナ輸送企業とは異なった顧客価値の提供や競争優位が必要になる。ところが競争激化のなか横並びが進み，低料金戦略は効果を発揮しなくなる。マクリーンが夢見た世界一周航路の実現よりも，需要の多い航路への集中，顧客が求めるタイミングでの受注獲得など，顧客の多様な要求に応える行動が必要だった。他方で後発企業は豊富な資金調達能力を保有するだけでなく，情報技術を活用したきめの細かい用船によって顧客を獲得した。それに遅れただけでなく，新たな競争環境のなかで独自の顧客価値の提供による競争優位形成をマクリーンは怠った。

1.7　国際分業の進展

　このときロジスティクスという考え方が登場し，世界的にサプライチェーンを構築して製品の生産や流通過程を的確に管理し，市場に即応出来るかが荷主側の経営課題になっていた。短期間に低コストでタイミングよく部材や製品を輸送するために，荷主は最も有利な船を選ぶようになる。海運業の競争激化と荷主のロジスティクス重視は，コンテナ貨物の必要性を高めると同時に，海運会社には顧客のニーズに対応したスピーディな輸送を求めたのである。海の男たちが経営する旧来の海運企業がそれに対応するのは難しかった。

　コンテナ輸送によって国境を越えたものづくりが可能になり，そこに産業がテイクオフした中国や東アジア，そして東欧諸国などの新興国企業が参加してくる。当初は人件費が大きな比重を占める衣服など，縫製作業がこれらの地域

に移行する。素材はアメリカや日本から持ち込まれものの，労働集約型の縫製作業が人件費の低い地域に移行した。生産のすべてを1国が担うという体制ではなく，国境を越えた分業体制に移行したのである。

さらに自動車やエレクトロニクス製品など，多数の部品から構成される製品では，各種の部品企業が世界に分散している。それらの部品を組立コストの低い新興国に集めて組立て，完成した製品は先進国市場に輸送する。このとき組立に必要な部品が必要なときに，必要な数だけ世界各地から調達されるというジャスト・イン・タイム方式の採用が国際的な生産分業を精緻化させていた[2]。

それは従来の国内での分業から，国境を越えた国際分業の進展であり，より高速でタイムリーに，そして低コストでのコンテナ輸送を求める。顧客の要望に即したきめの細かい国際輸送が課題になったのである。

またフルコンテナ船の大型化によって膨れ上がる巨額な投資に対して，補助金などには依存しない資金調達能力に優れた企業が，情報技術を活用して効率的な輸送体制を柔軟に構築する後発の世界の海運会社が勝利するようになる。補助金の活用や規制によって庇護されてきた旧来の海運業経営は，そうした制約にとらわれずに行動する企業の前に敗退した。

現在コンテナ海運では，デンマークのMaersk社が1強の状況で，スイスのMSC，フランスCMA-CGM，そして中国のCOSCOの3社が続く。これらの企業はいずれも，後発の企業であり「先んずれば制す」は，競争激化のなかで神通力ではなくなった。海運業界は合併によって規模を拡大する状況にあり，Maerskもかつてマクリーンが経営したシーランド社を1999年に買収している。

コンテナを着想し，その輸送実現のために貨物輸送にかかわる施設や手段を変革して再編成し，システム化に成功してイノベーションを実現したマクリーンは，最終的な覇者にはなれなかった。誤った意思決定や競争激化のなかで競

---

(2) トヨタ生産システムの内容については本書3章で述べる。

争優位な事業を実現できなかったからである。

2　コンテナにみるイノベーションの含意

コンテナのイノベーションからイノベーションの特質を理解する。

2.1　企業家精神

　第2章で検討するイノベーション概念の創始者ともいえるシュンペータ（Schumpeter）は当初，既存の企業家ではなく，新結合は新たな企業家が挑戦するものだとして，その役割を重視し新結合を起こす企業家の特質について次のように述べている[3]。新結合に欠かせないのは企業家の行動力である。新しいアイデアの実現について，失敗や危険を不安視しない企業家，実行力のエネルギーを持つ企業家が新結合を実行するのである。他者を従属させ目的のために利用し，命令し，征服する能力は，特別優秀な知性はなくとも新結合の推進者として素晴らしい行動力をもたらすと彼はみた。

　これはマクリーンの行動を見事に言い当てているではないか。マクリーンは飽くなき事業拡大の野望に燃えていた。そのための手段として既存企業よりも低い運送費の達成をゆるぎない信念で実行している。しかし運送業界は運搬手段，運搬ルート，運搬物の料金に至るまで管理され規制がかかっている。その規制に従う企業には補助金が交付される。そのうえその規制による業界秩序のなかで経営される業界である。そんななかで低料金を実現するには，とにかく新しい何かが，他企業では行っていない方法が必要になる。

　このとき貨物の取扱作業の効率化に注目して，マクリーンはコンテナを着想した。貨物輸送には貨物の積み替えや積み下ろしに，運送コストの多くが費やされ，輸送時間も長くなることに注目した。道路の交通渋滞による輸送時間の

---

(3) 一般に使用されるSchumpeter（1926）の第2版ではなく，同書初版Schumpeter（1912），邦訳pp.160〜162。

遅延を回避するために，彼はトレーラートラックから荷台を切り離して沿岸海運で運ぶことで，低料金の貨物輸送が可能になると企図した。ただその実現には規制当局や運送業者，港湾管理局など多くの関係機関の説得と賛同とが必要である。それを彼は果敢に成し遂げる。

しかし現実には国内輸送では大きな効果は得にくかった。そこで海外航路に進出する。そこにはさらに多くの利害調整が待っていたがそれも実現する。対外的な調整だけでなく，自身の海運会社の規模拡大，資金調達も不可欠で，それも知恵を働かせあらゆる手段を工夫して実現する。このとき彼はイノベーションを起こしたかったのではない。飽くなき事業意欲を実現するための工夫がコンテナリゼーションを招き，コンテナのイノベーションになっていく。

イノベーションの推進にはリスクを冒してでも，他が冷ややかでも，とにかく遮二無二まい進する企業家精神が必要である。しかし競合企業に対する対応，急速に成長する市場のなかでの環境変化に対応する経営能力はイノベータの能力とは異なる。価格一辺倒の対応ではなく，イノベーションの恩恵に浴し始めた顧客への新たな顧客価値提案が必要になる。

そのとき他を顧みない非常識に挑戦する企業家精神は，必ずしも有効に機能しなくなる。イノベーションは多くの模倣者の登場を惹起する。そこでの競争優位を創出できない経営者はイノベータであろうと敗退する。

2.2　新結合で実現するイノベーション

コンテナは箱である。その箱を貨物輸送に使用することは，たとえば箱詰めの貨物，有蓋貨車などの方法ですでに用いられていた。箱に荷物を載せて輸送する発想は以前からあったのであり，マクリーンの発明ではない。ただそれらは輸送する際の梱包や格納する容器の一形態としての箱の域を出ていない。社会にインパクトを与える箱ではなかった。

コンテナによるイノベーションは，貨物を格納して封印した箱をトラックや列車，船舶などの輸送手段，そしてコンテナ積み替えの機械化などとを新たに結合して，継ぎ目のない貨物移動を行うことでイノベーションになった。さら

に最低限のコンテナ積み替え回数に抑えることが不可欠である。そのためには出荷段階で格納できるだけの荷物をコンテナに詰め込み，最終目的地まで一貫して運ぶことが条件になる。さらにトラックや列車に積み込むときは，容易に短時間に積み込むターミナルヤード，クレーンなどの整備が必要である。

　もっとも大量にコンテナを積む港湾では専用のターミナルヤード，大型ガントリーンクレーン，広大なコンテナヤード，水深の深い大型船が着岸できる港湾，迅速な税関手続きなどが不可欠になる。しかしそれらは1つの企業でできることではない。貨物運輸の規制緩和や港湾整備など国や地方自治体に依存する。鉄道やトラックもコンテナ積載の機器が必要になる。それには新規の投資が必要であり，それは同時に過去の投資，保有する資源の棄却を招くことになり，その点からも拒否反応が起こる。さらにコンテナ規格やそれに伴う搬送装置の規格化・標準化が必要になる。この調整にも利害が発生する。

　このようにみると社会的に大きなインパクトをもたらすイノベーション，社会のさまざまな要素の新たな結合によって実現するイノベーションほど，単純には実現できない。それを実現するのは前述の遮二無二まい進する企業家であり，結合するための斬新なアイデアの創出，その果実を求める顧客が存在し，その需要を獲得することが不可欠である。

2.3　顧客がリードするイノベーション

　どんなに優れた技術や製品でも，顧客がそれを求めなければイノベーションは実現しない。それに新しく登場した製品や技術が有効なものであるか，顧客は当初判断できない。事実，コンテナが低コストで輸送時間を短縮する方法であるとは当初，顧客は理解できなかった。それどころか慣れ親しんだ旧来の製品や技術，方法を優先する。また多くのイノベーションは当初は不完全なものであり，構想するような効果は発揮できないことが少なくない。このため顧客は未知なものを積極的に使用しようとは思わない。

　目に見えるような利便性を与えるものだということを顧客にアピールし，納得させなくては需要を獲得できない。マクリーンは迅速的確な物資輸送が求め

られる戦争という場でその効果を提示した。軍事で実績を見せることで，それは世界的に需要を拡大した。さらに普及し需要が拡大すると，顧客は新しい利用方法やより容易な方法など，さまざまな要望を求める。それに対応することでイノベーションは実用性を増してさらに進化し普及していく。

　イノベーションは最終的には顧客が活用して実現するものであり，顧客価値に対応することで進展する。イノベーションの効果を享受し始めた顧客は，さらにより利便性を高める方法を求める。それに対応することで，イノベーションはイノベータの手を離れて発展していく。その繰り返しのなかでイノベーションはより効果的なものへと精緻化されていく。

2.4　イノベーションに対する抵抗

　新たなものの登場は一方で，旧来のものを陳腐化させる。それは市場を消失させ，事業で蓄積した資産も不要にしてしまう。利用する顧客も同様で過去に購入した製品だけでなく，それを効果的に利用するノウハウも棄却することになる。そのため顧客も優良企業も旧来の製品に固執する。このことを解明したのが，第7章でみるクリステンセンの破壊的イノベーション理論である。

　その破壊的イノベーション理論では，異質な新しい機能を発揮する低価格で利用しやすいものを，既存製品の顧客ではなく，既存製品を受容しなかった新しい顧客やローエンドな顧客が受け入れることで，既存製品を打ち破るイノベーションとして軌道に乗っていくとした。

　コンテナの場合には，従来の顧客は拒否反応を示しなかなか普及しなかったが，アメリカ軍が使用することで利便性を見出し，その後の多数の運送業者の参入によって，従来の農産物や鉱物など第1次産品ではなく，衣服や電子製品などの工業製品の新しい顧客が利用することで需要を拡大した。しかしそこに至るまでは長い時間を要している。

　イノベーション普及の泰斗ロジャース（2003）は，新しいと知覚するアイデアをイノベーションとするが，受容する側はその知識を得て，新しいものを採用するか検討し，導入を決定して活用の効果を確認して評価する。その情報

が社会のなかに伝達されて認識されるまでには長い時間がかかるのだとしている。このとき早段階でイノベーションを採用する層も2.5％程度で，そこから徐々に伝播することでイノベーションが普及することになる[4]。

2.5　社会的影響

マクリーンが創案したコンテナによる貨物輸送はトラックや列車，コンテナ船などを結ぶシームレスな輸送に発展し，さらに大型コンテナ専用船による国際輸送を行うことで，輸送コストの低下と輸送時間短縮を劇的に発揮した。

それはレビンソン（2016）が指摘したように経済のグローバル化を推進する手段になり，国家経済の盛衰にも影響をもたらすようになる。新たな着想に基づいて，存在するあらゆる資源を新たに結びつけてシステム化し，経済を新しい軌道に，それも世界経済を異質な軌道に移行させたコンテナシステムは，まさにシュンペータのいうイノベーションそのものである[5]。

もっとも手間のかかる港湾での荷役作業，その作業を担ったのが沖仲仕など多数の港湾労働者である。仕事が不定期で劣悪な作業環境のなかで割の良い仕事を求めて，元請と下請や手配師などからなる社会が作られ，そこには暴力団さえも登場する。

そうした港での労働者による荷役作業はコンテナの登場によって消滅した。コンテナ船が接岸すると大型のガントリークレーンによって船からコンテナが積み下され，それは待機しているトラックや鉄道に載せられて目的地に向かう。積み込みも同様である。コンテナの積み替えを完了した大型のコンテナ専用船は短時間に次の目的地に向かう。港湾労働者の仕事が消滅するということは，貨物が低コストで短時間に世界中に運ばれることを意味する。

コンテナ船の登場によって港湾労働者が消滅しただけではない。コンテナ輸送が普及すると，大型コンテナ船の着岸が可能で，大型クレーンを装備し大量

---

(4) Rogers（2003），邦訳pp.228〜235。
(5) Schumpeter（1926），邦訳pp.142〜155。

のコンテナ置き場を持つ港湾の拡張競争が世界的規模で起こる。これに敗退すると港湾の衰退だけでなく国家経済が衰退する。従来、原材料の輸入や製品の搬出のために、工場は港湾の近くに立地することが有利であった。しかしトラックや鉄道によるコンテナ輸送体制ができると、運搬コストの低下によって人件費の安い内陸部での立地でもコスト上の不利が解消できる。それはやがて国をも超えて、より人件費の安い地域でのものづくりを可能にする。コンテナ輸送はバラ荷と比較して輸送コストを1/40以下に押し下げたのである。

こうしたコンテナリゼーション（containerization）によって最も恩恵を受けた国の代表が中国である。深圳や東莞など沿海地域で電子部品の生産や組立を行い、それを欧米や日本に輸出する。やがてあらゆるものが国境を越えて低コストで生産できる地域に向かう。コンテナは商業貨物の輸送方法として最も一般的手段になり、陸上ではトレーラートラックやコンテナ貨物列車で運ばれ、港ではコンテナ船に積み込まれ、工場から工場へ、工場から倉庫や店舗などへ一貫輸送される。こうしてコンテナは物流コストを下げて、世界のものづくりを変えた。

今日のコンテナ専用船は全長400メートル、全幅60メートルと巨大化している。それはサッカー場ほどの大きさである。そこには24,000個ものコンテナが搭載される。1956年改修した軍用船で、コンテナを初めて輸送した時とは隔世の感がある。港湾で荷役作業を行うガントリークレーンは今やコンピュータで制御するものになり、熟練技能者に代わってクレーンから離れた場所でモニターを見ながらオペレータが行う操作になった。

コンテナの内容、仕向け地、重量などによって、輸送途中の船の安定性、仕向け地で早く積み下ろすものなどをコンピュータで計算して、短時間で作業が行われる。輸送期間は大幅に短縮し、輸送コストも格段に低下した。今や海外貿易では製品に占める輸送コストは考慮しなくてもよいほどに低下した。少しでも製造コストが低いところ、少しでも短時間に消費地に供給できることを条件に、世界的な生産分業が進展している。今日の経済のグローバル化はコンテナ輸送なしでは成立しない。

3　多様なイノベーション

　イノベーションの例にはどんなものがあるかと思案するが，振り返ってみると，われわれは過去のイノベーションに取り囲まれて生活している。ハーホード（Harford, 2017）はわれわれの生活に影響を与えている50のアイテムを取りあげた。そのいくつかをみていく。

3.1　生活を変えたイノベーション

　例えば暮らしを一変させたものとして，育児用粉ミルク，冷凍食品，ピル（経口避妊薬），ビデオゲーム，マーケット・リサーチ，空調，デパートをあげる。母親から母乳をもらえない赤ん坊の生命を支えた育児用粉ミルクは，女性の職場進出にも大きな役割を果たした。また子育てが男性でも可能になり，男女の役割を流動化させ，社会でも家庭でもその生活を変えた。

　冷凍食品は調理時間を節約し，家事から女性を解放し，一方で調理経験のない男性でも手軽に食卓を飾れるものになった。余暇の時間を増やし，子供と遊んだりレジャー時間を増やしゆとりある生活をもたらし，共稼ぎにも貢献している。同様にピルも男女を平等にしただけでなく，大学院進学や専門職業養成課程など女性が学ぶ機会を増やし，アメリカ女性の社会進出を後押しするものになったとハーホードは言う。それは女性の社会的地位の向上にも貢献する。

　また発明としてiPhone，ディーゼルエンジン，時計，ハーバー・ボッシュ法，レーダー，電池，プラスチックをあげる。ディーゼルによって1892年に発明されたディーゼルエンジンは，当時ガソリンエンジンの熱エネルギー変換効率が10％程度だったの対して，その熱効率は25％を超えていた。しかも燃料になる軽油はガソリンよりも精製コストが低い。このため商用車やトラック，そして船舶のエンジンに使用されて経済の発展を支えた。

　ただ今日ではガソリンエンジンとディーゼルエンジンはともに50％程度の熱効率を発揮するまでに技術進歩を重ねている。今日，エンジン排出による窒素酸化物や炭酸ガス排出による環境汚染から，電気自動車への転換がいわれて

いるが，現実的には今後しばらくは2つのエンジンは残ると予想される。

空気中の窒素からアンモニアを生産する技術のハーバー・ボッシュ法は，20世紀で最も重要な発明と言われている。そのアンモニアから肥料がつくられ，その肥料によって増大する世界人口を支えている。肥料がなければとっくに世界は食糧危機を迎えていたはずである。これを発明したハーバーとボシュはともにノーベル賞を受賞した。しかしハーバーは第1次世界大戦で，ドイツ軍の塩素ガスの兵器使用をリードした戦争加担者として非難を受けている。

1907年にベークランドは，世界初のプラスチックとしてベークライトを発明した。それはポリエチレン，ナイロン，ポリプロピレンなど次々と石油を原料にするプラスチック材料として発展する。プラスチックは成形が容易で化学繊維，製品の筐体や部品，容器などさまざまに加工可能なため，われわれの身の回りのあらゆる製品に使用されている。そしてプラスチック製品は他の木材や金属などの材料と比べると圧倒的に低コストで生産でき，かつ大量生産ができる。このため大量消費社会の原動力になっている。

一方でプラスチックは完全な廃棄が難しく，環境破壊の元凶として今日では削減が叫ばれる。しかし低価格で大量生産品の材料として使用され続けている。これも社会に利便と環境破壊という両面から影響をもたらしている。

3.2　システム化が不可欠なイノベーション

また単純な製品ではなく，システムとしてのイノベーションとして発電機，そして本章でも詳しくみてきたコンテナ，バーコード，コールドチェーン，エレベータなどを取り上げた。

コールドチェーン（cold chain）は生産・輸送・消費の過程で，生鮮食品や医薬品などを途切れることなく低温に保つ物流方式である。このシステムによって生鮮食品などの広域的な流通や長期間の保存が可能となった。われわれは回転寿司店でマグロだけでなく，サンマや鮭の新鮮な握り寿司を食するが，それは古いことではなく近年のことである。スーパーで新鮮な食料を購入できるのもこの仕組みの登場以来であり，それは冷蔵や冷凍設備付きのコンテナ輸

送と結びつき，生鮮食品の世界的な貿易を可能にしている。

　バーコード（barcode）は縞模様状の線の太さによって数値や文字を表す識別子である。数字や文字，記号などの情報を規則に従い一次元のコードに変換し，レーザースキャナーなどで読み取り，デジタル情報として入出力できる。近年はドットを縦横に配列し，より多くの情報を表すQRコードのような二次元コードも普及しはじめた。

　今日の商品にはこのバーコードが印刷され，さまざまな商品の識別，つまり商品コードになっている。しかし各社ばらばらで商品コードを付けても社会的には効果は少ない。これもコンテナでみたように各社の統一商品コードの設定が不可欠だが，それには企業や業界団体の利害が絡み，何年もかかってアメリカ食料品雑貨業界でようやく合意にこぎつけ，1974年にアメリカのスーパーで用いられ始めた。わが国ではJANコードとして普及している。バーコードは代金清算や商品管理，販売予測など次々に応用範囲を拡大するが，それはコンピュータシステムのなかに組み込まれて初めて効果を発揮する。

　そして生産者と問屋，小売業などがそれを導入しないとイノベーションとしての効果を発揮しない。しかし生産者にはパッケージの変更が必要であり，流通業者はレジスターやスキャナー，それを制御するコンピュータが必要で投資や管理システム構築が課題になる。このようにコストがかかり利用方法がわからなかったためバーコードの普及は遅れた。しかし今日ではジャスト・イン・タイムな商品供給，売上データの分析，需要予測に不可欠なものである。商品1個ずつ管理するコンビニエンスストアも業態として成立しなくなる。

　今までわれわれを取り巻くイノベーションを見てきた。実はいつ登場したか，明確な創案者がいたかを別にして，われわれの生活は過去のイノベーションの上に成り立っている。電車，時計，電話，銀行，クレジットカード，宅配便，働く場である株式会社，コピー機，コンピュータ，インターネット，スマホなどなど，それらを詳しく見ていくとそれぞれにイノベーション実現のドラマがあるだろう。

第❷章
イノベーションとは

　イノベーションという言葉が多用されている。そこには国際競争力の低下，産業や企業の変革の遅れ，低迷する新規創業，低い生産性など，閉塞する経済の打破や旧態たる経営からの脱皮，そして変化への期待などの思いがある。だがそれはなかなか実現せず，日本企業の事業変革や産業構造変革は進展していない。だからこそイノベーションが叫ばれるといえる。

　本章ではシュンペータのイノベーション概念を基盤に，イノベーションとはどのようなものか，どのようにして生じるのか，そして今日のイノベーションの考え方についてみていく。

　斬新なものの創造を目的視するのではなく，新たな顧客価値を創造し，それを実現するために活用できる資源を新たに結合し，新たな事業概念で製品を開発し，また新しい生産方法を創造し，新たな事業の仕組みを構築することがイノベーションの原点になる。新たな顧客価値の創造を目的に，活用できるあらゆる資源の新結合を図るプロセスがイノベーションを生む。

1　イノベーションとは何か

　イノベーションという概念を取り上げるとき，シュンペータが1世紀ほど前に著した『経済発展の理論』を抜きには語れない。イノベーションの検討はその著作に立ち返りながらそれを原点に，そして現実にはそれを拡大解釈することでその概念が用いられてきた[6]。

---

(6) シュンペータのイノベーション概念の検討については，たとえば丹羽（2010）や松永（2016），野城（2016）などをはじめ多くの研究がある。

1.1　シュンペータの新結合概念

　シュンペータの新結合概念では，生産とは何かがまず原点になる。「技術的にも経済的にも，われわれの領域内に存在する物および力を結合する（kombinieren）ことが生産である」と規定する。そこでは輸送などのほか，最広義のすべての企業活動も同様に生産ととらえる。そして「それらの物や力の相互関係を変更すること，現在分離されているそれらを結合すること，それらの相互関係を従来の関係から解き放つこと」を新結合（neuer kombinieren）とした[7]。それは生産物および生産方法の変更をもたらす。それによって現存するものとは多少とも異なったものを獲得する。

　われわれの社会では年々歳々の生産活動の繰り返し，その循環のなかで経済活動が遂行されている。そこでは時間的に無数の小さな歩みを通じて行われる連続的適応によって経済が成長していく。しかしそうした循環軌道の枠内での小さな変化への対応による連続的な変化だけではなく，また人口の増加や富の増加よる経済の拡大ではなく，ときには従来とは異なった非連続な新たな軌道に移行することによって経済が発展することがある。

　循環からは理解できない異質な種類の変化，従来とは非連続な変化が現れることで，資本主義経済は経済循環の枠を超えて飛躍的に発展してきたとシュンペータはいう。それまでの経済の枠組みの中での変化ではなく，枠組みや慣行，経済の軌道そのものを変更して新しい枠組みを登場させ，その新しい軌道が経済を発展させる。それは量的な拡大ではなく，質的な変化によってもたらされる。

　それは新結合の遂行によって生じるもので，そのダイナミックに経済を発展させる現象を新機軸（今日ではそれをイノベーションとするが）と呼んだ。そしてそれこそが資本主義経済発展の源であるとする。

　そのイノベーションは生産資源の新たな結合によって実現する。先に触れたように，利用できるあらゆる物や力を結合して行う営みが生産であり，そのと

---

(7) Schumpeter（1926），邦訳pp.52〜55。

き結合の変更，従来とは異なった新結合の遂行によって新しいものを獲得する。そのイノベーションが経済をダイナミックに発展させるとシュンペータは提起したのである。その具体的な例として，次の5つも含まれるとした[8]。しかし以下は例であって，これらを含む多様なイノベーションを求めている。

①まだ消費者には知られていない新しい財貨や新しい品質の財貨の生産。

②新しい生産方法，つまり当該産業部門で未知な生産方法の導入。科学的に新しい発見に基づく必要はなく，商品の商業的な新しい取り扱い方法も含む。

③新しい販路の開拓，当該国の産業部門が従来参加していなかった市場の開拓。このとき市場が既存のものであるかは問わない。

④原料・半製品の新しい供給源の獲得。この場合も供給源が既存のものか，単に見逃されていたのか，その獲得が不可能とみなされていたのか，あるいは初めて作り出されたのかを問わない。

⑤新しい組織の実現。すなわち独占的地位の形成，あるいは独占の打破。

そして従来の結合のままに小さな歩みを通じて連続的な適応によって行われる成長と区別して，新たな結合から生じる非連続的な新しい現象によって経済が異なった次元に移行することを発展と呼んだ。それは量的拡大による経済の成長に比べて，質的変化に起因する経済の発展が，よりダイナミックで社会経済に大きな影響をもたらす要因としてイノベーションをとらえている。

1.2 生産概念の広義化

今日でも広く用いられる5つのイノベーションの実現方法は最後の一つを除いて，ハードな生産物を対象にしたイノベーションを連想させる。しかし今日，生産という概念はより広く，サービスの産出や情報の創出まで，経済価値のある財の創出を生産という概念でとらえる。ただ先にふれたように，経済の発展をイノベーションという概念でとらえようとしたシュンペータの生産概念

---

[8] Shumpeter（1926），邦訳pp.150〜154。この5つの場合も含むとしているので，これらの項目だけにとらわれる必要はない。しかし解りやすいためか，この5つの項目だけをイノベーションとして取り上げる傾向がみられる。

も，物的なものの生産だけでなく，そうした広義なものであった。

　彼は資本主義経済の発展を説明するために，経済活動のドラスチックな変化を扱っている。当時から経済社会では農産物の栽培やものの生産活動だけでなく，運輸など多様なサービス活動が営まれていた。彼の目的はイノベーションそのものの具体的な解明ではなく，経済循環を超える資本主義社会の均衡破壊の経済現象の解明であり，その要因としてイノベーションを取り上げる。

　今日のわれわれのように，広義の生産における新結合をシュンペータはとらえている。しかしわが国ではイノベーションを当初の訳語の新機軸ではなく，技術革新と呼ぶようになる⁽⁹⁾。その結果，狭義の生産概念にとらわれ，製品開発や技術開発のイノベーションに注目してきた。加えてわが国では技術というと，物的なものに関するイメージが強く，狭義な技術にとらわれてしまう⁽¹⁰⁾。

　それではより多様な財が登場して経済を発展させるようになった今日のイノベーションを解明しにくい。経済活動が複雑化するなかで，今日では産出にかかわる多様な側面でイノベーションが課題だからである。ただ従来のイノベーションを技術革新ととらえ，狭義の技術概念にとらわれていた反動か，今日ではイノベーションは何か新しいものを取り入れるとか，既存のものを変える，といったように，より広がりを持って用いる傾向がある⁽¹¹⁾。こうした考え方によって産業分野ばかりでなく，さらに社会や政治，教育などあらゆる場面でイノベーションという言葉が使用されるようになる。

　今日では何か新しいことが強調されて生産に関することだけでなく，従来と

---

(9) 1956年版の『経済白書』でイノベーションは技術革新と表記され，その後技術革新という用語がわが国では定着した。

(10) たとえばRogers（2003）は技術を次のように広く定義する。あって欲しいと思う成果の達成に対して，因果関係に不確実性が内在するとき，それを減じる手段的な活動のための綿密な計画である。このとき物質や物体で，技術を具現化する道具のハードウエアと，道具を利用するための情報からなるソフトウエアという2つの側面を技術は持つ。

(11) たとえば後藤（2016）はイノベーションについて次のように定義する。何か新しいこと，これまでとは違うことを行うのがイノベーションであり，ルーティン的に行っていたこととは違う新しいことを実行することである。

は異なった新しいものを創出することをイノベーションと呼んでいる。必ずしもシュンペータのいうイノベーション概念にこだわる必要はないが，新しいものをすべてイノベーションと呼べば，イノベーションの役割やその要因が置き去りにされてしまうきらいがある。

シュンペータはイノベーションを惹起するのは企業家であると指摘し，企業家の役割を強調している。それはイノベーションが単なる発明でもなく，それによって国の経済が異質な軌道に向かうことからいえば，事業として遂行されるものだということを意味する。事業化されなければ経済は発展しない。だから発明家ではなく企業家がイノベーションには不可欠なのである。その企業家は新しい事業に，未知の事業に挑戦する企業家精神を備えた者である。

1.3　連続的適応と非連続的現象

シュンペータのイノベーション概念には，非連続的で異質なものという規定がある[12]。しかし連続的な適応と，非連続な現象とを明確に区分するのは現実には単純ではない。馬車をいくら連続的に加えても，決して鉄道にはならないという有名な記述が『経済発展の理論』にはある[13]。たしかにそれは間違いなく，不連続な現象であるベーションの特質をわかりやすくたとえている。

同著には小規模な小売店から大規模な，たとえば百貨店の形成も連続的適応の一環でありであり，それも新結合ではないという記述がある[14]。しかしこうなると，イノベーションであるかないかの判断は難しくなる。なぜなら小規模な小売店を寄せ集めると百貨店になるのだろうか。

わが国の実情ではあるが，百貨店には一般的な小売店とは異質な顧客層や定価販売，販売してから仕入れが決まり返品も自由な消化仕入という方法，問屋からの販売員派遣，訓練され専門化した販売員など，小規模小売店とは異質な仕組みや経営管理技術など，まったく不連続な事業とはいえないまでも，異質

---

(12) 前掲書Schumpeter（1926），邦訳pp.143〜146。
(13) 前掲書Schumpeter（1926），邦訳p.150。
(14) 前掲書Schumpeter（1926），邦訳p.145。

な事業としての側面を備えている。大都市に立地し比較的高額な商品を展示し，新しい事業概念と新しい業務方法の結合が行われている異質な事業，つまり非連続な側面もみられるのではないだろうか[15]。

　ただスーパーマーケットやコンビニエンスストアは，経済を新しい側面に押し上げたイノベーションと呼べる。セルフサービスを基盤にするスーパーマーケットの登場は，商品を説明し顧客にアピールするパッケージを不可欠にして，商品包装を変革するだけでなく，大量仕入れによる低価格化を図るために店舗のチェーン化の必要性を高めた。そして大量消費社会の一翼を担う流通業として経済を発展させた。

　またわが国のコンビニエンス・チェーンでは，1個単位で仕入れ管理する単品バラ発注や，単品管理という仕組みで，売れ筋商品を最小の在庫で効率的に販売する仕組みを創出した。価格よりも近隣で必要な商品を手軽に購入できるという利便性の顧客価値で，消費者の購買行動を変革した。

　いずれも消費者の購買行動や生活習慣を変える流通革命をもたらした。そこには非連続なものがあると判断できる。ただコンビニエンス・チェーンを導入し飛躍させたセブンイレブンの場合，そのシステムは漸次に小さな歩みを通じて，連続的な適応によって形成されたものである（川辺，2003）[16]。

1.4　非連続における連続的プロセス

　ここで電話について検討する。われわれは路上でも必要な時に情報を検索し，コミュニケーションを図ることができるようになった。大量なデータを瞬時に活用する新しい生活スタイルが登場し，社会経済に大きな影響をもたらしている。固定電話と携帯電話を比べると，それは非連続なものでイノベーショ

---

(15) ただ今日では専門店やスーパーなどとの異質な側面を失ったために，顧客価値を失い百貨店の廃業が相次いでいる。しかしかつては地域経済の発展の核としての役割も果たした。
(16) ブランド料はじめ多額のロイヤリティを払って，米国サウスランド社から購入したマニュアルには事業方法が表現されておらず，鈴木敏文以下のスタッフが試行錯誤で独自なコンビニエンスストアの仕組みを創造した。

ンといえるだろう。

　固定電話は家庭や組織をつなぐコミュニケーション手段だが，携帯電話は特定の人と人とをつなぐコミュニケーション機器であり，さらにインターネットと結合することで活用方法が広がった。携帯電話は通話中に移動しても基地局からの変化する電波をとらえて音声データに変換する。そこでは微弱な電波でも，同時に多数の利用者でも使用できる通信制御技術やデジタル通信技術，小型で長寿命なバッテリー技術など固定電話にはなかった技術が不可欠である。

　初期には固定電話と同じようにアナログなデータを活用したが，大量の通話に応えるためにデジタル信号を活用して，通信回線の同時多重活用で大容量の通信を可能にした。さらにスマートフォンではデジタルデータを活用して人の通話機ではなく，データを電送する通信機器へと変わり，コンピュータとインターネット技術を組み込んだ情報機器になる。それはパソコンを代替し，われわれの生活を変え，新しい事業を次々と登場させている。

　固定電話から携帯電話そしてスマートフォンへの変化をみると，それぞれに新結合があり非連続な現象がみられる。それはデジタル技術，微小で高性能な半導体チップとインターネット，アプリケーションソフトなど，新しい資源の結合によるイノベーションである。しかし携帯電話には固定電話の技術が活用されている。また古く無線通信機が存在しており，その通信技術特許を保有するクアルコム社が携帯電話やスマートフォン用MPUの覇者になった。

　それに今日のスマートフォン機能の基本的なものの多くは携帯電話で開発された。カメラの活用，その画像データの送信，インターネットの利用，ゲームなどのコンテンツの付加，プラットフォームを活用した課金事業などが携帯電話のNTTドコモのiモードから生まれ，それが援用されている。

　このようにみると非連続か連続的適応かの判断は単純ではない。非連続とみられものの中にも，多くの連続的適応の積み重ねがある。それはシュンペータ概念とは異なった側面を持つ。非連続的に現れる場合にのみ，発展に特有の現象が成立するとしているからである。このように，同じ枠組みの中での適応過程なのか，新しい枠組みで新しい軌道へと転換したのかの区分も細部をみてい

くと単純ではない。連続性は影響する次元で判断した方が良いかもしれない。

1.5　社会的影響の大きさ

　繰り返しになるがシュンペータのいうイノベーションは，経済社会を新しい次元に導くような，従来の均衡を破壊する創造的破壊であり，ダイナミックな飛躍をもたらす新しいものである[17]。それは単なる新しさではなく，経済活動を変えて社会に大きな影響を及ぼすものである。

　このときそれが社会にインパクトを与えて経済を新しい軌道に移行していくためには，模倣者が登場して競争することで，新しい何かを組み合わせてより優れた活用しやすいものに進化し，社会に波及し多くの人間や組織に活用されるものであることが条件になる。産業の限られた範囲の一部の企業に留まる一握りの現象であれば，経済の発展には至らないからである。

　たとえばコンピュータはわれわれの日常生活を大きく変えた。今や個人でも情報を世界中から検索収集し，一方で身近な情報さえ発信できるようになった。コンピュータ技術の基盤になるデジタル技術は，あらゆる情報のデジタル処理を可能にし，今日多くの機器の制御機能がデジタル処理によって行われる。またそれら機能や機器どうしを結びつけるシステム化が進展する。

　しかしコンピュータにはじまったデジタル技術によるイノベーションが突如としてわれわれの前に出現した訳ではない。世界初のコンピュータといわれるENIACは1946年に登場したが，それが直ちに社会をダイナミックに変えたとはいえない。今日多くの人が日常生活でも活用するパソコンも，社会を変えるどころか，当初は実用に耐えるものではなかった。それが実用性を備え，企業や私たち個々人が使用できるまでには，さまざまな技術の活用と利用環境との結びつきが必要であった。

　メインフレームからミニコンそしてパソコンへの移行も含めて，それらはさ

---

(17) 創造的破壊という概念は『経済発展の理論』ではなく，その後のSchumpeter (1950)，邦訳pp.150～157で登場する。

まざまなハードやソフトの新結合であると同時に，小さな適応の積み重ねの結果ともいえる。デジタル技術，各種半導体技術や各種モジュール，通信回線技術などの使用環境の整備，そして実用ソフトの開発が相まって，さらに性能向上と低価格化が進むことで，コンピュータは社会に大きなインパクトを与えるようになった。この間，長い時間を要している。そして全貌を現すまでの期間が長いものほど社会的影響が大きなものになる。

1.6　発明とイノベーション

　発明とイノベーションはどう異なるのだろうか。イノベーションは発明から生まれるのだろうか。従来はなかった新規なものや方法を考案するのが発明（invention）である。それまで誰も気づかなかったアイデアで何かを作り出すことである。そして社会に有用な発明をした場合，それを公開することと引き換えに，発明を使用あるいは他の者に使用させたりする独占的な権利を，発明者に与える特許によって近代社会は発明を促進してきた。発明は自分で考案し開発したもので，初めてで新しいことを強調する。

　これに対してイノベーション（innovation）には，発明も含まれたり発明という意味も含まれたりするが，それは構想した内容を生産活動によって社会に導入普及させることである。新しいものの普及，利用者を獲得して新しいものの爆発的流行を起こすものである。つまり経済社会で生じる現象である。

　イノベーションは経済社会にそれまでなかった製品やサービス，事業そのものを起こして，異質な需要を獲得する活動である。発明したものが軸になることはあっても，必ずしも発明そのものは必須ではない。新しいアイデアや方法，技術を用いて，社内そして世の中に影響を与える施策がイノベーションになる。製品や技術だけにとどまらず，新しい価値観を提案する製品やサービス，生産方法や管理システム，古くは複式簿記，マーケティング手法，斬新な事業方法など，さまざまなことがイノベーションの対象になる。

　そしてシュンペータがいうように，自分で考案しなくとも，他の人や企業が創造したものでも，新たな顧客価値を事業として実行し需要を獲得すれば，そ

れがイノベーションに発展していく。企業家が新しい事業概念の基,入手でき
る資源を新たに結合して,異質な価値を事業として創造するのがイノベーショ
ンである。

2 イノベーションの生成と経営学の考え方

イノベーションは新しい資源や既存の資源の新たな結びつきを契機として,
多くの要素の結合の積み重ねの結果として実現する。経営学ではこうしたイノ
ベーションの領域や方法を多様化することでその実現を目指す。

2.1 イノベーションは時間をかけて生成

前述したようにイノベーションの出現が,どのような影響を及ぼすかでイノ
ベーションの定義が変わってくる。シュンペータが扱ったのは1つの企業や製
品を変えるイノベーションではなく,経済を発展させる現象である。それは企
業活動や社会活動に大きな変化を及ぼし,経済を非連続に発展させるものであ
る。社会に大きな渦を巻き起こし,経済をダイナミックに発展させる規模の現
象である。

そうしたイノベーションは一挙に完成形として生成されるものではなく,長
い時間をかけて次第に姿を現す。そこでは新結合による非連続的な新しいもの
が徐々に改良され,連続的な適応と派生的な技術が加わることによって進化し
ながら生成していく。それはただ一つの新しいものではなく,さまざまな関連
するもの,さまざまな要素の新結合を重ねることで社会的に大きな影響を持つ
ようになる。

その結合の方法や必要な資源それに斬新な事業概念などが重なり,それに挑
戦する幾多の企業家が登場して,新結合を重ねながら大きな影響力を持つイノ
ベーションに進化していく。だから業界内で起きる小さなイノベーションも,
それらを結び付けてダイナミックなイノベーションに進展するので,そうした
社会的影響が小さい活動も,シュンペータ概念とは異なるがイノベーションに

27

含めてよいのではないか。

　このような視点からいえば，イノベーションは多数の追従者や模倣者が登場して優位性を争い，覇権を目指して激しい競争を演じるなかで，新たな価値を発揮するものとしての姿を現す。長い時間をかけて最終的にはドラスチックな変化が，新結合による新たな技術やそれを生かした斬新な事業概念が，広範に及ぶことで社会を変革するようなイノベーションが行われる。この間のイノベーションの普及過程に注目したのが先にもふれたロジャーズ（Rogers, 2003）であった。

　イノベーションが何らかのコミュニケーション・チャネルを通じて，時間経過のなかで社会システムの成員のなかに伝達されて普及するとロジャーズはみた[18]。そして初めは新たな技術の発見や発明，新しい事業概念などが登場しても，それが直ちに利用者から評価され活用されるのではないことに注目した。

　第1章のコンテナでみたように，後からみれば斬新なイノベーションが起こりつつあるのに，その時点では多くは受け入れられず，その重要性が認識されないのが一般的である。最終的にはそれが多く利用され，社会的に受容されなくては，経済社会を発展させるようなインパクトにはならない。

2.2　経営学におけるイノベーションの取り扱い

　今日の経営学では，経済を新たな発展軌道に移行させる前述のようなダイナミックな視点ではなく，何かを変革するものとしてイノベーションをより広く概念化することで，また新たな事業創造の視点としてとらえる。イノベーションを業界内での新現象の出現，さらには企業のなかでの新現象と広くとらえる傾向が経営学ではみられる。

　企業の目的は顧客の創造であると指摘したドラッカー（Drucker, 1954）は，それにはマーケティングとイノベーションが必要とした。企業は経済的な財や

---

(18) ロジャーズはイノベーションを，個人あるいは他の採用単位によって，新しいと知覚されたアイデア，習慣，あるいは対象物であるとしている。

サービスを供給するだけでは十分でない。より優れた，より経済的な財やサービスを創造し供給しなければならない。それにはマーケティング活動で顧客の視点に立ち，顧客の求めるものを創造していく必要がある。

　経営者は絶えず自社の事業とは何かを考え，企業のなかにイノベーションを喚起する。イノベーションを怠ると事業は衰退すると指摘する。そこでは顧客価値創造のために，新しいものを創造することの重要性が意識されている。経済を変革するようなダイナミックなものだけでなく，顧客が求める新しいものの創出をドラッカーはイノベーションと認識している。

　従来，経営学ではイノベーションを製品イノベーションと，プロセスイノベーションとに分けて前者が重視され，製品開発が大きなテーマであった。それに対してアバナシーとアッターバック（Abernathy and Utterback, 1978）は産業や製品ライフサイクルの初期には製品イノベーションが，そして成熟するほど生産方法の変革，つまりプロセスイノベーションの発生率が高くなることを指摘した。それらイノベーションの転換を分ける要因として，市場で形成される支配的な仕様であるドミナント・デザイン（dominant design）概念を提示した.。

　ドミナント・デザインの登場は基本的な製品仕様が一般化してしまい，製品の機能や性能では大きな改良余地が少なくなったことを意味する。このため同一化した製品は機能や性能の開発競争から価格競争に移行し，その解決のためにプロセスイノベーションに重点が移る。どちらのイノベーションが重要かではなく，両者が相まって産業がダイナミックに進化することを彼らは主張した。とりわけ下請企業の場合，コスト削減のためのプロセスイノベーションが不可欠になる。ただ改善活動で推進される個々の営みは一般にイノベーションとはみない。

　またイノベーションを急進的イノベーション（radical innovation）と漸進的イノベーション（incremental innovation）という2つの視点に分けての解明も行われる。そこには連続的な変化であれ，新しいものが生み出されればイノベーションとする経営学の視点が表れている。新しい何かが突発的に登場する

だけではなく，改良の積み重ね，新しい発想などの積み重ねによって徐々に実現するイノベーションも存在するという前提がある。これは非連続な変化がイノベーションだとするシュンペータの考えとは対立するともいえるが，その理論には時間の考慮がないので必ずしも対立する概念ともいえない。

2.3　破壊的イノベーションと中小企業

これらとは異なった視点からイノベーションについて取り上げたのがクリステンセン（Christensen, 1997）である。クリステンセンはイノベーションとは技術の変化で，その技術はプロセスであり，プロセスの変化がイノベーションだととらえる。そして既存の魅力ある顧客に，高価格で売れるより良い製品を創るために性能や機能をさらに向上させる持続的イノベーションと，既存製品を購入しない異質な顧客でも購買する安価で，単純で便利な製品を創る破壊的イノベーションとがイノベーションにはあるとする。

持続的イノベーションは既存の製品を改良し，性能を向上させ洗練していくものである。それは破壊的なイノベーションとして登場した製品でも同様に行われる。優良企業は持続的イノベーションを絶えず推進して，競合企業よりも性能を向上させる能力を持つ企業である。

その一方で性能は劣るが既存製品とは異質な価値に注目した類似な製品が登場し，次第に持続的イノベーションを行いながらいつしか既存の製品性能を上回る。そうするとその破壊的製品に不満を感じていた顧客も当該製品を受け入れるため，中核市場をも奪って優良企業の従来製品を駆逐していく現象が起こる。それを破壊的イノベーションと呼んだ。

そして前者の既存製品のなかでの性能向上の競争，持続的イノベーションの競争の場合には既存の優良企業がほぼ勝利し，後者の破壊的イノベーションが起こった場合には，新規参入者が優良企業を負かす確率が高いことを理論化した。新しい価値次元を持つ製品の基本的な性能が，既存製品より劣っていれば，既存製品に慣れ親しんだ顧客もその破壊的製品を求めない。このため変化を認識しながらも顧客の声に耳を傾ける優良企業はそれに対応せず，自らはさ

らに上位市場に向かい，破壊的イノベーションがもたらす状況への対応に遅れ
敗退する。

　このとき優良企業は破壊的なイノベーションへの対応が遅れるどころか，破
壊的な製品を生産できるノウハウを保有するにもかかわらず取り組まない。そ
して従来製品の性能向上にまい進し，やがて顧客が利用できる水準を超えた性
能にまで高めていく（Christensen, 2000）。

　しかしそれは多くの顧客の利用能力を超えているため需要を失い，結果とし
て優良企業は破壊的イノベーションと競争もせずに敗退していく。それは破壊
的イノベーションを行えば中小企業でも，その成果を獲得できる可能性がある
ということを示す[19]。

3　多様化するイノベーションの考え方

　今日イノベーションについてはさまざまな考え方が提起されている。以下で
はその主なものを上げる。

3.1　異質な発想からのイノベーション

　中小企業のイノベーションとしても注目出来るのが，ゴビンダラジャン
（Govindarajan, 2012）のリバース・イノベーション（reverse innovation）で
ある。途上国の顧客ニーズは先進国と同じだが所得水準が低い，そこで低価格
な下位モデルの製品を途上国市場に投入すれば受容されるという方法が一般に
取られてきた。しかし現実にはそれで需要を獲得できないことが少なくない。

　反対に多様で異質な価値観が存在する途上国市場でアイデアを汲み上げ，そ
こで開発した製品を，先進国市場にも投入することが有効なイノベーションだ
という見解である。価値観や慣習などの異なるそれぞれの途上国市場に合わせ
た異質な製品創出が先進国市場にも変革をもたらし，それがインパクトを与え

---

(19) 破壊的イノベーションについて詳しくは本書第7章を参照。

ることになる。

このほか，ブランドと顧客の関連性を失わせるような新しいカテゴリーやサブカテゴリーが新しい競争を生み，過去のブランドを無力化しているとしたアーカー（Aaker, 2010）のカテゴリー・イノベーションは，イノベーション研究にブランドという視点から新たな光を当てている。それは使用方法や用途などが異質な製品を新たなカテゴリーに設定して，そのカテゴリーでブランド化できると，それが模倣されるほどカテゴリー創出企業の評価がさらに高まってしまうという考え方である。アップルのiPodやiPhoneはデジタル・オーディオプレーヤやスマートフォンのロールモデル（模範）になって，模倣されるとその製品価値をさらに高めていく[20]。このため模倣しやすい情報財では，カテゴリー・イノベーションがより効果を持つ。

またハメル（Hamel, 2007）は経営管理の手法や組織の形を大幅に変えて，組織の業績を高めるマネジメント・イノベーションに取組むべきだとした。それは他のイノベーションよりも，競争優位を劇的に長期的に変化させるからだとする。ビジネスモデル（ビジネスシステム）のイノベーションは，管理方法や組織以外の要素も含む概念なのでさらに効果的だということになる[21]。

3.2　外部資源を活用するイノベーション

ユーザー・イノベーションは中小企業にとって身近な方法である。ヒッペル（von Hippel, 2005）は顧客の持つ粘着性の強い情報は伝わりにくいために，顧客が求めている製品を企業が創出することは難しいと指摘する。そこで顧客が自ら工夫しているものを企業が活用する，顧客のイノベーションを活用すれば需要を獲得できるとした。

---

(20) カテゴリー・イノベーションについては第6章参照。これは知名度やブランド力がある大企業の方が取り組みやすいが，中小企業でも可能である。その例については小川（2017）を参照。
(21) ビジネスモデルやビジネスシステムについてはAfuah（2014）；小川（2017）参照。

　顧客との距離を接近させ，共同でイノベーションを行う。連携によって顧客側からのイノベーションを実現する方法もある。コンピュータのソフト制作では完成品をユーザーに無償提供し，使い勝手や問題点の検証を仰ぎ，優れたソフトに仕上げる方法がとられる。ユーザーのノウハウ活用は需要獲得やコスト削減にもつながる。

　外部資源の活用はさらに進展して，チェスブロウ（Chesbrough, 2003; 2006）によってオープン・イノベーションとして理論化された。従来，イノベーションは多分に秘密性を秘めており，それはアイデアの創出からそれを具現化する技術開発まで企業内部で，自社資源を活用して自前で行われた。しかし企業が研究開発にいそしむなか，技術の変化は激しくまた複雑になった。その結果，成果が活用されず企業や研究機関などに埋もれてしまうことも少なくない。

　そこで必要な知識や技術を外部から調達し，また内部で活用されていないものを外部に提供する。それはスピーディにイノベーションを行うことになり，またイノベーションに必要な複雑な技術を組合せることができる。このとき外部の技術を活用すれば直ちにイノベーションが実現するわけではない[22]。顧客価値創造に必要な技術を見極め，調達した技術にも修正や改良が欠かせない。そしてそれら技術や資源を，どのように結合して顧客価値を実現するかに独創性が求められる。

3.3　模　倣

　また模倣こそがイノベーションの方法であるとして，模倣の役割を評価する見解も生まれている（Shenkar, 2010; 井上, 2012）。模倣は企業が生き残るために不可欠なだけでなく，イノベーションそのものを生み出すのにも不可欠な行動だとする。模倣者が成功するにはイノベータの価値以上のものを創造しなくては成功しない。また別の製品や異質な事業領域に応用する。

　こうした模倣者の行動は前述のイノベーション生成プロセスからいえば，社

---

(22) オープン・イノベーション活用の検討については武石（2012）を参照。

会経済を発展させるようなダイナミックなイノベーションでは欠かせない。模倣者との競争によってイノベーションによる産出物の性能が高まり，一方で需要を拡大してイノベーションを普及させる。

　そしてまったく新しいものを自ら開発するのではなく，他社の模倣によってより良いものを創造する方法は日本企業をはじめとして，韓国や中国などの後発企業が行ってきたところである。デッドコピーといった模倣は許されないが，法的にも許容される範囲での模倣や応用は新しいものを生む。模倣は経済の進化にとって大きな役割を果たすという積極的な評価である。ただ情報財は模倣か否かを判別しにくく，模倣を防ぐ仕組みがより重要な課題になる。

　いち早く携帯電話を実用化させた日本企業は，自社開発で垂直統合的な事業の仕組みで覇権を争った。しかし第5章でみるように遅れて携帯電話に参入した中国では黒手機といわれる偽物電話産業を形成した[23]。そこでは携帯電話の統合プラットフォームである低価格な中核MPUを台湾のMTKから調達し，その際にMPUと相性の良い各種モジュールのリストや設計図まで提供を受けて携帯電話を製作した。こうした山寨のなかから生まれた北京小米やOPPO，VIVOなどは，今やスマートフォン世界シェアランキング上位になりサムスンやアップルを脅かす存在になった。オープン・イノベーションどころか，外部からのモジュール調達で偽物の携帯電話を簡単に製作し，そこで蓄積したノウハウでより高度な製品を開発して世界に進出する企業まで登場した[24]。

　それはものづくり方法のイノベーションでもある。わが国では大企業しか携帯電話を生産せず，それも開発費が捻出できなくなって撤退する大企業が相次ぎ，中小企業は参入する姿勢もない。他方中国では中小企業のなかから，外部資源を活用して，世界シェアトップクラスを狙う企業が登場したのである。

　これらは新たなものの創出そのものが重要なのではなく，それを活用して斬新な事業を展開することこそが重要なことを示す。イノベーションの芽の創造

---

(23) 中国山寨のダイナミックなものづくりの方法については，阿（2011）そして本書第5章を参照。
(24) 丸川（2010）；小川（2017）を参照。

が重要なのではなく，その実現によって収益を獲得することが企業にとって重要である。

　こうしてイノベーションは生産や技術的なものからその領域を拡大し，企業活動にかかわるあらゆるものを対象にするようになった。そしてその実現の方法論も多様になっている。

4　本書で検討するイノベーション概念

　シュンペータは繰り返し起こる景気巡環とは異なる，それまでとは異質な軌道で経済が発展する現象をイノベーションと概念化した。その変化させる要因を，そのとき入手できるあらゆる経営資源を新たに結び付け，反対に解体する新結合にもとめた。その今日いうイノベーションは従来とは非連続な現象で，それを実現するのはリスクをいとわない冒険的な企業家であるとした[25]。

　しかし企業活動の視点からみると，経済をダイナミックに発展させるものだけでなく，もっと現実的に新たな製品や技術，サービスの創出，当該業界でそれまでの常識とは異なる異質で斬新な広い意味での生産活動の取り組み，新たな事業の仕組みなど，その結果起こる現象をイノベーションととらえることもできる。

　それは前述したように業界内の小さなイノベーションがダイナミックなイノベーションに発展したり，主流のイノベーションに結び付いて貢献したりするからである。そうした小さなイノベーションも含めて，あらゆる経営資源の新しい結合と，斬新な事業概念によってイノベーションは生成する。それは非連続的に生じることもあるが，小さな連続的な試みが長い時間のなかで大きな影響力を持つ現象に発展することもある。

---

(25) すでにみたように，イノベーションは冒険的企業家が事業として実現するものであり，その個人の才能が重要である。ただ今日の複雑化するイノベーションには個人だけでなく多数のチームの役割も不可欠である。これについては多数のイノベーション例を取り上げたIsaacson（2014）を参照。

われわれは過去のさまざまなイノベーションに囲まれて生活している。現状に満足できない，さらに利益を獲得したい企業家や企業によってイノベーションが推進される。それによって社会は進歩している。

　本書ではイノベーションを次のように捉える。新たな利便性をもたらす新しい機能を発揮する製品や生産方法，事業の仕組みの創出など，業界や経済を変革する現象がイノベーションである。そのためには事業概念を基に，活用できる資源を新たに結びつける。それは企業内や業界内への影響で終わる小さなイノベーションから，社会経済を変革するダイナミックな現象に及ぶこともある。

第❸章
製品・技術・生産システムの
イノベーション

　本章ではオフィスを大きく変貌させた普通紙複写機，そして農業の苦役を軽減させながら農業革命をもたらしたトラクタ，また中小企業のニッチな製品開発などを取り上げて，製品や技術のイノベーションはどのようにして生まれるのかをみる。またものづくりを変革したトヨタ生産システムを取り上げ，生産システムのイノベーションを検討する。

　イノベーションはしばしば製品イノベーション（product innovation）とプロセスイノベーション（process innovation）とに区分される。前者は新製品開発などによってそれまで存在しなかった製品で新しい需要を獲得し拡大するものである。これに対して後者は新しい生産方法の創造，生産工程の改善など効果的・効率的な生産方法を開発して，均一な品質で低コスト生産を可能にするものである。前者のどんな新しいものを創るかに対して，後者はどのように作るかのイノベーションである。

　そして日本企業は欧米で開発された製品や技術を，日常的な改善を通じてより低コストで生産してしまうプロセスイノベーションが得意だとか，製品イノベーションがより重要だとかいう議論がなされてきた。しかしアバナシーとアッターバック（Abernathy and Utterback, 1978）は，それは市場の時間変化によって発生確率が異なり，イノベーションの進展にはどちらも重要なことを解明した。

　プロセスイノベーションは特定の製品生産にかかわるものとして検討されるが，トヨタ生産システムは，トヨタや自動車産業だけでなく，広くものづくり全般で採用される生産システムのイノベーションである。それは流通業などものづくり以外にも応用され，いわば業務システムを変えるイノベーションでもある。

1 複写機のイノベーション

　はじめに事務作業では不可欠な複写機（コピー機）の製品イノベーションについてみていく。オフィスの事務作業は複写機の導入によって，そしてコンピュータの導入によって大きく変わった。筆者が研究専門職に就いたときの古色蒼然とした事務所も，外観は変わらなかったものの，業務方法やオフィス風景が大きく変貌するのを経験してきたが，その先鞭をつけたのが複写機である。

1.1　事務作業で不可欠な文書の複写

　事務作業で書類をコピーするする行為は，今日プリンタの活用で少なくなったとはいえ，いまだに欠かせない作業である。かつて文書が複数枚必要な場合，書き写しや紙にカーボン紙を挟んで重ねて書いた。多部数の文書は発明王エジソンが発明したガリ版と呼ばれた謄写版が広く用いられた。

　学校の教師は生徒に配布する資料やテスト用紙をガリ版で作成した。ワックスが塗布された原紙を金属製のヤスリ盤に乗せ，先の尖った鉄筆で1文字ずつ書く。大きく間違うと1枚ごと書き直しする。それを絹製のスクリーンを張った謄写器の木枠の刷り台に取り付け，スクリーン上からドロッとしたインクを付けたローラーを手で圧着移動させると，油性インクが原紙を透過して下に置いた用紙に転写する。汚れたワックス紙や用紙がごみ箱を汚した。

　アメリカではカーボン紙を挟んだタイプライターで，複数枚の文章を作成していた。その後湿式のジアゾ式印刷機，いわゆる青焼きという複写機が登場し，謄写版印刷と並んで企業や教育機関に広く普及した。しかしこれは乾燥させなければならず，また全体的に青く不鮮明で読みにくいものであった。筆者はこれで報告書をコピーしていた。事務量の増大に伴って複写機需要は拡大し，さまざまな複写技術の乱立状態になった。

　しかしいずれもコピーの処理速度や汚れ，取り扱い手間が課題で，現像液方式では用紙の乾燥，感熱紙や感光紙方式では用紙管理が面倒であり，さらには

機械の操作にも習熟が必要など，誰もが手軽にいつでも使用できるところまで洗練されていなかった。そして何よりも複写の鮮明さで劣っていた。

1.2　発明家から生まれた普通紙複写機原理

　鮮明な複写機として最後に登場したのが，われわれが今日広く使用する普通紙に複写する乾式複写機で，これを製品化したのがゼロックス社である。乾式普通紙複写機は事務機器という新たな産業分野を開拓し，事務作業を大きく変えたばかりでなく，その技術はさらに発展して今日でもオフィスを変えている。

　1938年，32歳の発明家チェスター・カールソンは，エレクトログラフィー（電子写真術）と呼ぶコピーの基本原理を考案した。これは帯電性のある金属板を毛皮でこすってマイナスの電荷を発生させ，原本をその金属板に露光させ複写したい部分がプラスの電荷になる鏡像を作る。そこにマイナスの電荷を浴びた粒子を吹きかけ，金属板に紙を押し付け，熱を加えて粒子を紙に固着させる方法である。これらの基本工程それぞれは既に存在した技術で，それを組み合わせてコピーするところに新しさがある。

　カールソンは典型的な発明家であった[26]。特許の出願手続きに必要な大量の図面や仕様書を複製し，申請書類を整える職業の傍ら，光を活用して画像を投影しその画像を紙に転写するという前述の原理を考案する。そして1938年，不鮮明な画像であったが，判読可能な文字を紙に転写することに成功した[27]。このときの文字を転写した紙と，のちにゼロックスが開発した初めての914複写機はスミソニアン博物館に展示されている。

1.3　苦闘する技術開発

　彼はこのアイディアで特許を取り，それをさまざまな企業に売り込んだが買

---

(26) この複写機の発明と開発に関する記述内容についてはBrooks（2014）を参照した。
(27) 日本画像学会（2018）参照。

い手はなかった。ようやく1944年にバテル記念研究所が開発費用を負担して権利を取得する。その後新たな事業を目指していた写真印画紙メーカーのハロイド社が，この技術を使用する権利を獲得する。しかし研究所と同社共同でこのアイディアを製品化しようと研究するも，実用化のための技術開発は難しくさまざまな課題の解決は困難であった。

　静電複写機は桁違いの高精度なエンジニアリング技術を必要とした。そこで同社はこの権利をIBM社など数社に売却しようとしたが，難しい技術開発の割に需要は少ないと判断され交渉は不成立であった。

　このためそのゼログラフィーと呼ぶ製品開発は，ハロイドの不沈に関わるようになる。同社は1947年から1960年にかけて営業利益の2倍以上の開発費をつぎ込んだ[28]。本業の経費削減を図って浮いた資金をすべてつぎ込んでいる。苦闘するなかでロチェスター大学が，地元企業を支援しようと寄付金を使って大量の同社の株を購入し開発を支援する。

　1958年，同社は会社名をハロイド・ゼロックス（その後ゼロックス）に変更した。多額の開発資金を投入した効果もあって，技術的課題を克服して複写機（XeroX：ゼロックス）を完成にこぎつけ，1960年には一気に製品販売に拍車がかかり需要を獲得していく。一部の権利を保有していたカールソンとバテル記念研究所，そしてロチェスター大学，同社経営幹部には一挙に大きな富が転がり込んだ。

　同社は従業員の採用を重ね，社屋は年々拡大し世界の大企業に成長する。7年間の間に19万台のコピー機を作り，社員数は900人から24,000人に膨れ上がる。内部の人材では対応できずIBMやフォード，GMなどからトップクラスの人材を引き抜き幹部社員に採用している。

　ここには特定個人が考案した発明が，最終的には企業の力によって実用化し，地方の企業を世界的大企業に押し上げることになった成功物語がある。そ

---

(28) ゼロックス社の複写機開発経緯などについてはDouglas & Alexander（1999）を参照。

れまで知られていた知識を組み合わせることで文書のコピーができるという発明家のアイディアは，安定的な製造技術としての確立が困難であった。原理的に可能であることと，それを安定した製造技術に確立することの違いが見て取れる。

1.4　普通紙複写機イノベーションの成功要因

　発明家が考案した乾式普通紙複写機の原理は解明されても，その性能を発揮する製品に仕上げるにはさらに技術開発必要で，コンピュータの巨人IBMでさえ手を出さなかった。

(1)　複雑な製品は製品開発とプロセス開発が必要

　全く新しい原理による機能発揮の画期的な製品は，それを実用的な製品に仕上げる技術開発，また高品質な製品生産の生産技術の確立が容易でないことが少なくない。斬新な製品では製品イノベーションの実現の一方で，それを製品化するにはプロセスイノベーションも必要なのである。それは例えばブラウン管にとって代わった液晶テレビにもいえた[29]。

　写真印画紙メーカーのハロイドにとって，素早く用紙を連続的に送りながら，静電気と光学技術を活用する複雑なメカニズムで構成する機械の開発は課題が大きかった。それに塗布する粉の開発も必要で，実用に至る製品づくりのために20数年もの年月と莫大な資金を費やしている。町の発明家が発明する多くのアイディア製品は製品化も容易な単純なものが大部分で，製品化しやすいがほとんどは売れずに消えていく。原理は解明できても普通紙複写機は，そ

---

(29) 1964年には米国で最初の液晶表示装置が考案され，1968年には米RCA社のハイルマイヤー（Heilmeir）たちの手で最初の表示装置が作られる。それに触発されて技術開発を行ったシャープは，1973年電池駆動可能な電卓の表示装置に採用し好評を博した。その後シャープは，ワープロなどのデジタル機器の表示部に採用し技術を高める。エプソンの1984年世界最初のTFT型液晶カラーテレビ発売に次いで，1988年14型のTFT型液晶カラーTVを発表する。一時期シャープは液晶テレビのトップ企業として躍進する。

うした単純な製品とは異なったのである。

　文書が記載された紙を複写することの工学的原理は解明された。ただそれを鮮明な複写を安定的に連続的に行う製造技術の開発は困難を極めた。今日ますます複雑なメカニズムからなる機械の開発には組織の能力が不可欠である。乾式普通紙複写機の開発には，優れた人材によるアイディアと試行錯誤が必要であった。

　課題解決は困難だったがゼロックスの場合，文書をそのまま普通紙に複写できる機械の必要性を理解できるし需要も見込まれると判断した。その需要見込みと，すでに全社一丸で多額の資金を投下してしまったという現実から，開発を継続することしか選択肢がない。企業規模に対して多額の開発費を注ぎ込んだ同社は引くに引けない状況に追い込まれた。そこに地元企業支援を行うエンジェルとして大学が登場し，その支援によって資金的な課題を解決する。

(2) 成功要因

　長期化する開発に対して，顕在化している需要への期待を糧に不退転の開発姿勢を保ったことが第1成功の要因である。さらに幸運にも製品開発に必要な多額の資金を獲得できたことがイノベーション成功の第2要因である。

　第3の成功要因は，当時の事務機販売の常識とは異なった販売方法の採用にある。それまでの主流は独立系のディーラーを活用して事務機を販売するというものであったが，同社はショールームを設置し，セールスマンを大量に雇い，それを訓練して直接販売という方法を採用し，テレビ広告で販促活動も行う。それは後発の競合企業には追従しにくいものであり，その販売体制で世界での独占状態を形成していく。

　その複写機は高額なため大きな法人顧客であろうと，製品の売切りではなく，毎月使用料を払うレンタル方式を採用し，またコピー1枚ごとに使用料を徴収した。この新しい販売方法の採用も顧客獲得に貢献した。それは複写機の販売ではなく，複写することを販売するという斬新なビジネスモデルでもあ

る[30]。

　第4に補修担当要員の配備である。直接販売方法をとった理由は製品が高額なだけでなく，製品の複雑さにもあった。ゼロックスは便利な機械の反面，そのメンテナンスが面倒だった。筆者も紙詰まりを何度も経験した。そして紙に塗布する帯電した黒い粉，トナーの交換も面倒な作業で，手が黒く汚れることも少なくなかった。手に負えないトラブルには補修を依頼した。ゼロックスは複雑で面倒な機械でメンテナンスが不可欠だった。

　数千人規模で採用された修理担当者は顧客の事務所に伺い，紙詰まりしないように紙送りフィーダーを調整し，定期的にトナーを交換し，帯電させる金属のドラムを丁寧に清掃する。複雑な機械でサポートが不可欠だった。ユーザはゼロックスの補修担当者たちと密接な関係を持ちながら複写機を使用した。

(3) 特許

　第5に特許による防衛である。莫大な費用と長い時間をかけたゼロックス社は，そのすべての技術について細かく特許を張り巡らせた。その模倣を防ぐための600件の特許を回避することは不可能といわれた。

　それにもかかわらず，同社の成功を見て多くの企業が普通紙複写機市場に参入した。しかし網羅された特許によって製品が作れず，同社からライセンスを受けて製品を供給した。ただ普通紙にコピーするセレン・ドラム技術については使用を認めなかった。止むを得ず参入企業は複写用にあらかじめ処理した専用の加工紙を使う複写機にならざるを得ず，それは普通紙ではなく，ゼロックスよりも複写性能が劣る。

　初めて筆者が乾式普通紙複写機を使用したときは驚きだった。白い紙に鮮明に文字が写っている。もう青焼きには戻れなかった。コピーすることを「ゼロックスする」と呼んだものである。ただ勤務した組織では当初ゼロックスの使用量に制限があって，1人1日に1枚と使用制限される笑い話のような利用

---

(30) 前掲書Douglas & Alexander（1999）参照。

しか許されなかった。複写は高額だったのである。

このようにみていくとイノベーションを成功させるには，製品開発だけでなく，事業化する仕組みとしての新たなビジネスモデルの創造が必要で，加えて他社が追従しにくい競争優位が不可欠であることがわかる。

1.5　独自技術による第2の製品イノベーション

普通紙複写機ゼロックスに張り巡らされた特許に，抵触しない複写機を開発した企業が登場した。それがキヤノンである。

(1) 新規参入

カメラ企業であるキヤノンは，カメラ以外の新しい事業分野の開発を目指していた。1964年には卓上電卓電子計算機を発売していたが，ゼロックスの成功を見てその前1962年には複写機開発に着手する。すでに見てきたように電子写真方式のゼログラフィー方式は，ゼロックス社が網羅した特許を保有した。そこでアメリカRCA社が特許を持つ感光紙を使った全自動乾式複写機キヤノファックス1000を1965年に発売する。1分間6枚の複写能力で価格は60万円だった。事務機販売網を保有しなかった同社は，海外企業のOEM生産を中心にする。その3ヶ月後にはジアゾ式複写機のトップ企業だったリコー社が，1分間2枚の湿式手動給紙複写機を29.8万円で発売する。

1970年キヤノンは普通紙複写機NP-1100を開発し，本体価格88万円で発売する[31]。10枚/分の能力を持ち，ゼロックスの特許に抵触しない初めての乾式普通紙複写機であった。その成功物語はNHK「プロジェクトX」にも取り上げられ，日本企業の技術力が賞賛された。その一方で同社は乾式のトナーではなく液体現像の方式を開発し，液乾式普通紙複写機NP-Lを58万円で発売し，コピー料金1枚8円で大ヒットになり，黒字を確保する。この特許を外部に販売しゼロックス社以外の複写機メーカーが同じ方式を採用するようになる。

---

(31) 以下のキヤノン内容の一部は阿部・橘川編（2018），pp.67〜70による。

　当時ゼロックスの躍進を見て複写機への参入が世界で相次いだ。1977年には米国FTC（連邦取引委員会）によってゼロッククス社の特許公開が裁定され，日本企業も雪崩を打って参入する。

(2) 独自発想の製品開発

　一方キヤノンは1982年，小型化と低コスト化を目的に，複雑な感光ドラム帯電器，現像ユニット，クリーナーユニットとトナーを一体化し，交換可能なカートリッジを使用する乾式普通紙複写機PC-10を24.8万円で発売する。これはそれまでのような定期的な複写機の保守必要がなくなり，小型化で低価格なため家庭や小規模オフィス需要を獲得していく(32)。この製品でキヤノンは電気店などの販売ルートで売切り製品にし，さらに消耗品であるカートリッジ販売で利益を上げるという新たなビジネスモデルを採用する。

　470件の特許権を持つこの製品は，複写機の第2の製品イノベーションともいえる製品で，それまでの大企業や大量のコピーを使用する教育機関などで設置する大型機とは異なり，小型で低価格そして補修サービスの必要がなかったため，小規模事業でも個人でも購入できるものであった。そしてゼロックスが対象としていなかったこうした底辺の顧客層からキヤノンは需要を拡大し，次第に大規模事業所にまで販売を拡大していく。1986年にはさらに小型・軽量のFC-3カートリッジ式普通紙複写機を9.98万円で投入する。それはクリステンセンのいう破壊的イノベーションであった。

(3) 変貌する複写機

　その後電子写真技術はコンピュータ利用の高まりに伴ってプリンタに応用されて発展していく。1975年キヤノンはレーザープリンタを発売し，1984年には世界最小のレーザープリンタ，そして1985年にはバブルジェット方式のインクジェットプリンタ，1987年にはカラーレーザー複写機を発売する。この

---

(32) 長瀬・校條・服部・渡辺・松代（2012）参照。

間の1975年，富士ゼロックスは世界初のカラー複写機6500を発売している。

　こうして複写機は大型化と小型化の両方に進み，さらにデジタル化とカラー化が進展する。一方でレーザープリンタ，そしてインクジェットプリンタとプリンタ分野が活況を呈するようになる。さらにデジタル技術の導入で1987年にはリコーのimageio320を発端にコピーとスキャナー，ファックス，プリンタの複合機としての機能を高めた製品がオフィス需要を獲得していく。

　一方で小型化低価格でカートリッジ方式の小型プリンタが個人需要を獲得して量産化され，それも複合機化していく。事務所だけでなく個人向けの複合機も登場してわれわれの生活をも変えたる。フリーランスや在宅ワークでもコピーやプリンタなどが容易に使用できる。それは50年前には想像も出来なかったインパクトを持つイノベーションである。

1.6　複写機にみるイノベーション

　乾式普通紙複写機を開発したゼロックスは高収益な世界企業に飛躍した。それはオフィスの業務方法さえ変革したイノベーションである。苦難の製品開発には製品イノベーションだけでなく，プロセスイノベーションが必要であったが，幸運にも資金が投入されて課題を克服する。また保守管理も含めたレンタルや，使用枚数に応じた料金徴収という新しいビジネスモデルを登場させた。それは大型コンピュータ販売にも影響し，さらに設備機器販売で利益を獲得するのではなく，消耗品や保守管理で継続的に利益を獲得するという事業モデルにも発展している。

　高収益を獲得したゼロックスはパロアルト研究所を設置して，コンピュータ開発に邁進し斬新な技術を開発した。しかし自らはコンピュータ事業を確立できず，そこで開発されたGUIやウインドウ表示，マウスといった斬新な概念は，アップルやマイクロソフトに取り入れられわれわれが使用している。多額の費用と長い時間をかけてイノベーションを実現した企業だが，次のパソコン

のイノベーションでもリードしたものの事業としては実現できなかった[33]。

　一方のキヤノンは保守管理の必要のない斬新な小型製品を開発して，コピー需要があるものの大型機を購入できない小規模企業や個人でも使用できる製品イノベーションも行い，ローエンドの新たな顧客層を開拓し，次第にゼロックス社の市場を奪って躍進した。そこには破壊的イノベーションがみられる。イノベーションは次の新たなイノベーションを生み，次第に産業分野を拡大していくので，イノベーションの歩みを止めると企業は落下してしまう。

　これらのことからいえるのは，イノベーションを事業化して市場を獲得するには，製品特性や顧客特性に合致したビジネスモデルの構築が必要だということである。斬新な製品だけではイノベーションを実現しにくい。そして模倣を防ぐには知的所有権だけではなく，顧客価値に応じた競争優位の形成が不可欠なことを示している。そして1つのイノベーションは次のそれを誘発する。

2　農業を変えたトラクタのイノベーション

　トラクタ（tractor）は100年前に生まれて農業を変革し，農業から人力の多くを解放し，農業の生産力を飛躍的に高め食糧増産によって食糧危機を救ったイノベーションである。そのトラクタについて藤原辰史『トラクターの世界史』をもとにみていく[34]。トラクタは土壌の下部にある栄養を掘り起こして表面に置き換えるだけでなく，土壌のなかに空隙を作り土壌に保水と栄養貯蔵能力を高め，さまざまな生物の働きを活性化し，食物連鎖を向上させる耕すという行為を行う機械である。

2.1　苦役からの解放

　人類は狩猟生活から農耕生活に転換するが，長い間，人力で，その後牛馬を

---

(33) これらの経緯について詳しくは前掲書Douglas & Alexander（1999）参照。
(34) 本節のトラクタの記述にいては藤原（2017）に依存している。

活用して営々と農耕を続けてきた。耕す道具として人が手に持つ鍬（くわ），シャベル状の鋤（すき），そして主に牛馬がけん引する犂（すき）が用いられてきた。その数千年もの間行われてきた人力と牛馬による耕作活動を劇的に変えたのがトラクタで，それはこの100年ほどの間のことである。

産業革命のなかでイギリスでは1859年に，蒸気機関を用いた自走式トラクタが開発される。しかし蒸気機関は重くて爆発事故が多く普及しなかった。そこに1892年，アメリカで技師ジョン・フローリッチが，ガソリンを燃料にする内燃機関搭載のトラクタを開発した。彼が設立した会社はすぐに倒産したが，その技術はディア＆カンパニー社に引き継がれるなどして普及していく。ヨーロッパでは同様なトラクタが10年から20年遅れで開発されている。

牛馬に犂を引かせるには同時に人が歩きながら，土壌に合わせて犂の角度や深さを絶えず調整する必要がある。それに生き物である家畜のために草を刈って食料を与えるとともに，糞尿の処理など一年中人が面倒見なくてはならない。牛馬の活用によって労働は軽減したものの，依然として耕す作業以外も種まきや刈り取りなど，人間が絶えず働くことで農業が営まれてきた。

その労働の苦役からの解放をもたらしたのがトラクタである。燃料さえ供給すれば夜でも疲れを知らず働く。家畜の世話も必要ない。多くの時間を他の仕事や家事，余暇に回すことができる。トラクタは人間が長い間，待っていた機械だった。

第1次世界大戦になると男性が戦場に駆り出され農業の人手は女性になる。食料供給も課題になる。そうした需要でトラクタが急速に普及する。それを担った廉価トラクタがフォード社のフォードフォンで，自動車生産のノウハウで価格を引き下げた。それにトラクタは耕すだけでなく，その動力を活用して脱穀などさまざまな農作業に活用できるようになる。

1902年創業のインターナショナル・ハーヴェスタ社はエンジンの冷却装置や点火装置などの改良を重ね，1911年にはアメリカのトラクタ生産の1/3を占めてトラクタ企業の頂点に躍り出る。先のディア＆カンパニーと2つの農機具企業そして，フォードが大きなシェアを占めるものの，その他の自動車企業や

小さな農機具企業などがトラクタ生産に参入する。

2.2　活用範囲の拡大

　アメリカのトラクタ生産は1950年代には，400万台を超えるまでに産業化される。この間のトラクタ需要を高めた要因として藤原は5つを挙げている。フォードの流れ作業での大量生産による価格低下，パワー・テイク・オフの開発によるトラクタ取り付け農機具の進化，モリーン社による畝と畝の間の除草と耕転が可能な汎用性を高めたジェネラル・トラクタの開発，フォードの技師ファーガソンによるトラクタの転倒防止と，土壌の性質に応じた土壌攪拌が可能な3点リンクの開発，そしてゴムタイヤの使用である[35]。

　大量生産によるコストダウンで，1922年にはフォードが77％のシェアを獲得して競合企業に価格引き下げ競争をもたらした。しかし農機具メーカーではないフォードは，進展するトラクタ技術の進化をリードできず，その座を農機具企業に譲っていく。農家が求める顧客価値に対応できなかったのである。

　1922年にインターナショナル・ハーベェスタは，トラクタの動力部分を各種作業機に伝えるパワー・テイク・オフ装置を開発して市場を奪う。この装置によって犂刃を回転させることが可能になり，より効果的な耕作ができるようになった。それに各種農機具をトラクタに取り付けることで，ジャガイモ収穫機や肥料散布機，農薬散布機など広範な農作業ができるようになる。トラクタの活用範囲が飛躍的に拡大したのである。

　同社はさらにさまざまな農作業全般に使用できるファーモールと名付けたトラクタを開発する。トラクタの車高を高くして畝の間の作業もできるようにした。またディア＆カンパニーは丈夫で使用しやすく排気ガスを抑えたトラクタを開発してロングセラーになる。またアリス・チャルマーズ社は空気入りのゴムタイヤを使用することで，トラクタの振動を抑制し運転者の負担を軽くす

---

(35) 3点リンクは作業機とトラクタの連結部を3つにし，油圧シリンダーを用いて地面の凹凸に柔軟に作業機が対応する方法。ゴムタイヤはトラクタの乗り心地を向上させた。

る快適なトラクタとして需要を獲得する。

2.3　歩行トラクタの日本

　わが国には1900年代初頭にトラクタが輸入され，1920年ころには歩行トラクタも輸入されている。これに触発されて小松製作所をはじめとして農業者や農機具企業がトラクタ生産に乗り出している。ただアメリカのように広大な畑を耕すのではなく，わが国では狭くて傾斜もあるような畑，そして水田の耕作になるため，運転台に乗り込む製品よりも歩行トラクタ需要があった。

　歩行トラクタは耕運機と呼ばれ1925年に岡山の農民西崎浩，ついで藤井康弘などによって，輸入品の見よう見まねで開発され市場に投入された。第2次大戦後は島根県の米原清男によって耕耘，砕土，整地，代掻き，中耕，畔立て，揚水，運搬などが可能な万能の耕運機が開発される。次いでオートバイ企業だったホンダが低価格な耕運機を発売して低価格化が進み，さらにクボタ，ヤンマー農機，三菱農機など現在のトラクター企業が参入して，農家に普及していく。

　今日では人手不足，兼業農家，農業者の高齢化のなかで耕運機は農家の必需品である。大規模な農家では乗用型の耕運機も導入されている。ただ田植えや稲刈りなどもできる大型トラクタは高額であり，耕作面積の少ない農家は導入しにくい。このため共同利用や農家からの依頼で作業を引き受ける農業者もある。

2.4　トラクタのイノベーションの影響

　初期のトラクタの内燃機関は安全とはいえ転倒し易かった。それが，ただ耕すだけの機械から，土壌や作物に合わせたより緻密な耕作，除草や刈り取りなど各種作業を可能にし，エンジン音や振動を軽減した運転者にもやさしい機械へと，激しい需要獲得競争のなかで，トラクタは多数の企業の改良によって漸進的に性能を高めた。トラクタは模倣や改良を行いながら，低価格化のためのプロセスイノベーションを行うだけでなく，より複雑な機能による多様な農作

業への対応，運転者の快適性などによって，性能を高め需要を獲得する。

　そしてそのイノベーションの勝者は農作業にきめ細かく対応した，つまり顧客価値に対応した企業であった。最初の発明者の優位性はなく，後発の参入でも顧客が求めやすい製品を創出することで需要を獲得出来た。1人の発明家や1つの企業だけでイノベーションが進展したのではなく，より低価格で使用し易い工夫を行う多くの人や企業が次々と登場し，地域の農業特性や栽培品種の特性に応じてトラクタが開発され，その競争のなかでイノベーションが進展している[36]。耕すだけの機能から，植え付け，刈り取りなどの使用用途を拡大しながら，トラクタは地域や農産物特性に合わせて多様化の道を歩んだ。

　トラクタは牛馬を活用しての農業労働から人間を解放し，そして労働生産性を高め，生産量を飛躍的に高めて食糧危機を救っている。

　しかし他方でトラクタの導入によるマイナスも生まれた。牛馬の飼育には糞尿の処理が不可欠だが，それは藁などとともに肥料として土壌の再生産に利用された。それがなくなり，農家は肥料購入の負担が増えた。化学肥料産業も盛んになった。また燃料の軽油も購入しなければならない。そしてトラクタの購入費負担も増えたため，生産性の向上が課題になる。それはより高額で販売できる農作物の栽培と，農業の大規模化へと向かわせている。トラクタは農作業だけでなく，農業をも変えたのである。

3　製品イノベーションとプロセスイノベーション

　イノベーションはさまざまな視点から検討されてきた。以下では急進的イノベーションと漸進的イノベーション，そして製品とプロセスのイノベーションをみる。ドミナント・デザインの登場によってイノベーションの重点が変化す

---

(36) 今日トラクタはさらに進化を続け，クボタはビッグデータを駆使して無人で農作業を行うトラクタを開発する。エヌビデア社の人工知能を活用して農地などの映像をAIに覚えさせ，トラクタが自ら状況を判断して農作業を行う。日本経済新聞2021年1月21日付。

る。

3.1　急進的イノベーションと漸進的イノベーション

　イノベーションは，それまでの製品や技術とはとりわけ異質な，画期的なものとして登場する急進的イノベーションと，改良を重ねながら徐々に変容して大きな影響をもたらす漸進的イノベーションとに分けることができる。シュンペータのイノベーション観からいえば，後者は連続的適応でイノベーションではないということになる。

　本章でみてきた乾式普通紙複写機やトラクタは前者の範疇に入るだろう。このほかブラウン管テレビから代わった液晶テレビもそうだろう。しかし次に登場した有機ELテレビはどうだろうか。薄型テレビという視点からみるとそれは漸進的イノベーションということもできる。しかし液晶と有機ELパネルの間の技術的な断絶を強調すると急進的イノベーションともいえる。

　そして複写機やトラクタも急進的イノベーションであっても，その後の改良やアイディアの付加によって，つまり漸進的イノベーションによってより利用しやすいものになっている。またそれらの活動がなくては，社会的なインパクトを持つイノベーションにはならなかったであろう。その意味で急進的か漸進的かの区別は厳密に区分しにくく，イノベーションの推進には両者が必要である。

　急進的イノベーションであったとしても，トラクタが耕すだけの機能から植え付けや刈り取りなど多様な改良があって普及したように，漸進的なイノベーションがあって経済的発展をもたらすような現象を現すのである。漸進的なイノベーションが加わることなしに，イノベーションは結実しない。

3.2　ドミナント・デザイン

　何をつくるか，製品そのもののイノベーションが製品イノベーションで，斬新な製品を創出する。これに対してプロセスイノベーションはどう作るか，製造方法，販売方法，取扱い方法などのイノベーションである。

(1) イノベーションの比重を転換

　登場した製品が斬新なほど当初は未熟で，顧客が求める機能や使いやすさに十分に応える水準には達していない。それどころかどのような機能が必要なのか，その機能をどのように活用すれば有効なのかも明白でないことさえある。そこで製品は次第に改良され使用し易い製品になっていく。顧客の使用方法に合わせて必要な機能や使いやすい形状などが変容していく。

　また新規参入者は新たな機能を付加し，より使用し易い機能や形状を開発して顧客を獲得しようとする。需要側からの要望だけでなく，競合企業との競争に対応することで，製品は性能を高めて使用し易いものになっていく。

　この結果，必要な機能が備わるとともに，はじめは多様であった製品特質は競合企業間で次第に収斂していく。製品が発揮する性能や機能，そして形状など技術的な仕様が同様なものになっていく傾向がある。市場シェアを拡大する企業が登場すると，他の企業がそれを模倣するからでもある。それは同時に顧客の多くもその仕様で満足する水準でもある。製品が標準化されたということもできる。その製品特質が一般的になった，支配的になった仕様をアバナシーとアッターバック（Abernathy and Utterback, 1978）はドミナント・デザイン（dominant design）と呼んだ。

　トラクタは耕作地や栽培作物，地域ごとにそれぞれにドミナント・デザインが形成された。複写機は多様な製品を凌ぐ乾式普通紙複写機が登場するが知的所有権に守られて，同様な製品が登場しなかった。しかしキヤノンがメンテナンスフリーの小型機を創出すると，複写機はドミナント・デザインを形成しながら次のイノベーションに走り出した。

　そのドミナント・デザイン以降は製品イノベーションが減速し，一方のプロセスイノベーションの比重が高まっていくとアバナシーらはいう。そしてドミナント・デザイン以降需要獲得のための企業行動が変わっていく。

　アッターバック（Utterback, 1994）は図3-1のように，産業イノベーションのモデルとして流動期，移行期，固定期にわけてイノベーションの発生率を図示した。流動期には製品イノベーションの発生率が高く，それが移行期に入る

図3-1　イノベーションの進化モデル

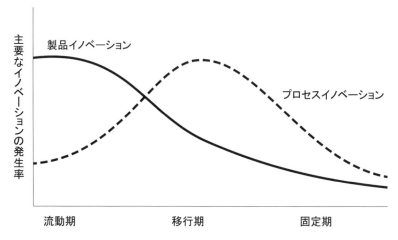

出所：アッターバック『イノベーション・ダイナミクス』有斐閣，1998年，p.108。

とプロセスイノベーションの発生率が高まり，さらに固定期に入ると両者とも低下していく。

　ただそれぞれの時期には他方のイノベーションも発生することには注意したい。産業の発展段階によって，製品イノベーションとプロセスイノベーションの相対的な重要度が変化するということである。しかし先の乾式普通紙複写機の場合には，2つのイノベーションは時間をかけて両者がほぼ同様に生じているといえるのではないか。

（2）初期には多様な企業が参入

　さまざまな製品仕様が乱立する流動期には，仕様の異なる製品ごとにニッチな市場が登場する。このため中小企業でもそうした特定顧客が求める需要を獲得すれば，市場を獲得することができる。しかし顧客一般のニーズをよく満たす仕様であるドミナント・デザインの形成に向けて製品が標準化してくると，そうした多様な市場も大きな市場に組み入れられ競争が激化する。そうして需要が拡大していくにもかかわらず，競争激化で企業数は淘汰されていく。

　ドミナント・デザインの登場によって顧客が求める製品仕様の大枠が決まると，より洗練された使用し易い製品を，いかに低価格で提供するかという競争環境に代わる。製品差別化の余地が小さく，同質的な製品による競争に突入する。低価格を実現するために企業は，規模の経済性を求めて生産規模を拡大する。拡大できない企業は撤退を余儀なくされる。それは同時に産業が成熟化に向かっていくことを示す。

　トラクタの場合には自動車企業のフォードが参入して，保有する生産ノウハウを活用して量産化で低価格をリードした。同様にわが国でもホンダが低価格化をリードしている。専用の生産設備を開発して安定的な品質の製品を大量に生産することで，規模の経済性による価格低下を図ろうとする。そのとき同時に量産される製品を販売するため，販路の整備や販売促進などマーケティング活動が重視されるようになる。

(3) 産業進化

　産業の歴史をみると，初期には多数の企業が業界に存在することが多い。オートバイ産業では現在，ホンダ，ヤマハ発動機，スズキ，川崎重工だが，1950年代には200社超を数えた。ヤマト運輸が始めた宅配便は，同社を模倣して1980年代には35社程度に上ったが，現在はヤマト運輸，佐川急便，日本郵便の3社がほぼ市場を占めている。このように新たな製品を開発するのは1社から始まるが，それが市場を確保するとそこにさまざまな企業が参入して，より優れた機能，顧客価値を競い合いながら製品イノベーションを繰り広げ，その競合のなかでドミナント・デザインが登場し，産業は急速に市場を拡大して成長する。ところがその時期に撤退を余儀なくされる企業が増えて，次第に市場は少数の企業になり，企業規模拡大に向かっていく。

　産業から撤退が進んで産業での企業数が減少していくことをシェイクアウトという。シェイクアウトの規模や速度は産業によって異なるが，市場が拡大しているのに企業数が減少し，産業構造が変化していく。

　またマクガーハン（McGahan, 2004）は産業の「コア活動」と「コア資産」

の陳腐化に着目して産業進化をパターン化している。コア活動は事業推進のために，サプライヤーや顧客を引き付けるために必要な，繰り返し続けられる産業特有の活動である。コア資産はコア活動の効率を高めるために，持続性が必要な有形無形の資源で，事業を遂行するために欠かせない資源である。

　ここでコア活動とコア資産のどちらかが陳腐化することで産業は緩やかに変化していく。コア活動とコア資産のどちらもが変化すると，ラディカルな変化が起こる。ただラディカルな変化はめったに起こらない。しかしラディカルな変化は10年ほどの時間をかけて緩やかに変化し，その変化に気が付いたときにはリーダー企業が交代している。

　今日，情報技術を核にイノベーションが進行し，多くの領域で情報技術がコア活動やコア資産を陳腐化させている。しかし徐々に推移していく変化は認識しにくいため，そうした変化には対応が遅れてしまう。

4　中小企業の製品イノベーション

　中小企業で成功するイノベーションの多くは，ニッチな市場領域のなかで行われ社会的な影響も小さい。ただ他社が追従しなければ，小さな市場ではイノベータが勝利者であり続ける可能性が高まる。

4.1　ニッチな需要に応える検査機のイノベーション

　一般には知られていない中小企業での製品イノベーションについてみていく。小さな需要を獲得した検査機が次第に需要を拡大する。

(1)　下請事業からの発想

　コイル，モータなど線材の絶縁不良の有無を検査するデジタル式インパルス巻線試験機と，それを組入れた複合検査システムを開発したのが電子制御国際（東京）である。同社は1968年に家電製品や工場設備の組立下請企業として，3人の仲間で創業する。1984年にモータ巻き線の絶縁不良を，電圧測定などに

よって検査するデジタル式インパルス試験機を世界に先駆け開発し，その製品が売上の90％以上を占め今日まで安定した経営を続けている。

この製品を開発する前，同社は大型モータなどを検査する米国のアナログ試験機の下請けを行っていた。それをヒントにデジタル式の小型モータの試験機を開発する。多くの電気製品の可動部にはアクチュエータとしてモータが使用される。そのモータで精密な回転力が発揮できるかを検査する場合に同社製品が用いられる。

わが国では過去，冷蔵庫や扇風機など家電製品の発火事故が起きた時期がある。その発火事故はモータの不良に起因し，事故防止のためにモータ検査が求められるようになった。その需要を同社の試験機が獲得する。家電製品のモータの精密な検査需要はわが国で発生し，同社製品はそれに応えた。同社はその特殊な製品の育成に50年取り組んで技術を進化させている。

海外では小型モータの検査需要は少なかったが，わが国の家電企業が生産拠点を海外に設ける中で，使用される同社の試験機が世界に知られるようになって，需要が徐々に拡大していく。そのなかでコイル・モータ試験は検査基準が規定されていないため，同社の製品がいわば技術基準になって普及する。

(2) 需要拡大とともに競合製品も登場

今日，コイルやモータ試験機の需要はさらに拡大傾向にある。ハイブリット自動車や電気自動車，スマートフォン，産業用ロボット，ドローンなどに高性能・高品質なコイルやモータ類が多く利用され，それが製品需要に結びつく。電子化が進む自動車ではモータ類のみで1台あたり50〜160個程度，そしてスマートフォンでは検査が必要なチップコイル（インダクタ）が25〜50個程度使用される。それらの使用量は今後さらに増加傾向で試験機需要は拡大する。

検査需要の高まりをみて新規参入が増えてきた。現在競合企業は国内2社，海外は韓国1社，台湾2社，中国は10数社程度である。中国や東南アジアなどの家電産業では，より安価な類似製品が広まり競争が激化している。

小さな市場でも需要が拡大してくると新規参入企業が登場し，その競争に勝

ち抜くことが求められる。同社の場合，海外では代理店の営業に依存せざるを得ず十分な販促活動ができない。そこで競合他社との差別化として，電気自動車など高電圧化によって発生する放電の検出と，1mm以下の微小な電子チップ類の検査製品を開発した。また海外での特許取得も行い，他企業との技術優位性による差別化を推進している。

　近年こそ日本企業や中国企業の参入で競争が起こっているものの，長い間ニッチな小さな市場であったため，同社の市場は守られてきた。企業の経営規模に合致した需要量のニッチな製品を保有し，競争力を維持してきた。販売する検査機は，小さな特殊な市場であるがゆえにブランドとしての地位を獲得し，過度な価格競争にさらされずに収益性の高い経営が維持できた。

　ただ家電製品だけでなく，今や自動車も電気の時代を迎えようとしている。そこでは正確で精密なモータの回転力が発揮できるかが重要な課題になる。このため高性能な検査機が求められるとともに，拡大する市場のなかでいかに同社の存在感を示すことができるか，競争優位な戦略手段の創出が課題である。

4.2　コア技術を応用してのイノベーション

　次は経営者が習得した技術を，異質な利用領域に活用して製品を創出したイノベーションである。この場合は製品イノベーションの側面もあるが，主体はプロセスイノベーションである。

　明和グラビア（東大阪市）はビニール（塩化ビニル樹脂）への印刷を，わが国で初めて実用化した企業である。同社は戦時下の陸軍科学研究所勤務で偽札印刷に従事したという異色の先代経営者が1953年に創業した。紙幣印刷に用いられる凹版（グラビア）印刷技術を応用して，創業時から紙への印刷ではなく，当時は一般化していなかったビニールへの印刷に注目して企業基盤を築く。創業時にビニール風呂敷ブームに遭遇して，ビニール素材への印刷技術を開発して内外の需要を獲得し，さらにその後のテーブルクロス輸出で企業を発展させた。

　アメリカ視察時に，ビニール製レースのテーブルクロスが人気なのを経営者

は知る。そこで印刷インクの代わりに印刷用凹版に樹脂を注入し，硬化させてシートを生産する技術を開発する。さらに印刷の輪転機を活用して，連続生産で低コスト化を図る技術を実現して，ビニール製レース仕様のテーブルクロス製品を低価格でアメリカ市場に売り込む。同時に生活の洋風化がはじまった国内市場でもテーブルクロス市場を創造する。

今日，印刷は平版のオフセット印刷が主流だが，超精密が求められる紙幣には，今でも凹版印刷が用いられている。凹版は彫刻したり腐食技術を活用したりして，金属板の版にくぼみをつけて，そこにインクを載せて印刷する技術である。版の溝を深くすれば厚みを持つインク印刷も可能である。

その技術を印刷物としてだけではなく，平面的ではあるが厚みがあり凹凸のあるシート成型品加工技術へと育てた。それにはシートにするための樹脂と配合剤の開発も必要であり，印刷機械の改良も必須である。さらにそれを量産するために，大量印刷に活用する輪転機を応用した設備を作るという広範な技術を開発する。それは同業者にはないもので製品イノベーションであると同時に，プロセスイノベーションも行ってモールドプリント技術を完成した。

今日では壁用ビニールクロスなどのフィルム製品，ジョイントマットなどの床材，人工芝などインテリア用品，座席シートや天井シートなど自動車内装品，携帯電話部品などのエレクトロニクス製品，医療製品など多彩な製品と事業分野を保有する。これら各分野ではトップシェアか，顧客の最大取引シェアを獲得する。

この企業は応用性のある技術を，本来の使用方法とは異なった製品生産に活用する。それは斬新な発想である。印刷業界でもビニール製品業界でも異質な生産方法ではあるが，社会経済にインパクトを与えるような製品ではない。しかし業界では全く新しい製品生産の発想で，その視点からいえばイノベーションと呼べる。同業者にはない技術で，同様な製品はあるものの異なった方法で生産し，多様なデザインを可能にし製品価格を引き下げた。

4.3 中小企業のイノベーション特質

　2つの例を示したが，これらにみられるように今日中小企業が行うイノベーションのほとんどは，業界のなかで初めてといわれるもので，社会に影響するものではなく，経済を新しい軌道に発展させるようなイノベーションではない。

　確かに本書第1章でみたマクリーンのコンテナや，今日世界中で食されて，食生活に革命を起こした安藤百福（日清食品創業者）が，1958年開発したインスタントラーメン，そしてグーグルやフェイスブックのような例もあるものの，そうした経済を飛躍させるイノベーションは中小企業には少ない。

　それは一般消費者が消費や使用するものではなく，企業が生産財として使用する製品の開発が多いためでもある。安定した品質の製品を生産するために工場では欠かせない検査機には多様なものがある。しかも検査項目，用途などは多岐にわたりニッチな製品になる。このためわが国中小企業が世界的に競争力を持つ製品領域でもある。

　そうした検査機械や生産設備ではさまざまなイノベーションが行われ，その製品が製造業を支えている。工作機械などはその代表的なもので，わが国企業は世界的競争力を保有する。ただ社会に直接インパクトを与える製品ではない。しかし目立たない領域で製造業を支える。

　後者の事例では消費者も使用する製品の例を示した。ただそれもわれわれの生活を大きく変えるものではなく，ささやかに生活を支える製品である。しかしどちらも社会にとっては必要であり，またニッチな製品であるため新規の参入者も少なく，開発した企業は好業績を誇る。このような中小企業が増えることが，生産性を拡大し社会に活力を与える。ニッチでもよいから，さらにいえばニッチな領域で多数のイノベータが生まれることが日本企業の課題である。

5　生産システムのイノベーション

　従来の工程設計とは異質な，ものづく方法を根本から変革したトヨタ生産シ

ステムを取り上げる。トヨタ生産システムは「売れるものを，必要なときに，必要な数だけを提供する」というジャスト・イン・タイム（Just in Time：JIT）を信念に生まれたものである（大野，1978）。トヨタ生産システムは自動車生産に普及するだけでなく，今日ではエレクトロニクス製品さらに製造業全般，そして流通業やサービス業にまで普及する。

5.1　斬新な発想と工夫が生んだ仕組み

　この生産システムはトヨタ社員の実践のなかから，各種手法を組合せながら長い時間をかけて創造した方法で，その推進者は後にトヨタ自動車工業副社長になる大野耐一である。大野はジャスト・イン・タイムの信念を，アメリカで生まれたスーパーマーケットからヒントを得たという。そこでは商品が陳列され，顧客は必要なものを必要なときに必要な数だけ購入する。それはものづくりでいえば，後工程が必要な部品を必要なときに，必要な量だけ取りに行くことと同じである。後工程が引き取った分を前工程が補充する方法で，1953年に機械工場でそれを実践に移している。

　ジャスト・イン・タイムでは後工程が前工程に，必要なものを取りに行く。そして前工程は引き取られた分だけ作る。それらを示す情報が長方形のビニール袋に入った伝票形式の紙「かんばん」である。かんばんだけで，引き取り情報や運搬指示情報，生産指示情報としての機能を持ち，工場内と協力工場内で現物とともに移動する。1枚の紙で生産量，時期・方法・順序，運搬量・運搬時期・運搬先・置き場所・運搬具・格納容器などが一目瞭然になる。そしてかんばんと生産している現物をみれば工場内の状況が把握できる。

　これによって作り過ぎが抑えられて余分の在庫が必要なく，倉庫も不要で多様な伝票もなくなる。他の伝票や情報機器を使用しなくても，かんばんは生産状況や何をすべきかを伝達する。かんばんを運用することで，生産現場の問題点がわかる（大野，2010）。トヨタ生産方式は製品のつくり方であり，かんばん方式は管理の方式で，ジャスト・イン・タイムを実践するための道具である。

この方法では，後工程が同じ部品を一度に大量に引き取ると，前工程が混乱してしまう。そこで採られた措置が，引き取る量のバラツキを小さくする平準化である。トヨタ生産システムは，その信念を実行するためにさまざまな課題の解決方法を試行錯誤で生み出している。トヨタ生産システムの2本の柱はジャスト・イン・タイムと自働化である。

5.2 長い時間をかけて漸進的に

自働化「ニンベンのある自動機械」とは，自動停止装置付きの機械を指す。機械にニンベンをつけると，機械が正常に稼働しているときは人が必要ではなく，ストップした時に人が付けばよい。これによって1人で何台もの機械を担当する多能工による作業が可能になり生産効率が向上する。自働化は生産現場のムダである作り過ぎを排除し，不良品の発生を防止する。そして自働化によって「目で見る管理」が行われ，生産の問題点が浮かび改善の対象になる。

前工程から部品を引き取る量のバラツキが大きくなるほど，前工程には余分の人材と設備が必要になってしまう。それは自社工場だけでなく外部の協力工場にも波及していく。そうならないようにロットサイズを小さくして，なるべく同じものを生産しない平準化が不可欠になる。ただそれは従来のものづくりの常識に反するものである。

後述するが，一般にロットサイズが大きい部品を専用の機械で生産するほどコストは低下する。その常識を拒否するのが平準化で，必要な最小単位で生産することで仕事量を平準化する。それを実践するには段取り作業を短縮化して，短時間で頻繁に加工物の切り替え変更できるようにしなくてはならない。

例えばプレス加工などでは，金型や材料を取り換える段取り作業に時間がかかる。1950年前後には車体のプレス作業に，トヨタでは金型交換が2〜3時間かかった。それを1955年前後には15分，1970年の初期には3分にまで短縮し頻繁な段取り替えを可能にした。このようにあらゆる業務で改善活動を行い，平準化を実現する体制を作る。

そのため最終の組み立てラインから平準化を進め，社内そして協力工場にま

でその体制を構築するまでには30数年を要したと大野はいう。生産や販売の変動の幅を少なくする平準化によって，あらかじめ人や設備を準備しておける，そしてジャスト・イン・タイムがスムーズに運営される。それには販売も含めた全社的な体制と改善活動が不可欠になる。

5.3　トヨタ生産システムを実現する改善運動

　段取り作業が短縮化できたために，かんばんに示される生産数は次第に少なくなり，組立部門などでは1つのラインで複数の車種，その車種は形状，色，エンジン排気量などで多種多様になるが，同じものをまとめて生産せず，生産計画数を種類ごとに比率に分けて，1台ずつ組み立てる混流生産（1個流し生産）を行う。これは解りやすくいえば，次のような方法である。1日にA250台，B125台，C125台の車種を生産するとき，生産ラインに流すのはAを1台置き，BとCはそれぞれ3台おきに1台ずつ生産する。さらにそれぞれの製品は仕様が1台ごとに異なる。

　トヨタ生産システムには「コスト低減は利益を生む」という発想があり，そのためにムリ，ムラ，ムダの排除という「徹底したムダの排除」を掲げる。生産現場には作り過ぎのムダ，手待ちのムダ，運搬のムダ，加工のムダ，在庫のムダ，動作のムダ，不良品を作るムダといったムダが存在している。それらをなくせば利益が生まれる。そのムダをなくしていくために，その仕事の任にかかわる作業者が自ら改善を行う。そのために小集団のQCサークルを現場に設け，担当者が集まって知恵を出し合う改善活動を日常的に全社的に行う。

　改善をするためには問題の顕在化が必要である。問題の存在の「見える化」である。問題の発生を知らせるために生産ラインにはアンドンと呼ばれる緑，黄，赤色で回転するランプが備えられ，何か不具合があると一斉に生産ラインが停止し，アンドンが光って問題発生の箇所を示す。その不具合が改善対象になり，改善されたら作業標準になる。しかしその標準も次にはまた改善対象で，絶えず改善を繰り返す。それによって前述のような段取り作業の短縮，そして品質向上とコスト削減を図ろうとする。

QCサークルでは「みんなでやろう品質管理」という標語のもとTQC活動を推進する。この改善活動は日科技連を推進母体に日本企業全体に普及し，その全国大会まで催されるなど活況を呈した（今井，2010)[37]。

5.4　トヨタ生産システムのイノベーションとしての評価

(1) まとめて扱う常識への挑戦

従来のものづくりの基本は一般に，ロット（lot）生産やバッチ（batch）生産という用語で表すことができる。それは同種の製品を生産する際にある数量でまとめ，その一定単位で生産を行う最小単位として使用される。

複数の製品を同じラインで生産している場合，生産品種を変える都度に必要な設備や治工具，そして部材を変えなくてはならない。そのため同じものをできるだけ集めて大量に生産する方が効率的になる。それは1個当たりの生産コストが低下するものであり，さらに専用設備の導入によってコストはより低下する。それを推進したのがアメリカで生まれた大量生産システムである。

その効果を示したのがフォードのT型自動車生産といえる。1908年発売のT型は850ドルで，当時の平均年収が600ドルだったアメリカ人にとって手の届く魅力的な自動車であった。さらにフォードは工程の分割によって作業を単純化，標準化してベルトコンベアを導入，ハイランドパーク工場での一貫生産などによって量産化し，1922年には最廉価版を265ドルで販売した。同車は1927年まで1,500万台が生産されている。

それは単一製品の量産でコスト削減を発揮したもので，黒いT型以外の車種は生産できず，その後多様な品種で斬新さを訴求したGMに敗退していく。製品の多様化には対応できない生産システムであった。ただ多様な製品生産でも，少しでも多くまとめて生産することでコスト削減を図ることが常識である。

---

(37) 今井は継続力と貢献があれば改善は多大な投資をすることなく，累積的な効果が着実に上昇すると，イノベーションに比べた効果を主張する。

(2) 長い時間をかけて試行錯誤で実現

　しかし同一品種をまとめて生産すると，その時点では必要でない製品を生産することになり，必要ではない多くの製品は在庫に回る。作り過ぎのムダである。そうするとデッドストックになる在庫さえ発生する。一方で顧客は求めている製品がすぐには入手できない，必要なものがないというデメリットが発生する。

　ロット生産する理由は，品種替えの際の準備作業である段取り換え時間がかかるからである。そこで大野は段取り時間を短縮化すると，まとめて生産しなくとも効率化を追求できるという発想で作業改善に邁進する。必要なものを必要なときに必要な数だけ生産する発想は，同じものをまとめるのではなく，1つずつ生産する混流生産（1個流し生産）を目指していく。

　大野は工場の部署の責任者になったとき以来，30数年かけてジャスト・イン・タイムを試行錯誤で創造した。それが推進できたのは経営層が，非常識に挑戦する大野の挑戦を批判するのではなく，見守ってくれたことと，そしてライン長，工場長，副社長と自己の権限が拡大し，他から邪魔されずに現場をリードしやすい立場になっていったことを大野は指摘する。トヨタ生産システムの多くの手法は管理スタッフや，現場の改善運動への協力なしにはなしえなかったが，それをリードした大野はやはりイノベータといってよいだろう。

　トヨタ自動車を世界トップクラスの収益性の高い企業に躍進させたトヨタ生産システムは，日本の同業の自動車企業だけでなく，海外の自動車企業にも普及した。とりわけ1984年設立のトヨタとGMとの合弁企業NUMMI（New United Motor Manufacturing）を通じてアメリカ自動車産業にも普及する。

　また躍進するわが国自動車企業の強さを5年間かけて分析した，マサチューセッツ工科大学（MIT）の特別プロジェクトによって，トヨタ生産システムの有効性が指摘された。それはリーン（lean）生産システムと呼ばれて，その生産システムやジャスト・イン・タイムは世界のものづくりに普及した（Womac & Jones, 1990）。しかし平準化をはじめさまざまな課題を解決しなければ実現できない。それでも電機産業をはじめ多くの産業に普及している。

5.5　ものづくり産業以外にも普及

　事実，筆者が視察した富士通のパソコン工場では，1つの組立ラインのなかで多種類のノートパソコンが混流生産で組み立てられていた。必要な部品はコンピュータで管理され，ビスの締め忘れがないようにドライバーの締め具合データもコンピュータに送られ，デバイスを組付けたボードは画像解析で不具合が自動的に発見される。このように情報技術を活用した不具合防止が行われていたものの，ジャスト・イン・タイムな生産が混流生産で行われている。トヨタ生産システムは，ものづくりそのもののイノベーションである。

　さらに流通業にも普及した。アメリカのコンビニエンス・システムを導入したセブンイレブンは，そのマニュアルが全く役に立たず独自にコンビニエンスストアの仕組みを構築して成功した。そのとき仕組みの基点に活用したのがジャスト・イン・タイムの発想である。近隣の顧客の生活に利便性を提供するコンビニエンスストアは，狭い店舗内に必要なものを必要な数だけ提供し，展示品以外に在庫を持たない効率的運営を行う。それはジャスト・イン・タイムそのものの商品供給である。

　さらにコンビニでは店側が本部を通じて，商品1個から注文できる「単品バラ発注方式」を採用する。商品を1個単位で発注し販売する。商品をまとめて扱ってコスト削減を行う仕入れ販売方法とは異なって，1個単位で扱う単品管理は1個流し生産に通じるものがある。コンビニエンスストアのこうした仕組みは従来の商慣習を打破したものであり，流通業界でジャスト・イン・タイムを導入して，流通革命を起こしたのがコンビニエンスストアということができる（川辺，1994）。それは量販店でもチェーンオペレーションに用いられる。

　今日広く活用されるトヨタ生産システムであるが，最小限の在庫でものづくりや調達が行われるため，大事故や自然災害が起こると生産停止が長引いてしまう。2011年の東日本大震災ではわが国の自動車企業だけでなく，アメリカの自動車工場も操業停止に追い込まれた。わが国の大手自動車部品企業だけでなく，2次や3次の小規模な下請企業までが，世界の自動車産業のサプライチェーンに組み込まれ，そこでもジャスト・イン・タイムが行われていたから

である。

　前述したようなトヨタ生産システム実現の課題と，その解決のために必要な措置を理解しない組立企業が，この方式を導入するとそのしわ寄せは下請企業に降りてくる。下請企業からみると納入コスト削減よりも，トヨタ生産システムへの対応は難しい。

6　顧客価値に合致することで実現

　いままで製品・技術のイノベーション，そして生産システムのイノベーションをみてきた。イノベーションの実現という視点からみと，製品イノベーションにはプロセスイノベーションが必要であり，両社が相まって顧客が求める製品や事業になっていく。

　かつて日本企業はラジオやテレビ，それに洗濯機や冷蔵庫などの家電製品，さらに自動車など，欧米で普及した製品を模倣して導入し，日本向けに改良して生産しさらに機能や品質を高めて海外に輸出した。このためプロセスイノベーションが中心で，そこに機械設備に改善活動が加わってより低コストで高性能な製品創出に成功した。

　プロセスイノベーションそして改善運動を日本企業は推進してきたが，それも製品の普及には必要であり，現状に留まらずにより良い製品に高めていこうとする姿勢は，トヨタ生産システムにみられるようにイノベーションにも結び付く。さらに企業内部ではなく顧客行動を観察することで，製品イノベーションを生み出すことが課題になっている。

　乾式普通紙複写機は製品の基本原理が解明されても，その固有技術，生産技術が確立できないために長い間製品化できなかった。それに比べるとトラクタは人手がかからない農作業，地形，栽培作物などにきめ細かく対応することで，製品イノベーションを繰り返しながら進化してきた。多様な農業にそれぞれ対応しながら，地域や農作業方法に応じた機能を備えることによって実用性の度合いを高める。製品や技術は顧客価値を高めることでイノベーションを実

現する。

　トヨタ生産システムはジャスト・イン・タイムという発想のもと，長い時間をかけて改善という日常活動における試行錯誤を繰り返しながら，その発想を実現させてきた。その全社員が参加する改善活動によって生まれた方法が，生産システムの常識を変革し，製造業ばかりでなく流通業などでも応用されて新しい仕組みを創出している。ただそれを導入して効果的にするには，そこでも業務特質に応じた改善活動が不可欠である。

第4章
情報技術のイノベーションと
企業経営の変容

　イノベーション概念を提起したシュンペータは，従来の延長線上ではなく，それまでとは不連続で経済を新しい軌道に発展させる事象として注目した。

　このような視点からいえば，今日，経済活動だけでなく，われわれの日常生活をも変える情報技術，その原点はコンピュータにあるが，それはシュンペータが提起したイノベーションそのものといえる。情報技術がもたらした変革を第3次産業革命，さらにあらゆるものがネットワークでつながり自律的に制御されるIoTを第4次産業革命と呼ぶような風潮まである。ただ情報技術による経済や社会の変革は，まだ緒についたばかりかもしれない。

　世界初のコンピュータの登場からすでに70年ほどの年月を経た。コンピュータを起点にする情報技術からみると，経済を新しい軌道に変えて社会を発展させるようなダイナミックなイノベーションは，一つの技術や事業で一挙に短期間に進展するのではなく，触発されて次々と生じるイノベーションとの結合，その応用の積み重ねによって長い時間をかけて実現することを示す。

　情報技術は多様なイノベーションを重層的に惹起し，ダイナミックに多くの産業に変革をもたらす。そこでは大企業だけでなく，中小企業にも個人にもイノベーションに挑戦する場を与え，激しい競争がさらに進化を促していく。

　本章では社会に広く浸透して，産業革命ともいうべき変化を起こしている情報技術を題材に，情報技術のイノベーションの特質と情報技術のイノベーションが企業経営に及ぼす影響，それにいかに対処するかを検討する。経営環境と業務方法を変える情報技術に対応することで企業は飛躍する。

1　情報技術の進展

　今日の情報技術のイノベーションはメインフレームの登場からはじまってい

る。ついでパソコン，インターネットそしてスマートフォンへと進化を続け，一方でそれらを活用する事業を輩出させている。製品や技術だけでなく，新たな事業までも次々と生み出すのも情報技術の特質である。

1.1 メインフレームの誕生とイノベーション

コンピュータを発明したのは誰か，実はそのノーベル賞受賞者はいない。企業活動だけでなく，私たちの生活さえ変えている多くの情報技術の出発になっているにもかかわらずである。

それはコンピュータとは何かという定義によって異なるだけでなく，戦時下での秘密裏の暗号解読のために開発されたコンピュータが存在したこともあり，複数の見解があるためである。ただ一般にはモークリー（Mauchly）とエッカート（Eckert）が主導して，1945年に完成させたENIACが世界初のコンピュータといわれている[38]。それは米陸軍の弾道研究所での砲撃射表の計算を第一の目的として設計されたもので，初期のコンピュータは特定の目的用に開発された[39]。

ENIACは幅30m，高さ2.4m，奥行き0.9mで総重量27トン，17,468本の真空管という巨大な装置であった。現在のコンピュータでは数値を2進数で表し計算するが，これは10進数で数値を表わし，記憶容量が少なく，計算速度が遅く，その都度配線を組み替えてプログラムを組むため，新たなプログラム設定には通常1週間ほど時間を要した。

一般に2進数で計算し，プログラムをあらかじめ内蔵して高速処理を可能にし，プログラムの変更も容易なものをコンピュータとしている。このため初の

---

(38) 戦時下の英国では1940年に機械式コンピュータが開発され，1943年にはチューリングが関与した電子式コンピュータのColossusが開発されて暗号解読などに用いられている。それより以前の自動演算機械としてのコンピュータの歴史については能澤（2003）参照。

(39) これはスーパー・コンピュータや，情報技術の先端であるAIや量子コンピュータでも同様で，コンピュータは特殊な領域で特定目的専用に開発され，次いで汎用的に使用できるシステムへと広がっていく。

実用的なプログラム内蔵方式のコンピュータであるEDSACを世界初のコンピュータとするなど諸説ある。しかし一般的にはENIACが特許も取得し世界初といわれている。

　ENIACを改良すべく，その後のコンピュータの基本になる中央制御装置，中央演算装置，記憶装置，入出力装置という構成，それにプログラム内蔵方式で，記憶装置に2進数のデータとプログラムを読み込むフォン・ノイマン型のEDVAC構想が1945年にレポート化される。このレポートが短期間に広まり，アメリカとイギリスで一斉にコンピュータ開発が走り出す[40]。

　先のモークリーらは1951年商用コンピュータUNIVACを発表する。これらの動きに触発されて1953年に参入したIBM社は，1960年には「1401」でトランジスタを採用し，毎分600行を印字できるプリンター開発のおかげで1200システムを販売し，コンピュータの世界で一挙に躍進するようになる。

　さらに1964年販売のsystem/360シリーズで，同社は世界市場の3/4を抑え，メインフレーム（大型コンピュータや汎用コンピュータとも呼ばれる）の覇者になる。しかし早くも1970年代中期にはメインフレーム市場は成熟し，一方で日立や富士通など，日本企業も参入して価格競争にさらされる。コンピュータを発明したのはIBMではないが，それを普及させイノベーションを推進しコンピュータの巨人と呼ばれたのはIBMである。

　他方1965年，DEC社がメインフレームの1/10という価格でミニコンを販売する。名前からは小型機を想像するが，それまでのメインフレームに比べると小さい程度である。ミニコンは低価格なため事務用としてだけでなく，幅広い業務に活用されて普及する。工場現場などにも設置して生産管理業務などにも使用され実用的で，同社のVAXシリーズはわが国の中小企業にも導入された。同社は1980年代には世界第2のコンピュータ企業になる。しかし1980年代後

---

(40) 当時，アメリカでは計算に対する需要が存在していた。戦時下での弾道計算や国勢調査だけではなく，大企業が登場して会計業務が拡大し，人間コンピューティング組織といわれる計算専門組織までもが存在していた。本来，コンピュータ（computer）は計算する人を指した。

図4-1　情報技術の進化

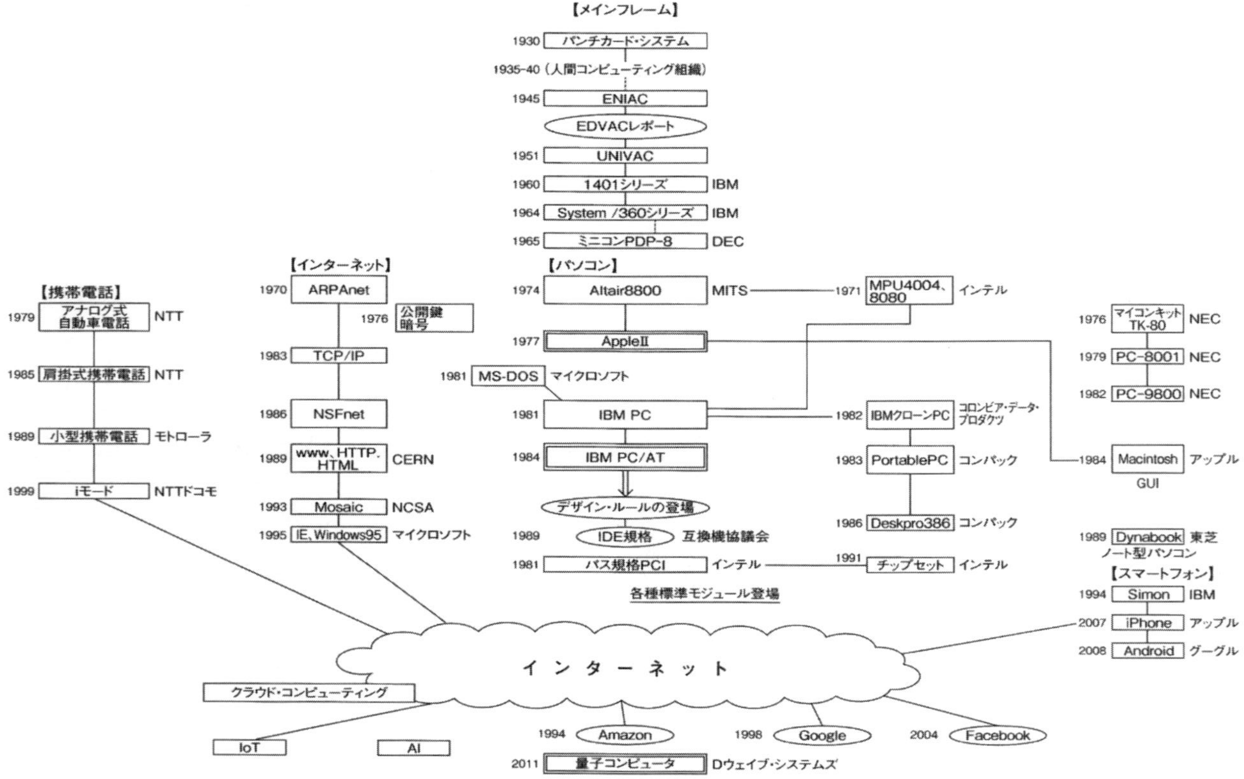

[メインフレーム]

年	名称	メーカー等
1930	パンチカード・システム	
1935-40	（人間コンピューティング組織）	
1945	ENIAC	
	EDVACレポート	
1951	UNIVAC	
1960	1401シリーズ	IBM
1964	System/360シリーズ	IBM
1965	ミニコンPDP-8	DEC

[パソコン]

年	名称	メーカー等
1974	Altair8800	MITS
1977	AppleII	
	MS-DOS	マイクロソフト
1981		
1981	IBM PC	
1984	IBM PC/AT	
	デザインルールの登場	
	IDE規格	互換機協議会
1989		
1981	バス規格PCI	インテル
	各種標準モジュール登場	

1971	MPU4004、8080	インテル
1982	IBMクローンPC	コンピュータ・プロダクツ
1983	PortablePC	コンパック
1986	DeskPro386	コンパック
1991	チップセット	インテル

1976	マイコンキット TK-80	NEC
1979	PC-8001	NEC
1982	PC-9800	NEC
1984	Macintosh GUI	アップル

1989	Dynabook ノート型パソコン	東芝
	[スマートフォン]	
1994	Simon	IBM
2007	iPhone	アップル
2008	Android	グーグル

[インターネット]

1970	ARPAnet	
1976	公開鍵暗号	
1983	TCP/IP	
1986	NSFnet	
1989	www、HTTP、HTML	CERN
1993	Mosaic	NCSA
1995	IE、Windows95	マイクロソフト

インターネット

1994	Amazon
1998	Google
2004	Facebook
2011	量子コンピュータ Dウェイブシステムズ

クラウド・コンピューティング

IoT　AI

[携帯電話]

1979	アナログ式自動車電話	NTT
1985	肩掛式携帯電話	NTT
1989	小型携帯電話	モトローラ
1999	iモード	NTTドコモ

出所：筆者作成

半からより小型のパソコンが登場し，パソコンとの競争のなかで衰退する。

1.2　パソコンへのイノベーション

　ミニコンも高額で購入できないコンピュータの愛好家は，無線機やラジオ自作でもあったように，自からそれを製作するという環境が醸成される[41]。そこに登場したのがインテル社のワンチップMPUである[42]。日本の電卓企業ビジコン社と1971年に共同開発した電卓用4ビットMPU4004を，インテルは1974年に8ビットにした8080として販売する[43]。このMPUを使用して早くも1974年に，初めての個人用マイクロコンピュータといわれる8080搭載のAltair8800が，アメリカの模型店MITS社から発売される。

　これに鼓舞されてMPUを製作する企業が相次ぎ，それを使用して多数のマニアがパソコン製作を試みる。その1つが，スティーブ・ジョブズ（Steve Jobs）とウォズニアックのアップル社が，1976年に製作したApple Ⅰであり，その後継機として，1977年本格的なパソコンApple Ⅱを発売する。

　この時期，わが国でもパソコンに対する取組みは早く，1976年NECは自社製MPUのマイコンキットTK-80を，1979年にはパソコンPC-8001を販売する[44]。日米でほぼ同時期にパソコンが登場し，新たなイノベーションが一斉に始まった。遅れて1981年にパソコンに参入したIBMは，1984年にIBM PC/ATを投入し，それがパソコンのデザイン・ルールになって，その仕様を基本にパソコンは相次ぐイノベーションを繰り返すようになる。

　メインフレームではすべてを自社開発してきたIBMは，パソコン市場の拡

---

(41) 無線機やラジオの自作など，マニアが電子工業に果たした役割については高橋（2011）参照。

(42) 演算処理を行う半導体デバイスはMPUやCPUとも呼ばれ，両者は同じである。

(43) わが国の電卓企業ビジコンの嶋正利が論理設計し，それをインテルが物理的に設計する共同開発が行われた。しかしMPUの利用価値が明確でなく，業績不振に陥ったビジコンは権利をインテルに売却した。このときの意思決定によっては，MPUを軸にする半導体産業で，わが国も主導権を握れたかも知れない。

(44) この時期のわが国のパソコンに対する取組み状況についてはSE編集部（2010）；小田（2016）参照。

大をみて急遽参入するために，内製せず外部からモジュールを調達した。インテルのMPUや小規模企業のマイクロソフト社の基本ソフトMS-DOSをはじめ，その他のモジュールやソフト，周辺機器も外部から調達した。この取引の際に同社の製品アーキテクチャが事実上オープン化されデザイン・ルールになった。

IBMの本格参入によって，趣味的な製品とみられてきたパソコンがビジネス用途に使用できるとみて，IBMのデザイン・ルールを使用するほぼ模倣のクローンや互換機のパソコン，そして周辺機器や各種ソフト制作に多数のベンチャー企業や個人が一斉に参入して大きな産業に飛躍するようになる。

1989年には東芝からノートパソコンDynabookが発売され，ディスクトップから小型化，モバイル化へと進展していく。その一方でパソコン技術の進化は，MPUのインテルと基本ソフトのマイクロソフトの手に握られる。またこの間に高性能化に取組む各種モジュール企業と，それを調達して組立てるコンピュータ企業という新たな産業構造が生まれる。一方で次のイノベーションの中心はインターネットとスマートフォンに移行する。

1.3 インターネットとスマートフォン

地理的に離れたコンピュータを遠隔利用する目的で，1970年に立ちあがったアメリカのネットワークARPAnetは，当初のメインフレームの共同利用よりも電子メールが注目された。その後その通信ネットワークは軍事用から，全米科学財団のNSFnetとして民間研究機関用に移行され，インターネット通信規格にTCP/IP（Transmission Control Protocol/Internet Protocol）を採用する。これがインターネットの始まりである。

さらに1989年ティム・バーナーズ＝リー（Tim Berners-Lee）が中心になって，CERN（欧州原子核研究機構）がWWWの基礎概念やHTTP，HTMLなどサーバをつなぐ方法を提示し，今日の世界中のネットワークを結ぶインターネット規格が確立する。

その後ネットスケープ社のMosaicで始まったWebサイトに接続する閲覧ソ

フトが登場してインターネット検索が容易になる。その隆盛をみて1995年マイクロソフトがWindows95に閲覧ソフトを同梱し，個人でもサイト閲覧や情報の受発信が，高速でできるインターネット環境が整備される。それを活用するネットビジネスの創造というイノベーションが，1990年代末に沸き起こる。

　一方のスマートフォンの発展は携帯電話からはじまる。携帯電話は1979年アナログ式の自動車電話サービスとして日本で登場し，1985年NTTは肩掛け式電話を実用化した。次いで1989年にアメリカのモトローラ社が軽量な携帯電話を発売したのを機に，日米で本格的な携帯電話の普及が始まる。1991年にはフィンランドのノキア社がデジタル式携帯電話を発売する。

　デジタル化されて高速多重通信が可能になった携帯電話にはさまざまな機能が付加され，1999年にはインターネットに接続できるNTTドコモのiモードが登場する。2000年には内蔵カメラが登場し，一方でデータ通信速度の高速化は，写真送信やゲーム，テレビ電話などを可能にする。このように2000年代前期までは，日本企業は世界の携帯電話をリードした。そのなかで生まれたiモードや写真送信技術などはスマートフォンへ技術へと発展する[45]。

　このときデジタル化が大きな意味を持つ。アナログな通信がデジタル化されると，あらゆるデータがデジタルデータとしてコンピュータ処理され，それをモバイルな小型コンピュータ，つまりスマートフォンで扱うようになる。1994年にIBMは電話と情報端末を一体にした今日のスマートフォンの原型を発表する。ただこれは注目されず普及しなかった。その後NTTドコモのiモードや，カナダのブラックベリー社のキーボード付き携帯端末を経て，2007年アップルがコンピュータと携帯電話を融合したiPhoneを発売し，スマートフォン普及が加速する。

　電子メールやWebサイトが閲覧可能なインターネット接続のスマートフォンは，その後日常生活まで一新する。必要なときにメールや電話が使用でき，世界中の情報の瞬時な検索や発信を可能にした。地図ソフトを活用すれば知ら

---

(45) 携帯電話の発展経緯は，内藤他（2006）；安本（2010）を参照。

ない場所に容易に行くことができる。カメラを活用して目前の出来事を世界に発信できる。いつでもどこでもコンピュータが活用でき，子供まで携帯する。それを活用する事業が次々と生まれ，さまざまなイノベーションが起こる。

2　デジタル技術と情報技術

今日の情報技術の核になるデジタル技術とインターネットという2つの技術の特質について概観する。

2.1　デジタル技術の進展

デジタル技術の発達によって，あらゆる情報がデジタルデータとして表現・処理されて機能するようになった。本来は連続した実数値のデータを，整数値の離散量として表現し，それをさらに一般には2進法の0と1に変換して扱うのがデジタル技術である。

早くから文字はコード化してデジタルデータとして表現してきたが，音声や画像，映像などのマルチメディアデータと呼ばれるものまで，デジタル表現するようになる。音声はPCM（Pulse Code Modulation：パルス符号変調）などでデジタル化し，画像や映像は光を赤・緑・青の三原色成分に分解し，それぞれの輝度を256諧調に区分して，RGB（255,242,127）などと表すことで各色の明るさなどを数値化する。この三原色を混ぜて，連続的に無限の色彩を表現する。

図形は線分の始点と終点の座標を数値化するベクタ形式でデジタル化する[46]。この形式では例えば円なら「図形コード＝円，中心座標，半径」で表すことで多様な図形データを表現できる。さらに味覚やにおい，触覚のような感覚的な対象にまでデジタル化が試みられている[47]。

---

(46) 図形のデジタル化にはラスタ形式もあり，ドットの濃淡で図形を表現する。
(47) 味などのデジタル化については『科学技術振興機構報』第399号，2007年5月28日付や『日本経済新聞電子版』2015年7月17日付など参照。

　こうしてレコードにとって代わったCD，フィルムを使用する銀塩カメラと化学的処理によって記録され再現されていた写真は，デジタルカメラとプリンターによる画像表現に，テレビや映画といった映像もデジタル動画に，電話もデジタル電話になった。そこでは無限に連続した情報を，本来の性質を基本的には損なわないようにサンプリング技術によって分割して，極小な領域でデジタル化する(48)。それは取り扱う機器の小型化や多機能化，使用方法など製品特質を変容させる。

　かつてニコラス・ネグロポンテ（Negroponte, 1995）は「デジタル技術や通信技術の発達によって，放送，通信，出版など異なるメディアが一つに統合される」と主張した。今日ではメディアだけでなく，そして機器のようなハードなものだけでなく，われわれの社会生活や事業活動などの全てに，デジタルに統合された情報が活用される。今やデジタル技術はインフラとして社会活動を支え，その有効な活用が企業経営に不可欠になっている。

2.2　デジタル技術の特質

　デジタル技術の特質は第1に，コンピュータなどで扱うことに適し，可搬性が高まり，その複写や伝達，そして共有を容易にする。細分化しても無限に連続している本来の情報を，有限個の数値データに間引きするのがデジタル技術ともいえる。それは複製や再現，処理が容易という特徴を持つ。

　デジタル化された情報はアナログ情報に比べて情報量が少なく，本来持つ情報の一部が失われて完全な情報の表現とはいえない。しかしその情報喪失の一

（48）たとえばCDは原信号（アナログ音源）をデジタル化したものだが，それは標本化と量子化という方法で作成され，その値はサンプリング周波数（Hz）と量子化ビット数（bit）という単位で表される。標本化は原信号を1秒間の間に何回数値化したかで表され，CDの場合1秒間に44.1kHz，つまり44,100回のスピードで記録する。量子化は音の大小の変化を数値化するもので，CDの場合原信号を16bit（2の16乗=65,536個）に分解して記録する。サンプリング周波数と量子化ビット数の数字が大きければ大きいほどスタジオの原曲に近い高音質になる。近年ではCDの約6.52倍の情報量を持つ「192kHz/24bit」のハイレゾと呼ばれる音源もある。

方で，デジタル化した有限なデータで，本来持つ情報の特質を不足なく表現することが可能であり，あいまいな情報やノイズを除去したデータともいえる。このためそのデータを複製しても，完全な情報として同じものが再現できる。

　第2に，データ圧縮による情報処理の容易化である。人間にとって必要なデータの実質的な性質（情報量）を保ったまま，情報を元の表現よりもデータ量を減らす圧縮処理を行うことで，さらに扱いやすいデータ量にできる。マルチメディアデータでは本来の情報の性質を，人間にとって十分に認識できる程度に圧縮技術によって処理し，少ないビット数で符号化処理を行い，変換や再現，伝送しやすくする。圧縮技術によって大量なデータも瞬時に処理できる。

　第3に，デジタル化はその周辺の情報へと，デジタル化の輪を広げていく。デジタル技術とコンピュータ技術との発展が相まって，多様な情報が次々とデジタル化される。

　第4に，デジタル化技術とコンピュータ技術とが相互作用しながら，両者の技術を高めていく。データ量の大きな情報を処理するためにコンピュータ技術の発達を求め，それが可能になると新たな情報のデジタル化を求める。たとえば電話音声はCDのようにあらかじめデジタル化しておくのではなく，音声を瞬時にデジタル化して通信回線を介して送信し，それを受話器でアナログに復調するデジタル電話に代わった[49]。

　第5に，デジタルデータを活用して，機器の制御や作動など複雑な処理が容易化できる。制御や作動のためのアルゴリズムを機器に組み込めば，自動処理やきめの細かい制御，複雑な作動などを機器で行える。製造現場では長い時間と試行錯誤や経験などの積み重ねで培われてきた熟練技能を，コンピュータで代替し，熟練技能では不可能なことさえも処理できる。そのための処理プログラムやデータベースの整備が重要になる一方で，機器のオペレーション作業者

（49）スマートフォンでは音声を声の特徴と音韻情報に分け，音韻情報だけをデータ化する。前者の声の特徴はコードブックという音の辞書から似たものを選び，その登録番号を音韻情報のデータと一緒に送る。受信側はこの情報を元に音韻情報のデータと，コードブック番号の音から，相手の声を合成して再生する。

の役割や重要性は相対的に低下していく。

　第6に，デジタル機器はその前後工程，そして周辺工程へと連結化を促し，周辺機器とのシステム化を進展させる。すでに古く中岡（1971：1979）が指摘したように，生産工程では異質な機器や業務であっても連結していく。コンピュータ関連機器はそれらが単独で作動するのではなく，周辺関連業務と連結し，相互にデータを活用してより効果的に機能を発揮する。それはデジタル機器のシステム化であり，複数の機器を組合せて統合的に機能を発揮させる。

　第7に，デジタル技術は製品そのものを変容させる。機器にコンピュータが組み込まれたスマート製品は，ソフトを更新することでその機能を増幅し進化させることもできる。機器を制御するために内蔵されるコンピュータを，組込みコンピュータ（embedded computer）と呼び，それはエフェクタやセンサとで構成してシステム化される（坂村, 2016）。今日ではほとんどの電気製品は組み込みシステムで作動している[50]。自動車ではエンジン制御やブレーキ制御，カーナビなど，100個以上のコンピュータが搭載されている車種もある。

　さらに第8に，デジタル機器がさまざまな製品に使用されるようになると，それらに共通なモジュールの標準化と，システムの中核になるプラットフォームが登場する。また多くの製品にコンピュータが組み込まれると，それらコンピュータの基本機能を担うOS（基本ソフト）が登場する。

　OS上でセンサやエフェクタとのデータのやり取りや計算などを行うアプリケーションソフトが作動するが，アプリケーションから直接OSを呼び出すと手順が複雑になるためミドルウエアを媒介して活用する。それはアプリケーション開発も容易にする。ここにもイノベーションが起こってさまざまな技術が登場してくる。

　これらOSやミドルウエア，そしてアプリケーションをさまざまな機器に活

---

(50) 組込みコンピュータはセンサとエフェクタ（アクチュエータ）を介して，実世界とつながっている。これはIoTでも同様であり，そこでデータが作られる。今日コンピュータといわれるものの出荷額のうち90％以上が組み込みコンピュータであり，その割合はますます高まっていくと予想される（越塚, 2015）。

用できるように標準化することで，さらにコンピュータの活用が広がっていく。ソフトや機器の開発が容易になり，また機器どうしの接続なども簡単になる。そうした共通的な基盤をプラットフォームと呼び，その獲得競争が起こる。他方で機器の標準化，それを構成するモジュールの標準化が進展する。業界標準になるモジュールの獲得を目指しての競争が演じられる。

2.3　インターネットの特質

　先にインターネットの発展経緯をみたが，以下ではその特質をみていく。

　複数のコンピュータ・ネットワークが国際的に広く相互接続されたものがインターネットで，異機種のコンピュータやさまざまな機器でも接続し通信できるように，通信プロトコルTCP/IPを共通に活用し，全体を管理する主体が存在しない自律分散システムとして形成される。

　インターネット上にはメールサーバやWebサーバなど役割の異なる多数のサーバが設置され，それらのサーバがクライアントからの要求で情報を別のサーバに送ったり，持っている情報をクライアントに渡したりすることで，電子メールの送信やWebブラウザでホームページを閲覧できる。

　インターネットは第1に，容易な情報伝達による時空の縮小効果を持つ。簡単に瞬時に世界中にWebやメールで情報を伝達することができる。同時間に混みあう製品の受発注なども瞬時に処理できる。受け手はそのデータを使用して生産や発送に着手する。SNSであれば，知り合いの輪を広げて不特定多数に伝達し，その反応も短時間に得られる。

　遠隔地でも大量の情報を多数の人に伝えることができるし，反対に個々の相手に情報をカスタマイズして，相手が興味を持つ情報だけを伝えることもできる。遠隔地の出来事が世界に伝達され，瞬時に企業活動に影響を与える。また瞬時の情報伝達に触発されて，人の移動や物流速度も加速する。地域，国内から世界へと広がる企業の取引範囲の拡大をインターネットが支えている。

　地理的空間の縮小は遠隔地だけではない。自己の近隣に何かを求めている人がいるのか，何がどこで使用可能か，どんなイベントが行われているのか，瞬

時に人やものの移動状況も把握できる。その情報が新しい事業を生む。

　第2に，関連する情報を世界中から検索できる。インターネットによってわれわれは，社内LANによる組織内の情報だけでなく，世界中のサーバ情報を検索できるようになった。このとき重要なのは検索キーワードを起点に，関連する他のWebページの情報も検索できることである[51]。芋づる式に世界中の関連する情報を次々と手繰り寄せられる。

　従来，重要な情報は企業や行政機関，研究機関など専門家が保有していた。そうした情報の少なからずが，一般利用者でも検索できるようになった。それは情報の非対称性の消滅であり，秘匿されている情報にまで公開を促す。生産者の製品情報や生産情報，製品価格，ときには製品の原材料や原価までWebページの検索で知ることができる。価格比較サイトを開けば，当該製品を購入する場合どこの店舗で購入するのが安いのかわかる。その店舗さえもインターネット上にある。それが消費者の購買行動を変容させている。

　第3に，不特定多数への情報発信によって世界中の企業や人がつながる。中小企業でも，個人でも，手軽にインターネット上に情報を公開し世界中に発信できる。Webページへの情報発信，SNS，ブログやメールなどを活用することで世界中の企業や人が繋がれるようになった。大きな組織と小さな組織，そして個人との間で，情報発信の格差が縮小した。マスコミュニケーションだけでなく，個と個とのコミュニケーションが可能で，ピンポイントでの情報交換ができる。そこではいかに他が関心を持つ情報が創造できるかが課題にはなるが。

　コミュニティ型の会員制のサービスであるSNS（social networking service）が若者をはじめとして広く普及している。SNSは個人間のコミュニケーションを行うもので，未知の人ともつながることでさまざまな情報交換が可能にな

---

(51) WWWではWebページの記述には，HTMLやXHTMLといったハイパーテキスト記述言語が使用される。ハイパーテキストはドキュメント（Webページ）に別のドキュメントのURLへの参照を埋め込むことで（ハイパーリンクと呼ぶ）インターネット上に散在するドキュメントどうしを相互に参照可能にする。

る。

　それはマスコミとは全く異質な世界で，偽情報いわゆるフェイクニュースによって，政治さえも左右するような力を持つようになった。インスタ映えという言葉が象徴するように，何か気を引く食べ物やものがあると，それが映像によって一挙に広がる。個人の映像や動画によって悪戯であっても，他の人や企業が大きな影響下に置かれるようになった。

　ミルグラム（Milgram, 1967）は，地球上では6回ほど人を介在させれば特定の人に行き着くことを実験し，それを六次の隔たり（six degrees of separation）と呼んだ[52]。それを数学的に解明したワッツ（Watts, 2003）は，ごく少数のランダムリンクによって，われわれの社会が結びついている狭い世界をスモールワールド（small worlds）と呼んだ。そのスモールワールドがインターネットの世界では素早く実現できる[53]。SNSはさらに簡単に見知らぬ人，著名人とつないでしまう。

　インターネットによって見知らぬ人と瞬時に情報交換し，興味のあること，今突発している出来事を文字だけではなく，画像や動画で伝達することができる。その情報発信機器を手軽に携帯し，必要なときには路上でさえ世界中とコミュニケーションできる。そんな情報環境がわれわれの前に登場している。それは人や企業の行動を変容させていく。

3　情報技術にみるイノベーションの特質

　メインフレームからパソコン，インターネットそしてスマートフォンまでのイノベーションによる情報技術の進化を概観してきた。そこには次のような特

---

(52) これについては追試が行われ，必ずしも6回程度で未知の人にたどり着くとは証明されていない。しかし，かなり少ない仲介者で未知の人に遭遇することが可能であることが想像される。詳しくはブキャナン（Buchanan, 2002）を参照。
(53) 川上（2015）はインターネットにはいわば住んでいる住人がいるという。ネットのなかの情報を監視し多様な情報を結びつけたりもする住人もいる。

質をみることができる。

3.1　複合的なイノベーションによる進化

　重量が30トンのENIACの登場から今日のスマートフォンまで，70年以上
かけて情報技術は，留まることを知らないかのように進化を続ける。コン
ピュータはそれに関連するいくつもの多様なイノベーションに波及し，それら
が重層化しながら結合して性能を進化させる。小型化さらにはモバイル化と形
状の縮小，処理速度の高速化などによって，多様な活用が可能になったのもイ
ノベーションの結果である。

　それに関連領域でのイノベーションが相互作用しながら，新しい技術を喚起
して進化する。たとえば処理能力が高速なMPUを開発しても，データを流通
させる信号線が隘路になってその性能を発揮できないため，インテルはそれを
PCIバスとして規格化しチップセット化して販売し，より高性能なコンピュー
タが容易に製作できるようにした（Burgelman, 2002）。またその高速処理を行
うコンピュータは，より高解像度な画像や動画などマルチメディアの活用範囲
を広げ，高解像度ディスプレイや大容量な記憶装置などのイノベーションを求
める。

　コンピュータは数値データを扱うが，前述のように本来は数値ではないもの
や音声や画像など連続する対象を，細分化し離散量化してコンピュータ処理を
可能にさせた。音声や画像，動画などはフィルタリングやサンプリング技術に
よってデジタル化を図かり，文字はコードして取り扱う。あらゆる対象をデジ
タル化してコンピュータ処理を可能にさせるのは，コンピュータそのもののイ
ノベーションではないものの，それがコンピュータの可能性を次々に拡大して
いく。

　このようにより広範に，関連するもののイノベーションの対象を拡大してい
くのも情報技術の特質である。そして情報技術のイノベーションは急速でダイ
ナミックだが，われわれの前には一見ゆるやかそうに進展して行く。振り返っ
てみると大きな変化が，従前に比べると隔世を感じるような変化のなかで仕事

や生活を営んでいる。

　社会に大きな影響をもたらすイノベーションは，多数のイノベータによる多様な試みの不連続な出現と，連続的適応を繰り返しながら，長期的には非連続で異質な全貌を現す[54]。そうしたさまざまなイノベーションが周辺領域にも波及するため，イノベーションを通じた多様な参入機会を企業にもたらす。新たに生まれる領域には中小企業までもが参入し産業を活性化していく。

3.2　開発目標が明確なイノベーション

　有用なものが登場してもそれが高価格では普及が限られるが，パソコンでは本来，自社規格であるはずのIBM PC/ATのデザイン・ルールが事実上オープン化され，それに準拠した各種モジュールを調達して組立てれば，誰でもがパソコンを生産できる仕組みが出現して急速な低価格化と高性能化に向かった。成長する製品の構成モジュール仕様が明確になったため，小さな企業や個人までもがコンピュータ生産に参入するだけでなく，関連機器や各種ソフト制作に参入し産業のすそ野が拡大する。

　しかもデザイン・ルールの範囲内であれば，自由にそれぞれをイノベーション出来るため，モジュールの事実上の標準の地位獲得競争がイノベーションを加速化する。それはコンピュータを高速化，高機能化しながら，使いやすくコスト低下を図るものづくりイノベーションそのものである（第5章参照）。パソコンの機能拡大と性能の向上が，価格低下を伴いながら進展する。

　それにインテルのゴードン・ムーアは，集積回路上のトランジスタの数が18か月で倍に増えると提示した。ICチップの生産技術進化の可能性を表したムーアの法則と呼ばれる経験則は，情報技術進歩のロードマップになり，次にどんな技術が登場するかの目安になって，イノベーションへの挑戦を加速させる。チップ密度の向上はMPUのさらなる高性能化と処理速度の向上を意味し，

---

(54) 連続的適応と非連続的な現象であるイノベーションとをシュンペータは厳密に区別した。しかし両者を峻別することは難しい。これについては第2章参照。

それまでコンピュータ処理できなかったデータまで，処理できる可能性を高めるからである。それはコンピュータの応用用途をも拡大させながら，イノベーションに遅れる企業を市場から排除していく。

　これに対してNECがリードし，各企業がそれぞれ独自の製品アーキテクチャでパソコンを製作していたわが国では，モジュール化にも遅れ，ハードディスクなど例外はあるものの世界市場で地歩を築けなかった。米国とほぼ同時期にパソコン産業が芽生えたのに発展の機会を逃した[55]。技術力を誇ったわが国ではなくパソコン産業は台湾や韓国，そして中国へと移行する。

　モジュールのイノベーションでは性能や機能を拡充しながら，コスト低下が図られるだけでなく，複数のモジュールが一体化していく。構成モジュール数が少なくなるため組立が容易になり，中小企業や後述の中国山寨（サンサイ）企業でみるように，新興国企業でも製品生産に参入できる。そこでは先行する大企業とは異なった販売方法など斬新な事業の仕組みが課題にはなるが。

　斬新なものを創出するイノベータの一方で，それを模倣した類似のものが登場することで，社会に影響をもたらすイノベーションとしての姿を現す。模倣する競合企業が増加することでその新しい何かは実用性を高め，性能を向上させ応用範囲を広げながら価格を低下させていく。模倣を無力化しようとする競争のなかでイノベーションが加速する。模倣は知的財産を侵害しかねないが，模倣があることによってイノベーションがさらに進展する側面を持つ[56]。

3.3　技術から事業のイノベーションに移行

　コンピュータは本来，大量な計算を高速に行う特定目的のために開発されたが，さらに幅広い領域でのデータ処理に利用が広がっていく。そしてインターネットの登場は，コミュニケーション手段としてのパソコンやスマートフォン

---

(55) 日本企業に代わって躍進したのがアメリカのベンチャー企業と，そのモジュール生産を担った台湾企業である。

(56) イノベーションにおける模倣の役割についてはShenkar（2010）；井上（2012）を参照。

の役割を高める。業務のためのデータ処理よりも，コミュニケーション機器としての色彩を強め，ソフトや周辺機器領域を拡大してイノベーションが加速する。

　とりわけ1990年代後期に登場し，2007年のiPhoneで需要を拡大した手軽なコンピュータであるスマートフォンは，通信環境の整備という制約はあるが，あらゆる場所での手軽なコミュニケーションを実現した。その機能を活用して，事業の手段としての情報技術活用が一段と拡大する。

　Webサイト上での買い物も企業対企業，そして企業対消費者だけでなく消費者間の売買，さらに場所や設備などのシェアリング事業，金融サービスのフィンテック，そしてSNSを媒介した広告事業など，斬新な事業が次々に生まれる。今日では写真や動画，音声投稿などより多様なインターネット活用の事業が次々と登場する。

　コンピュータから始まった情報技術はタブレット端末，そしてスマートフォンによって世界中の人が利用するものとなり，時空を超えて人と企業，人と人とのコミュニケーション機器に進化し，そのコミュニケーション機能を活用したさまざまな活用が可能になる。そのためイノベーションはそうした機能を利用する事業の創出，事業イノベーションに向かっている。アマゾン，グーグル，フェイスブック，中国のアリババやテンセントなどが行うのはインターネットを活用した新たな事業である。

　さらに情報技術を活用して事業の方法や対象範囲を根底から変えるDX（Digital transformation：デジタル・トランスフォーメンション）という概念が強調され始めた。それは今までの業務処理における情報技術活用の域を超え，従来とは異なった事業方法，異質な事業の創出を目的にする。DXは事業のイノベーションを目指す。

　実際，2020年コロナウィルスの世界的な厄災のなかで，在宅ワークやリモート授業が一斉に登場した。筆者も講義手段として活用するZoomは2011年に創業したアメリカ企業のソフトで，その利用が2020年に世界的に一挙に拡大した。在宅ワークも遠隔授業も一部では行われて来たが，コロナウィルスの広

がりを機に，それは検討課題ではなく実行に突入した。

　そうした新しい働き方や新しい業務方法は今後より多様化していく。それは働き方やオフィスの必要性など，企業活動の抜本的な見直しを招く。企業活動の一部は遠隔で行われ，事務所に毎日出社する働き方もかわる。そこでは新しい業務方法や新しい事業が登場してくる。まさにDXによるイノベーションへの試みが始まったのである。

3.4　新しい技術の登場

　2020年以降実用化段階を迎える通信規格の5G（第5世代通信システム），ものとものをつないで自律的な活動を行わせるIoT（Internet of Things）や，人間のような知能を持つAI（Artificial Intelligence：人工知能）それに量子コンピュータ[57] など，技術的なイノベーションが次々登場している。情報技術のイノベーションは，それを業務の核にした活用と，インフラとして活用する多様な事業イノベーションへと向かっている。

　5Gの通信速度は4Gの20倍場合以上，同時接続台数も10倍以上の能力を持つ。このため人と人のコミュニケーションではなく，ものともののコミュニケーションつまりIoTが進展する。多数のセンサや機器がインターネットを介して結ばれ，センサで変化を察知してそれをコンピュータで自動制御していく。自動車は車に取り付けられたレーダやカメラ，さらにセンサが道路に設置されれば本格的な自動運転が可能になる。

　こうした新しい技術の登場はそれを利用する仕組み，それを活用する事業が登場することでさらにイノベーションを生み出す。そこに挑戦するイノベータが求められている。

---

(57) 2011年カナダのベンチャー企業Dウエイブ・システムズ社は，今までのコンピュータとは全く異なる量子コンピュータを開発する。これが実用化されれば，次元の異なった処理速度が超高速なコンピュータになる。

4 戦略的視点からみた情報技術のイノベーション

　情報技術の発展と企業活動の関連に注目したポーター（Porter）は，競争戦略論のフレームワークで情報技術の影響を検証し，情報技術の進展に応じた戦略を主張した。本節ではそのポーターの主要な論文をとりあげ，情報技術と戦略や事業経営とのかかわりを検討する。

4.1　ポーターの競争戦略論における情報技術

　古くなるがまずPorter & Miller（1985）である。古いとはいっても情報技術に対するポーターの戦略視点は明確であり，その後の論文の基調になっている。今日からみると情報技術の発展はまだ緒に就いた時期ともいえるが，情報技術は業界構造を変えてしまうため競争のルールを変える，情報技術は競争優位の新たな手段をもたらす，そしてまったく新しい事業が登場するがそれは既存業務の中から生まれる，という3つの大きな影響を提起した。

　そして戦略上，情報技術が重要なのは製品創出プロセス全体に影響を与え，製品に変化を及ぼすため企業運営の方法が変わるからだとする。そこで競争における情報技術の役割をみるため，企業内の活動を技術や経済的特徴によって分類したバリューチェーンに注目する。相互に影響しあう活動が結びつくことでバリューチェーンは価値を創造するもので，その結びつき方が競争優位の源泉の一つになる。そして情報技術はその価値活動の方法や活動間の結びつきの性質を変える。

　価値活動は物理的な部分と情報処理的な部分から構成される。従来，イノベーションは主にバリューチェーンの購買やオペレーション，出荷，マーケティング，サービスという主活動の物理的な部分で行われてきた。そこでの人間労働を機械に代替することで進歩して来たのである。しかし今や情報処理部分の技術進歩が著しく，コスト削減と情報処理の可能性を急速に増大させる。

　そして主活動の遂行やそれらの結びつきに必要な情報を，多様で大量に提供するようになった。また同時にコンピュータ制御の設備など，物理的な部分を

も情報技術が変革している。そのうえ製品そのものも変容して，製品を有形ではなく無形で提供する可能性さえ生じている。

　その結果，情報技術は業界構造を変える。業界構造は競合企業間の敵対関係，新規参入の脅威，代替品の脅威，売り手の交渉力，買い手の交渉力というポーターの5つの競争要因の組合せによって決まるが，それぞれの要因が変化して組み合わせが変わる。地理的側面だけでなく，事業の範囲や競争の範囲も変えてしまう。情報技術がバリューチェーン活動のすべてのコストを変えるため，従来以上に差別化を強化する戦略が求められる。情報技術のイノベーションが新たな戦略を必要にしているという。

4.2　インターネットと競争戦略

　つぎに情報技術の中でも，当時急速に発達したインターネットに焦点を置いたPorter（2001）論文である。インターネットを活用したドットコム企業が躍進して注目され，アメリカではニューエコノミー時代の到来が声高になっていた時期である。売上によって利益を獲得するという当然の企業活動がネットビジネスでは行われず，事業実現の可能性を示すだけで資本調達を続けるネットバブル時の状況を不自然な経営であると批判した。

　どのように事業を行い，どのように収益を確保するかという大雑把な概念のビジネスモデルという言葉を掲げて，戦略もなしに資本を確保するが，それは早晩破綻すると指摘した。実際，アメリカでもわが国でも短期間に終わった。

　インターネットはバラ色の経営環境をもたらすのではなく，業界全体の売上を減少させる方向で業界構造を変える。また事業のやり方を業界で平準化してしまい，業務面での各企業の優位性を低下させるものととらえた。そしてインターネットという先進的な技術であっても，それだけで競争優位の手段になることはないという。

　企業の収益性に影響を与える基本要因は依然として業界構造であり，業界の平均以上の収益を獲得するには，持続的な競争優位が必要という主張である。競合他社とは異なる活動を選択して，独自の価値の高い戦略ポジションを創造

する。その他社とは異なるやり方にインターネットを活用する。

　インターネットは業界構造に次のような影響をもたらす。製品やサプライヤーに関する情報が簡単に得られるので，買い手の交渉力が高まる。ネット販売によって営業部門や流通チャネルの必要性が低下するため，参入障壁が低くなる。顧客ニーズに対する新しいアプローチが生まれるので，新たな代替製品が登場する。そしてインターネットはオープンシステムであるため，独自の製品やサービスを提供し続けることが難しくなり，業界内の競争が激化する。

　また変動費を引き下げて固定費を増大させるため，破壊的な価格競争に向かう圧力が生まれる。それにインターネットによって市場が拡大し，多くの企業が参入し競争が激化する。他方で情報を広く入手できるので買い手の交渉力が強まる上に，買い手は遠方からでも購入可能になるため市場は地元から地域へ，さらに国内から海外へと広がっていく。

　インターネットの普及で業界の平均収益性が低下するなかで，収益性を高めるにはコスト優位か，もしくはプレミアム価格を設定できる価格優位を追求することになる。それには2つの方法がある。優れた技術や価値ある資源，有能な人材，実効性の高い組織構造などを活用して業務効果を高める。これは競合企業がやっていることを，それよりも上手にやることである。もう1つは他社とは異なった製品機能やサービス，ロジスティクスなどによって戦略ポジションを構築することである。これは独自の価値を顧客に提供することである。

　前者の業務効果を高める方法は多数あるが模倣しやすい。業務を支えるアプリケーションソフトは，入手や開発が容易になっているからである。このためスピードや俊敏さを追求しても，それを持続することが難しく，業務効率性を高める方策は戦略的ではないというのがポーターの持論である。

　だからこそ巷間いわれることと反対に，インターネットの時代には戦略ポジションの重要性が増していると主張する。ライバル企業を模倣せず独自の業務方法によるバリューチェーンを構築する。それがなければ独自の価値提供はできない。その諸活動の結びつきにインターネットを活用するのであり，それは従来の活動や競争の方法を補完する。ある活動で生成されたデータを他の活動

や社外のサプライヤー，流通チャネル，顧客にまで伝達して独自の価値を提供することにインターネットが役立つ。

　そうするとインターネット活用は多くの場合，新たに登場するネット企業よりも既存企業のほうが有利になる。すでに有効なバリューチェーンを保有しているからである。だから既存企業は従来事業とは別にネットビジネスを展開するのではなく，従来事業に組み入れて，その競争優位を強化する手段としてインターネットを活用すべきなのである。

4.3　スマート製品が変える競争戦略

　次に今日注目を浴びるIoT（Internet of Things）と競争戦略をテーマにした論文（Porter & Heppelman, 2014）では，情報技術が製品に革命的な変化を与え，処理能力の向上や機器の小型化，そしてネットワークでつながるスマート製品（smart, connected product）がものの本質を変えるとする。

　インターネットに接続機能のある製品は，機能や性能の増幅が可能になるだけでなく，それがもたらすデータが産業にインパクトを与える。スマート製品は業界構造と競争を変容させ，企業に競争上の新たな機会と脅威をもたらし，業界地図を塗り替えまったく新しい産業を輩出する。

　スマート製品はセンサやプロセッサ，ソフトウエア，そして接続機能を組込んだものであり，それはコンピュータを内包した製品である。センサが機器の状況や取り巻く環境の状況をコンピュータに伝え，その情報をコンピュータが判断してエフェクタに何らかの作動を働きかけ，その結果をセンサで検知して，再びコンピュータが判断を行うという手順で自律的に制御する。

　そこでは日常的にデータを創出し，それをクラウド上で収集・分析して当該製品を管理するだけでなく，関連する製品も含めたシステムとして制御できる。製品が情報を収集し分析判断できるコンピュータを内蔵するため，製品自体で独自の機能を発揮できるが，さらに関連する機器と通信することでシステムとして自律的な機能を果たすこともできる。

　これは一般に，ものとものとのインターネット接続を意味するIoTと呼ばれ

る⁽⁵⁸⁾。こうしたスマート製品の特質が産業構造に与える影響を，5つの競争要因の視点からポーターは次のように指摘する。

製品差別化が多様になるため競争軸は価格だけではなくなる。また複雑な製品でシステム度が高まるので，スイッチングコストが高くなり買い手の交渉力は低下する。多様な差別化が可能になるので，既存企業どうしの競争は低下する。しかし一方で固定費が上昇するため，固定費を回収するために販売量の増大を図ろうと，値下げ圧力が高まるという側面もある。

スマート製品には複雑な製品設計が求められ，埋め込み技術や階層性の高い情報技術インフラには固定費などがかかるため新規参入を難しくする。しかしハード技術中心から脱して，情報技術領域で積極的にイノベーションを図らなければ，既存産業に代わって情報技術企業が新規参入しやすくなる。他方で代替品の脅威は低下する。

それに情報提供も含めた製品のサービス化が高まると，製品の販売ではなく，利用料金徴収による新しい事業モデルも登場する。そして製品の構成要素のうちハードよりも，ソフトや接続機能の価値が相対的に増大するため，ハード中心のサプライヤーの交渉力は低下する。一方で通信や制御の基本ソフトなど，強力な交渉力を持つ世界的なサプライヤー登場の機会が増える。

業界の事業領域はますます拡大し，スマート製品を組合せた製品システム，さらに業界の垣根を超えた複合システム事業が登場してくる。このため競争に参入するために業務効果は最低限必要だが，それだけで優位性につながる例は稀である。何を行い何を行わないかを選択し，ターゲットにする顧客に対して独自の価値を提供するため，他社と異なった方法が必要になる。

---

(58) IoTという言葉は1999年にP&G社のケビン・アシュトンが，サプライチェーンを変革するため，RFID（Radio Frequency Identifier）と呼ばれるIDタグを埋め込んだ近距離無線通信チップを用いることを主張したことからはじまる。しかしそれ以前から同様な概念がいわれてきた。コンピュータを組込んだ製品を，どこでも使用できるユビキタスコンピュータと呼んでいた概念が発展したものととらえたほうが，今日言われるIoT概念に近いと坂村（2016）は主張する。

4.4 スマート製品が変える企業経営

　前述の続編ともいうべき論文（Porter & Heppelman, 2015）では，接続機能を持つスマート製品が，バリューチェーンと組織形態にも変化を与えるという影響を前提に，競争戦略の視点から製造業経営のあり方を検討する。このとき接続機能を備えたスマート製品は，100年以上前に起きた産業革命以来，最も重要な変化であるとポーターはとらえる。

　接続機能を持つスマート製品が，バリューチェーンを変容させるのはデータの存在である。従来はサプライチェーンを構成する諸活動の中で情報が発生していたが，それに加えてIoTは製品自体が，その使用にかかわる多量で多様なデータをリアルタイムで創出する。その利用だけでも価値があるが，これに加えて従来活用していたサービス履歴，在庫などのデータとの統合によって飛躍的に情報の価値が高まる。そうするとデータの解析と活用とが企業活動にとって重要性を増す。

　スマート製品は物理的な機械工学的要素から，システムエンジニアリングへと，ソフト主体に変化する。製品が多様な機能を果たすために物理的な部品だけでなく，多様な機能の発揮を低コストで行うソフトが重要になる。さらに使用しながらソフトの更新によって製品の性能や機能を変化させることができるし，またそのような設計が求められる[59]。

　製品を構成する部品が簡素化されて複雑な機構部品が少なくなり，製品生産の機械化が進む。当然そこにはスマート化された生産設備も導入され，製造システムの自動化が進展する。スマート部品はファームウェアとして組み込まれるが，そのソフト制作が重要性を増す。ただソフトは，めったに起こらない条件下で不具合が生じたり，関連する機器から送られるデータなどによってトラブルが発生しやすい。ソフトの不具合やバクなどは目や耳では発見しにくく，

---

[59] 製品を情報機器化し，それで活用できるソフトを随時更新して，販売後も製品の機能を向上させる方法を採用するのがアメリカのテスラである。テスラの電気自動車には当初は機能しない機器も設置され，後から更新されるソフトで当初は果たせなかった機能を発揮させる。

思いもかけない時に誤動作を起こす。それに配慮した作動テストや検査などの重要性が増す。

　加えて製品機能や仕様が顧客ごとにカスタマイズ化される度合いが増える。そして顧客との関係が販売後も日常的に継続する。ときには製品が大きなシステムの一部になったり，構成部品の供給者になることも少なくない。そうすると突発的な修理など，即応的な対応が求められる。またものの販売からサービスの販売へと収益獲得方法を変更できる。

　前述と関連するが，スマート製品ではアフターサービスの重要性が高まり，遠隔での製品監視や素早い対応が求められる。また複雑で大規模なシステムになるとトラブルの原因解明はより難しくなるため，コンピュータ診断のような検査システムの構築が必要になる。

5　情報技術がもたらした事業環境と今後の経営

　吉田（1967）は意味のある記号集合が狭義の情報であると規定した。それは人間が価値を認めたものすべてが記号化され情報になるということでもある。そうした記号が次々とデジタル化され，コンピュータとインターネットで処理され伝達される社会のなかに，企業もわれわれも存在している。

　そして従来は物理的なもの，ハードなもののイノベーションが企業活動をリードしてきたが，今日ではそれよりも情報技術のイノベーションが急速に進展し企業活動だけでなく，社会生活まで変革している。このため情報技術の可能性を活用せずには，企業は生存も成長もできない状況に置かれている。

5.1　情報技術のイノベーションと企業の課題

　1960年代から1970年代にかけて企業の情報化の第一波は，注文書や経費の支払い，そしてコンピュータで設計するCAD，そのデータを加工データに変換するCAMなど，バリューチェーンの活動の一部を高度に，そして比較的容易に業務処理できるよう変革した。それは一方で業務プロセスの標準化を進め

た。そして1990年代以降インターネットが登場して，低コストで情報検索や情報伝達ができるようになった。このため外部のサプライヤーや流通業者，顧客まで含めて直接コミュニケーションが可能になり，調達や販売そして製造まで広域化したグローバル化を支援する。

　さらに2010年代に入るとモバイル技術が発達し，われわれはあらゆる場所でコンピュータを活用し，世界中のサーバからの情報を検索でき，容易に情報発信も可能になる。さらにスマート製品が登場して，製品は使用しながら進化するものになる。それらの活用によって膨大なデータ，いわゆるビッグデータが登場し，それを解析し有効に活用することが課題になる。近年はその膨大なデータを処理するために，意味を認識して自己学習する人工知能（AI）と呼ばれるコンピュータまで登場する。

　こうした情報技術の発展を背景に，今までポーターの情報技術をテーマにした論文を古い順にみてきた。彼は早くから情報技術が企業経営に影響を与えるとして注目している。そこで一貫しているのは，いくら優れた情報技術を採用したとしても，その技術の採用だけで高収益の獲得は困難だということにある。高い収益性をもたらす要因は産業構造のなかにあり，そこで同業者よりも抜きんでた利益率を確保するには，競合企業とは異なったバリューチェーンを構築して，競争優位を持続できる戦略ポジションの設定が不可欠で，それ自体は情報技術が進展しても変わらない。

　それどころか，情報技術が発展してインターネットの時代を迎えると，それらは競争を激化させ，業界全体では収益性を低下させる。ただ情報技術は競争戦略手段を補完し有効な競争優位形成にも寄与する。このため進歩する情報技術を活用しないという選択肢はなく，どのように活用するかが企業に問われるとポーターはいう。

　一方で情報技術によって企業や産業のバリューチェーンの変革が求められている。バリューチェーンは価値を創造するために必要な活動を，技術や資源の違いなどから区分したものであり，その活動の方法だけでなく，それら活動間の連携の仕方によって異なった事業のやり方になる。異なったやり方で独自の

価値を創造するのが競争戦略の基本であり，業界内で他社とは異なった方法を
ベースにした戦略ポジションこそが，情報技術が急速に発展する今日ほど必要
になる。

　そしてIoTとも呼ばれる接続機能を持つスマート製品の登場は，情報技術が
もたらす産業革命ともいうべき大きな変化であり，製造業はもちろん産業全体
に大きな影響をもたらす。そこでは製品が自ら情報を創造するので，企業はそ
の情報を活用することで競争優位を形成する。

　製品単独での存在から関連する機器などとのシステムへ，さらにそれらシス
テムの複合体へと拡大する傾向を強める。それは業界の境界を書き換える。製
造業は製品を販売する事業ではなく，製品のもたらすサービスを提供するサー
ビス業へと向かう可能性が高まることなど，さまざまな変化が起こることが予
想される。

5.2　情報技術によるデコンストラクション

　インターネットによって人や企業は豊富な情報を活用できる。それは従来の
事業の仕組みや企業間関係を陳腐化させている。

(1) 情報のリッチネスとリーチを克服

　産業や事業における情報の役割に注目したエヴァンスらは（Evans &
Wurster, 1997）は，事業を成り立たせている業務プロセスがバラバラになら
ないように，接着剤の役割をしているのが情報であると指摘した。産業や事業
を定義している物理的なつながりも重要だが，それを結びつけて競争優位や収
益を生み出しているのが情報である。

　このとき情報は資材の調達や生産，販売，物流，製品サポートなどの活動で
構成されるバリューチェーンの担い手の関係を規定し，束縛する一方で競争優
位の基盤を形成する。それぞれの活動を効果的に運営し，効果的に結び付けて
収益性を高める役割を情報が担う。そのときその活動の担い手間の関係や活動
の特質などに応じて，必要な情報が交換される。

　しかしインターネットという情報伝達手段は，そうした従来の物理的な伝達手段の制約を解き放す。それぞれの担い手間の関係に依存しなくても，必要な情報がインターネットで入手伝達できる。たとえば集権的な系列関係を結ばなくても，必要な資材を低価格で世界中から調達できる。それはバリューチェーンや産業構造をデコンストラクション（解体）していく可能性を秘めていると彼らは指摘した。膨大な情報が情報技術とりわけインターネットの発達によって，タダ同然でやり取りできるようになったからである。

　このとき彼らは情報の特質を示すために，リッチネスとリーチ（到達範囲）の概念を提示する。そして情報が物理的手段に埋め込まれている限り，その経済性はリッチネスとリーチのトレードオフ関係を免れないという。リーチは職場や家庭などで情報を交換しあう人数を示す。リッチネスは情報そのものの3つの側面で定義される。1つは帯域幅で，一定時間内に送り手から受け手に伝えられる情報量である。第2の側面は情報をどの程度カスタマイズできるか，第3はインタラクティブ（相互作用）性である。

　一般にリッチな内容の情報伝達には相手への近接や専用の伝達経路が必要なため，その費用や物理的制限によって情報を伝えられる対象の範囲が限られる。反対に大勢に伝えるリーチの高い情報は帯域幅，カスタマイズの度合い，相互作用性が限定される。情報伝達の広がりと豊富な内容は，同時には成立しにくいというトレードオフの関係にあったのである。

　そのことがかつての情報の経済性を支配し，ビジネス世界が機能するための前提の基礎にもなっていたが，それはインターネットの登場によって変容した。誰もが誰とでも無料や低コストでコミュニケーションを図れるようになった。濃密な関係を築かなくとも，個人や組織はリッチネスをほとんど犠牲にすることなく，リーチを拡大できるようになったのである。

(2) 新たな企業や新たな仕組みが登場

　そこで彼らは新聞やリテールバンキング，自動車販売など物理的な流通コストの高い業界の例をあげながら，バリューチェーンのそれぞれに新しいプレー

ヤーが登場したりして，既存のバリューチェーンの意義が失われて事業の仕組みに齟齬をきたす可能性をあげた。従来からの機能は果たされるが，バリューチェーンには新しい機能が加わったりして，破壊ではなくデコンストラクションが起こるため，企業はバリューチェーンを再構築しなければならないという。

　インターネットの情報作用によって企業や産業のバリューチェーンが解体され，それまでの部分を担った企業が豊富な情報によって新しいバリューチェーンをリードする場合や，ときにはまったく新しい機能を担う企業が登場してくる。このような産業のデコンストラクションがすべての産業とはいわないまでも静かに進展する。そこには技術進歩やそれに対応する投資額の増大などの要因もあるが，情報流通の変化が関係している。

　巨大な装置産業である半導体産業では，かつて日本企業は世界シェアの大半を占めるまでになったが，今では見る影もない。日本企業の垂直統合型の生産システムに対して，半導体の製造だけを担うTSMCに代表されるファウンダリー企業が登場した。設計された半導体の生産だけを担う受託企業が躍進し，産業のバリューチェーンがデコンストラクションされ産業構造が変わった。

　さらに今日では複雑化するスマートフォンの半導体設計のコアの部分に特化するARM社のような企業も登場している。それは設計が複雑になってしまっただけでなく，日本企業が得意とした半導体ユーザー企業との濃密な関係によるリッチな情報で，垂直統合型で生産する仕組みでは，複雑化する半導体を素早く低コストでは生産できなくなったからである。

　顧客価値を提供するためには，画一的な製品の提供ではなく，顧客が求める性能や機能に的を絞った製品，顧客ごとに個別化した製品やサービスを提供することになる。それはオプション化であり，マス・カスタマイゼーションによるものづくりが必要になる（Pine II, 1993）。

　これらの顧客価値に対応するものづくりには，従来の業務プロセスをデコンストラクションして新たに再編することが必要になる。今まで社内で行ってきた業務でも効果的に行う企業があれば外部化する，反対に顧客価値に最も寄与

する業務は内部化し，それを収益獲得の鍵になるように価値化していく。ときには競争優位形成のために，アマゾンの倉庫のように，コストが拡大してしまう業務でもバリューチェーンに組み込む必要がある。

第5章
モジュール化によるものづくり
イノベーション

　今日，オープンなモジュールを製品アーキテクチャにするものづくりが，デジタル技術活用分野を中心に進展している。そこでは経営の自律性を高めるモジュール企業が，事実上の標準の地位獲得を目指してイノベーションを激化させる。それが企業の競争力を高め，製品価値を向上させてものづくりを変革する。一方，垂直統合型ものづくりで価格競争力を高めてきた日本企業は，そうした自律分散型ものづくりへのイノベーションに遅れて競争力を低下させた。

　擦り合わせ型といわれてきた製品アーキテクチャ分野でも，今後モジュール化やそのオープン化さえ予想できる。モジュールによるイノベーションは垂直統合型から自律分散型に産業構造を変え，産業のリーダーシップも高度なモジュール企業に移行しただけでなく，世界的な分業体制を可能にした。それは高機能な製品を低価格で普及させることを可能にするイノベーションでもある。

　本章では製品アーキテクチャ変化の可能性を，とりわけオープンなモジュール発生の要因をコンピュータの例を中心に解明し，さらにモジュールがオープン化した経営環境でのものづくりの在り方，そのなかで自律化するための企業行動に注目する。それはオープンなモジュール化が中小企業に新たな可能性をもたらすことの検討でもある。

1　製品アーキテクチャ

　製品アーキテクチャとは製品設計の基本思想を意味する。自動車やエレクトロニクス製品などの組立型製品の製品アーキテクチャは，大きく擦り合わせ型（統合型，インテグラル型）とモジュール型とに分けることができる。前者は製品が全体として最適な機能を発揮するように，部品を相互に調整して製品ご

とに特有の部品を設計する。それは古くから自動車や工作機械などに代表される設計方法である。後者は既に存在するまとまりのある機能を発揮する部品を組合せることで，製品を設計し組立てる方法である。

1.1　擦り合わせ型の製品アーキテクチャ

アーキテクチャという用語は建築で，建物などの構造を示すものとして用いられてきたが，現在はさまざまな分野で使用されるようになった。本章で取り上げる製品アーキテクチャは，組立型製品における製品機能と部品との，設計上の関係構造を示す概念である。

擦り合わせ型は古くから一般的に行われてきた製品の設計方法である。どのような機能や性能を発揮する製品なのかを設定し，それに必要な部品を最適で低コストに生産するために，さらに部品を分割して設計する。このとき全体最適になるように，組合せる構造要素を部品間で相互に調整しながら設計する。

例えば自動車でいえば速度や加速性能だけでなく，快適な乗り心地という機能が重要視される。この機能は車体，座席，エンジン，ブレーキ，サスペンション，タイヤなど複数の要素によって発揮される。ある機能が一つの構造要素で発揮されるのではなく，複数の構造要素の調和によって実現される。

このため車体構造やデザインを変えれば，快適な乗り心地が実現できるように，エンジンその他の部品も相互に調整してその構造や機能を変える必要がある。そして快適性は，エンジンの性能や自動車の安全性などその他の機能にも影響する。内燃機関によるエンジンを電気に変えるとバッテリーが大きな容積を使用してしまうため，静粛さは向上するが居住空間の制約は増してしまう。

こうして自動車や工作機械など，機構部品で構成されて機能を発揮する製品は，製品ごとに機能や性能を発揮する最適な部品を，調整して設計する擦り合わせ型製品アーキテクチャに分類される。この場合，新たな製品の開発から生産までにはコストと時間がかかる。製品が異なっても共通に使用できる部品もあるが，部品を製品ごとに生産するため生産コストもかかる。このため自動車は4〜7年程度で新しいモデルを開発して生産・販売を継続する。フルモデル

チェンジの場合の開発期間も数年を必要とする。

こうしたトータルな製品として性能を発揮する製品の生産には，それを設計する企業が蓄積したノウハウと能力が左右する。制約されるコストのなかで顧客価値を発揮できる製品を製造するには設計や設備，技術者や作業者の経験や技術習熟度が必要になり，こうした製品を模倣することは短期間にはできない。そして今日でもこうした製品領域で日本企業は強みを発揮している。

1.2　モジュール型製品アーキテクチャ

もう1つのモジュール型の製品アーキテクチャは，あらかじめ機能とそれを実現する部品とが1対1対応して規格化されたモジュールを，組合せて製品の機能を発揮させるものである。

複雑なシステムについてサイモン（Simon, 1981）はサブシステム間の相互作用は低いが，そのサブシステム内部は相互依存性が強いものを，準分割可能性を持つシステムと呼んだ。この準分割可能性があるとシステムを階層構造で表すことができ，複雑なシステムでも設計しやすくなる。

自動車やコンピュータなどは複雑なシステムだが，前者は複数の構造要素の相互作用によって1つあるいは複数の機能を発揮する。つまりサブシステム間の相互依存性が強い。ただそのサブシステム内部はより複雑とは一般には言い難い。これに対して後者のコンピュータはそのサブシステムの内部が複雑であるものの，サブシステム間の相互依存性は小さく，また1つのサブシステムが果たす構造と機能とは対応化できる。

青木（2002）は半自動的なサブシステムであって，他の同様なサブシステムと一定のルールに基づいて，お互いに連結することでより複雑なプロセスを構成するものとモジュールを定義した。またボールドウィンら（Baldwin & Clark, 1997）は，それぞれが独立的に設計可能であって，全体としては統一的に機能する小さなサブシステムによって，複雑な製品や業務プロセスを構築するものとモジュールを定義した。

つまりモジュールは内部が複雑な部品でまとまりのある機能を発揮する。そ

のモジュール自体は複雑な機能を果たし，その製造が難しいほどその価値が高くなる。とりわけ電子モジュールは，その機能を発揮させるための固有のノウハウや製造ノウハウが必要であり，そのため高度なノウハウを持つ専門企業が登場する。そうしたモジュールを組合せることで製品が出来る。

　家電製品や各種エレクトロニクス製品の製作では，一部の電子モジュールを内製することはあっても，多くのモジュールは市場調達して製品を設計生産してきた。エレクトロニクス製品の筐体を開けてみると，内部は多くの企業のブランド名が添付されたモジュールで構成されている。

1.3　デザイン・ルール

　ただモジュールの定義は単純ではない。ボールドウィンも複雑な製品を生産するときは，製造プロセスをモジュールまたはセルに分割して生産するという生産の原理として，それはすでに1世紀以上も前から社内分業や社会的分業として行われてきたことを指摘する。また製品だけでなく生産段階での，そして消費段階でのモジュール化という視点もあるとする。

　ただボールドウィンが注目したのは単なる分割ではなく，それら分割したコンポーネントの設計に，その分担者たちが参画できるモジュール化である。それがIBM system/360以降取り入れられてコンピュータ産業を変革した。分割されたコンポーネントや業務プロセスを，それを担当する者がデザイン・ルールを守れば，独自に設計できることをモジュール化の条件として重視した。

　そうしたモジュールは多様なオプションを可能にし，独自に進化できるという特徴を持つ[60]。モジュールは製品の多様性の向上，環境変動に対してシステム全体ではなく各モジュール側で対応できるという不確実性の軽減，そして開発設計を同時並行的に推進できる開発の迅速性，という3つの性質を発揮できる（Baldwin & Clark, 1997）。こうした性質を持つモジュールがすべての製品やプロセスに適用されないのは，一般的な擦り合わせ型に比べて，設計がはる

---

[60] ボールドウィン（Baldwin, 2000）日本語版への序文参照。

かに難しいからである。モジュールが全体として機能するように，あらかじめ
デザイン・ルールを確立しなくてはならない。

2　モジュール型製品アーキテクチャの登場

前述したような所定の機能を発揮する規格部品を組合せて，製品を生産する
モジュール型の製品概念が，デジタル製品やソフト制作領域に登場してものづ
くり方法を変革している。その経緯をみる。

2.1　コンピュータにおけるモジュール化の歴史

コンピュータの世界では1970年から1996年の間に，膨大なモジュールが登
場して，生産の仕組みや産業構造を変えた（Baldwin & Clark, 2000）。

(1) IBMが共通のデザイン・ルール採用

1964年にIBMが発表したメインフレームのsystem/360は命令セットが同一
で，周辺機器も共有できるIBM社内では互換性のあるコンピュータであり，
機器間の互換性を確保するためにモジュール化の原則が採用された。360シ
リーズでは同社内のコンピュータ機種が異なっても，構成するモジュールが相
互に正しく機能するように予めデザイン・ルールを設定し，世界中に分散する
設計チームが，そのルールを守ってハードやソフトを設計し生産した。

その結果，従来機種で使用したソフトや，周辺機器などを新たなコンピュー
タでも使用できるなど，機種間の互換性が高まり，製品の更新が容易になって
需要が拡大し，IBMはメインフレームの覇者として世界に君臨する。一方で
社内のモジュール化が，IBM製品と互換性のあるコンピュータやプリンター，
メモリ，ソフトなどを生産するベンチャー企業を登場させ，コンピュータの生
産構造が変化する誘因になった。

次に登場したパソコンの場合，モジュール化というアーキテクチャはよりダ
イナミックに業界構造を変革する。1974年，アメリカ・ニューメキシコ州ア

ルバカーキの小さな模型店MITS社は，世界初のパソコン8ビットAltair8800の組立キットを397ドルで発売し，その後1977年には完成品パソコンのアップルⅡが登場してパソコン市場が活況を呈するようになる。

(2) IBM PC/ATがパソコンのデザイン・ルールに

その拡大する市場に対処するためIBMは1981年，急遽16ビットのIBM PCを製作して市場に参入する。1983年に，マイナーチェンジのIBM PC/XTをそして1984年にIBM PC/AT投入してパソコン市場を本格的に開拓した。

このとき，IBMは短期間でパソコン市場に参入するため，市場で入手可能な部品でパソコンを構成し，周辺機器の普及のために回路やBIOSのソースコードを事実上公開した[61]（SE編集部, 2010）。さらに基本ソフトのPCDOSをMS-DOSの名称でマイクロソフトとライセンス契約し，マイクロソフトは他社にもそれを供給できる契約を結んだ。そこで，市場にはIBM PC互換機と，それに接続できる多数のアプリケーション・ソフトウェアや，周辺機器が他の企業から販売されパソコン産業として隆盛を誇るようになる[62]。

とりわけIBM PCのコピーに近いものはクローンと呼ばれた。初めてのIBM PCクローンは，1982年のコロンビア・データ・プロダクツによるMPCとされ，クリーンルーム設計による著作権侵害とならない互換BIOSを搭載した[63]。1982年には互換機メーカーを志向するコンパックが設立され，1983年

---

(61) BIOSは入出力装置を制御するプログラムをまとめたもので，OSを特定機器種仕様に合わせる機能を持つ。電源が入ると最初に作動し，その後OSが起動する。その歴史についてはCeruzzi（2003）参照。

(62) コンピュータの巨人IBMの販売する製品が爆発的に売れたため，これに使用できるソフトが販売される。それら多数のソフトと周辺機器，それにMPUなどのモジュールが市場に登場してくる。このためIBM互換機が生産できるようになる。Campbell-Kelly & Aspray（1996）参照。

(63) クリーンルーム設計とは知的財産権に抵触せずに，同様な製品を作る方法である。模倣する製品を調べて仕様書を書き，その仕様書が著作権を侵害していないか法律家による検査を受ける。その後にリバース・エンジニアリングを行った者とはつながりの全くない別のチームを隔離して，仕様書に即した製品を作る手法である。

図5-1 パソコンにおけるオープンなモジュール化の進展

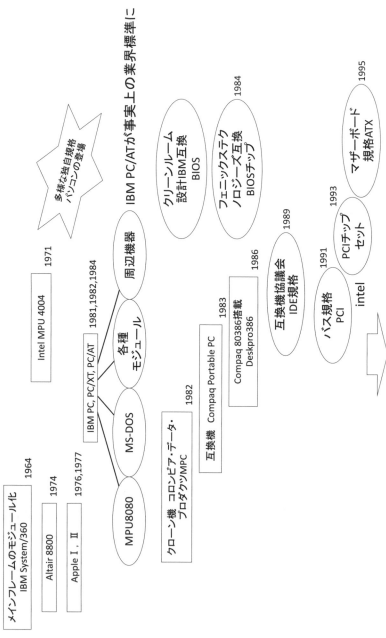

メインフレームのモジュール化
IBM System/360　1964

Altair 8800　1974

Apple Ⅰ , Ⅱ　1976,1977

Intel MPU 4004　1971

多様な独自規格
パソコンの登場

IBM PC, PC/XT, PC/AT　1981,1982,1984

IBM PC/ATが事実上の業界標準に

MPU8080

MS-DOS

各種
モジュール

周辺機器

クリーンルーム
設計IBM互換
BIOS

クローン機 コロンビア・データ・
プロダクツMPC　1982

互換機　Compaq Portable PC　1983

Compaq 80386搭載
Deskpro386　1986

フェニックステク
ノロジーズ互換
BIOSチップ　1984

互換機協議会
IDE規格　1989

バス規格
PCI　1991

PCIチップ
セット　1993

マザーボード
規格ATX　1995

intel

出所：筆者作成

106

出荷の同社製Portable PCもクリーンルーム設計による互換BIOSを搭載した。さらに1984年にはBIOSメーカーであるフェニックス・テクノロジーズが，クリーンルーム設計によるIBM互換BIOSを開発しチップ化して販売したため，容易にIBM互換機が生産できるようになる（Ceruzzi, 2003）。

(3) デザイン・ルールが独自に進化

　ついで1986年，IBMに先駆けてコンパックは，インテルの高速な32ビットMPU80386を搭載するdeskpro386を販売する。このときMPUとメモリの間でデータを高速伝送するローカルバスと，ハードディスクのような周辺機器と接続するバスとを分離して処理速度の高速化を図った[64]。IBM仕様のパソコンは単なる互換機の域を超えた独自のアーキテクチャで発展しはじめたのである（SE編集部, 2010）。これは後に互換機企業9社が制定したEISAによってISAバスと規定され，さらに技術標準化機関のIEEEでIBM社内のバス規格であったXTバスやATバスが標準化された。一方で新しいMPUの性能が直ちに発揮できるようにインテルは，互換機をより高速化できるPCIバスを開発して1991年無償提供し標準規格にする（Burgelman, 2002）。

　同時にコンパックは，他の互換機企業とともにIDE規格を設定して，ハードディスクやディスプレイのテキスト表示，グラフィック表示を標準化し，IBMの手を離れたIBM PC/ATのアーキテクチャを，事実上の標準にするコンピュータのデザイン・ルールが形成される。模倣した互換機がIBMに先駆けて高速MPU搭載を可能にしたり，新たな周辺機器を開発したりして互換機市場が確立していく。

　一方で必要な機能を半導体に集約したモジュールが登場し，回路上にそうした主要モジュールを搭載したマザーボードまでもが1つのモジュールとして登場する。このマザーボードにMPUやディスクドライブ，ビデオカードなどモジュールを組み込むことによってパソコンが完成するようになる。

---

(64) 演算処理を行う半導体デバイスはMPUやCPUとも呼ばれ，両者は同じである。

業界標準の製品アーキテクチャが生まれ，それを構成するモジュールが事実上標準化され誰でも生産・調達できるため，パソコン産業は急速に発展する。それは同時にものづくりシステムのイノベーションでもあった。この変容に対応しない日本パソコン産業は発展の機会を失っていくことになる。

2.2　ベンチャー企業によるイノベーション

IBMのメインフレームであるsystem/360は，社内のクローズドなモジュールによって市場を制覇したが，前述のようにIBM PC/ATは事実上，他社が自由に生産できるオープンなアーキテクチャになってしまい，各企業がそのデザイン・ルールに沿ったモジュールを開発して，垂直的な生産構造とは異なった一般に水平的と呼ばれる自律分散型の分業形態が登場する。

(1) 事実上の標準

クローズドな社内モジュールであったsystem/360でも，IBMを退社した技術者が，プリンターなど各種周辺機器やソフト企業を立ち上げ，ビジネスチャンスを求めてさまざまなモジュール企業が輩出した。パソコンの場合はさらに，ハードディスクやモデムなどのさまざまな周辺機器，モジュール部品，そして多数のアプリケーションソフトなどの企業が勃興した。それらの担い手はIBMや半導体企業出身の技術者，そして新規参入する若者たちで，パソコンのオープンなモジュール化は，アメリカにベンチャー企業の市場を提供していく。

こうした企業はEISAのような関連企業や研究機関の協議によるデジュアリー・スタンダードを活用するだけでなく，競争に勝ち抜いた企業の規格が業界標準になってしまう事実上の標準（de facto standard：デファクト・スタンダード）としてのモジュール開発をめざして競争を演じる。とりわけ後者の事実上の標準の獲得競争が，アメリカのコンピュータ産業を発展させた。業界標準化されたモジュールはインターフェースを守れば，その機能や性能を独自に変革することが可能であり，それがより優れたモジュールの開発を目指すベン

チャー企業を登場させる。その自律分散型の製品アーキテクチャが，アメリカ産業を革新しダイナミズムをもたらした。

(2) 高機能モジュール

　元来，エレクトロニクス製品では自社仕様の部品を活用するだけでなく，回路形成に必要な部品を市場調達して，それらを組合せて所定の機能を果たすユニットを製作し，それを筐体に組み込んで製品を完成させてきた。このとき半導体技術の進歩によって，所定の機能を果たすユニットが，ASICやSoCのように1つにICチップ化されてモジュール部品になる[65]。チップ化できないときはICやコンデンサーなどの部品を基板に組み込んで，所定の機能を発揮するコンポーネント・モジュールにする。

　異なった製品にも共通に使用できるように，モジュールは当初は社内規格であるが，その規格を公開して外部企業にも採用されるようになると，それを製品として供給する専門企業が生まれる。さまざまな機能が登場して複雑化するソフトの世界でも，同様に市場に投入されるモジュール化が進展する。

　すでに存在する部品を組合せて組立てるのがモジュラー型製品で，完結した機能を持つ部品であるモジュールと，モジュールとモジュールとを結びつけるインターフェースの形状や通信手順などが標準化されていることが条件になる[66]。製品外観は独自でも，今日のデジタル製品の多くは専門企業からモ

---

(65) ASIC（Application Specific Integrated Circuit）は特定の用途向けに複数機能の回路を1つにまとめた集積回路の総称であり，SoC（System-on-a-Chip）は1つの半導体チップ上に，一連の機能（システム）を集積したものでシステムLSIとも呼ばれる。これらはワンチップのモジュールである。

(66) 自動車産業ではエンジン，トランスミッション，インストルパネル，ドアなどの部分に分割し，そうした主要ユニットをモジュールと呼んで，協力企業に発注して一括生産したものを組立てる。それらは社内規格であり，多くの場合車種ごとの規格である。このため，エレクトロニクス産業におけるオープン化した規格ではない。ただ後述するように，自動車にも電子部品の比率が多くなり，この領域ではオープンなモジュールやソフトが生まれてくる。さらに，オートバイ産業にみられるように，主要コンポーネントにもオープン化が採用される可能性がある。

ジュール部品を調達して組立てられる傾向を強めている。

　さらに技術進歩によって関連する機能を包含したより上位のワンチップ化したモジュールが登場し，ブラックボックス化したモジュールを組合せて，複雑な製品でも容易に完成できるように進展する。こうして事実上の標準としてのハードやソフトのさまざまなモジュールが登場し，それら専門企業のモジュール製品を市場調達して組立てるものづくりイノベーションが1980年代以降登場する。

　このとき生産機能を保有しないベンチャー企業は，そのモジュール生産や組立業務を，生産コストの低い新興国企業に委託するようになる。その後さらに携帯電話やスマートフォン，そして平面テレビなど今日の代表的なデジタル機器の少なからずが，台湾や韓国，中国などの電子機器の受託組立を専門的に行うEMS企業（Electronics Manufacturing Service）によるモジュール調達で組立てられ，鴻海精密工業のような巨大企業も登場してくる。

2.3　新興国市場にも対応しやすいモジュール化

　今日，先進諸国の需要が飽和し，代わって経済力が高まった新興国市場の需要が拡大して成長市場が移行している。さらにプラハラッド（Prahalad, 2005）が提唱した40億人以上ともいわれる途上国の貧困層を対象にしたBOP（Base/Bottom of the Pyramid）市場も注目されている[67]。

　新興国市場やBOP市場では，高い性能と機能の差別化で対応してきた先進国市場向けのものづくり方法では需要を獲得しにくい。製品使用方法を学習していない顧客でも活用できる簡単な機能で，低価格で大量に供給される製品が求められる。ただ市場のニーズは民族や宗教，地域によって異なり多様である。こうした需要に応えるには，顧客側の視点での製品開発が不可欠であると同時に生産方法，販売方法そして利益獲得方法のイノベーションが不可欠にな

---

[67] 1日の所得が2ドル未満で暮らす世界で約40億人以上の貧困層が潜在的な成長市場として注目され始めた。

る。

　オープンなモジュール化は，このような多様で急拡大する市場要求にも応え易い製品アーキテクチャである。モジュールは規格部品であるため大量生産が可能で低価格になり，それを組合せることで比較的多様な製品をスピーディに供給できるからである。反対に擦り合わせ型の製品アーキテクチャで，製品に固有な部品を設計し生産する方法では，安定した品質の製品を素早く低価格で供給しにくい。

　オープンな製品アーキテクチャによる生産を担うのは，自律性の高い専門企業による自律分散のネットワークである。系列のような垂直統合型の場合，そのネットワーク内で完結した生産システムになり，構成企業それぞれが自由に外部企業にモジュールを販売することは難しい。

3　オープンなモジュール化要因とイノベーション

　モジュールのなかでもオープンなそれは，どのようにして，なぜ登場するのだろうか。先にみたパソコンと携帯電話端末を例にみていく。

3.1　パソコンにみるモジュールのオープン化

　パソコンの黎明期には心臓部であるMPUを各社が独自に生産したり，勃興したMPU企業から購入したりしていた。基本ソフトもそれぞれの企業が制作するという，いわば企業ごとの異なった仕様によるクローズドなものづくりであった。

　そこにコンピュータの巨人IBMのパソコン仕様が漏出してオープン化したため，その信頼のおけるIBMと同一の製品をつくる機運が盛り上がる。資源の脆弱なベンチャー企業は，そのデザイン・ルールを採用することでリスクも回避できる。そのなかで新しいものづくりが登場する。

　ものづくりのイノベーションを実現したのは，特定企業内のクローズドなモジュールではなく，業界標準的なオープンなモジュールである。つまり機能と

111

インターフェースが公開されて，誰でも同様なモジュールを作ることができ，それを購入して組合せることができるモジュール化である（田中，2009）。そのことでコンピュータではオープンなモジュールに移行し，1980年代に入って産業構造が変貌した。

　前述のように，IBM PC/ATがパソコンの事実上の標準になることでオープン規格が拡充された。さらに処理速度や性能の向上を求めて開発者であるIBMの手を離れ，それはデザイン・ルールとなる製品アーキテクチャとして独り歩きを始める。このときインテルとマイクロソフトの行動が影響を与えた。

　コンピュータそのものといってよい中核部品のMPUをほぼインテルが独占し，MPUの高速処理に必要なPCIバス規格を無償でオープンにする一方，そのバスをチップセットで販売することで，より容易に最新のコンピュータが生産できるようになってオープン化がますます加速する。またパソコンソフトの中核であるOS（基本ソフト）を，マイクロソフトが事実上独占し積極的に販売した[68]。

　こうして顧客からの信用が最も高いIBMのアーキテクチャがドミナント・デザインになり，パソコンそのものといってよい内部構造が複雑で，ブラックボックス化したインテルとマイクロソフトの中核モジュールが，パソコンのプラットフォームの役割を担い，そのプラットフォームに合わせたオープンなモジュールがさらに発展するという構図ができあがる。

　そうなるとモジュールを独自に設計開発するよりも，性能が安定した低価格なモジュールを市場から調達して組立てたほうが，最新の技術を低価格で顧客に提供できる。同時に市場に存在するソフトや周辺機器も使用できるため，顧客もそれを求めるという現実の中でモジュールによる産業構造が発展した。

---

(68) シアトル・コンピュータ・プロダクツから，現金3万ドルで購入したソフトをOSにして，1本10〜50ドルの使用料をマイクロソフトは得ていく。Campbell & Asprey（1996）参照。

3.2　携帯電話におけるモジュールのオープン化

　携帯電話は当初，地域や各国の通信規格に合わせて独自仕様で生産された。しかしコンピュータの場合と違ってモトローラやクアルコム，エリクソンといった企業の持つ特許使用料が価格の10％程度を占めるなど，知的所有権が広く存在した。ところが市場の拡大，とりわけ膨大な人口の新興国市場の登場によって電話機の低価格化と，激しい競争の中での多様な製品開発が課題になる。

　これに対して2000年代初頭以降，回路，音声信号などのデジタル変換や復調処理するベースバンドIC，動画や音楽など複雑な信号処理を行うアプリケーション・プロセッサやメモリなどのワンチップ化，それにソフトや機能を1つのICに統合するカプセル化が進展した。

　これらのチップをTI（テキサス・インスツルメント）やクアルコム，エリクソンなどの企業が電話機メーカーの仕様に応じて提供する。さらにほぼすべての機能をワンチップ化した統合ICプラットフォームを，低価格で提供する台湾メディアテック（聯發科技：MTK）などの企業が登場する。

　これら企業のICプラットフォームを購入し，それに開発支援ツールを導入すれば，中級品の携帯電話が容易に開発できるようになる。さらに2002年前後からTI，モトローラ，インフィニオン，フィリップス，クアルコムといった主要IC企業は，特定携帯電話メーカー向け専用のカスタムIC（ASIC）から，汎用IC（ASSP）へと事業の重点を移しはじめる。

　これらの企業はICを販売するだけでなく，ユーザー側で携帯電話の開発が容易なように，ICの周辺回路を構成する部品について，作動検証済みの部品リストまで提供する（安本，2010）。これによってさらに容易に携帯電話が生産できるようになる。

　こうして携帯電話の場合は通話という音声処理から，各種信号処理による通信処理領域へと機能が多様化・複雑化するなかで，また新興国など拡大する市場の旺盛な携帯電話需要に応えるために，そしてコストダウンと製品小型化のために，部品を集積化してワンチップ化する方法でモジュール化が進展する。

そのモジュールを汎用品としてオープンに提供し，また素早く携帯電話機が開発できるように，関連する周辺のモジュールまでセットで提供する企業まで登場する。それを活用して躍進したのが韓国の携帯電話メーカーである。また中国でもこのような汎用のモジュールを活用した携帯端末メーカーが急増し，「黒手機」と呼ばれる闇携帯電話まで生産される。

　一方，携帯電話の高機能化によって，さらに複雑になったのがソフトウエアである。カメラや音楽，そしてインターネットなど次々と複雑化する機能の標準化と，これら複雑なソフトを制御していくために，コンピュータと同じように携帯端末の基本ソフトが制作される。

　ハードウエアの違いを単純化してアプリケーションの管理や，各種リソースを管理するHLOS（High-Level Operating System）と呼ばれる携帯基本ソフトがモジュール化し，そしてスマートフォンではグーグルが無償供与するアンドロイドが登場する。これに合わせて各種ソフトを制作し易いような基本ソフト化が進む。そしてこのOSとアプリケーションソフトを媒介するミドルウエア，さらに各種機能発揮のためのアプリケーションソフトとさまざまなモジュールが現れる。

　この結果，携帯電話生産では通信キャリア，電話機企業，モジュール企業など対等な関係が織りなす自律分散型の産業構造が登場する[69]。ただわが国の場合は，NTTドコモやKDDI，ソフトバンクなどの通信事業者が携帯電話メーカーに製品機能も含めて生産を指示し，それを買い取って通信事業者が販売する形態である[70]。しかし対照的な中国では，通信事業者や端末企業が産業の

---

(69) 垂直統合に対応する（vertical disintegration）は，一般に用いられる水平分業と対応せず，またその概念もあいまいだとして，丸川（2007）はこのような生産形態を「垂直分裂」と表現した。全体を統合しリードする企業がなく，局面によってリーダーが異なる中での分業構造を意味している。確かに経営学では水平という言葉はあいまいで，垂直に対応する用語として水平分業が単純に使用されている例が多い。
(70) 通信事業者が携帯電話の機能まで管理して，製品を買い取って低価格で消費者に販売し，流通業者には販売奨励金で損失分を補てんするという形態をわが国では採用してきた。この結果，世界市場には通用しない「ガラパゴス携帯」といわれるものを生産して競争力を失ってしまった。そこには通信事業者の指示に従えば一定の利益

リーダーシップを確立したという状況にはなく流動的である。スマートフォンになって端末企業のリーダーシップが強くなった。

このとき技術は複雑化するだけでなく，短期間に変革されていく。そのために端末企業だけではすべてのイノベーションに対応できず，専門領域でイノベーションを推進する企業のノウハウに依存したほうが，最新の製品を素早く創出できる。こうして最新の技術の採用，コスト削減，技術競争の激化によってモジュールのオープン化が進展する。

そこではモジュールの統合による専門企業の衰退や，新たなモジュール領域の登場など，ダイナミックな分業再編と競争が行われる。今日のスマートフォンMPUや通信用半導体など中核MPUの90％以上が，1990年にイギリスで設立されたARMによって，その心臓部が設計されるといわれる[71]。同社は省電力に優れたMPUの設計ノウハウを持ち，低コストでユーザーもカスタマイズし易い設計ノウハウで躍進する。優れたノウハウ保有の企業がオープンなモジュール化を加速する例である。

3.3　モジュールのオープン化進展要因

今までみてきたようにパソコンと携帯電話のものづくりの進化には，オープンなモジュールが関与している。オープンなモジュールは一般には次のような条件下で進展する（小川, 2012）。

第1に，製品の仕様がほぼ類似化するドミナント・デザインの形成以降にオープン化がはじまる。共通的な仕様がなければ標準モジュールは登場しにくい。ただ携帯電話では知的所有権で守られ，技術が確立した一部のモジュール

が保証される垂直統合型の分業形態に甘んじた日本のエレクトロニクス企業の姿がある。

(71) ARMは生産業務を持たない半導体設計の専門企業である。顧客企業が1個売るごとに数円から数十円のライセンス料を得るという事業の仕組みで成長する。2016年7月ソフトバンクグループが約3兆3千億円で買収した。さらにソフトバンクグループは2020年9月ARMのエヌビデアへの売却を発表する。『日経新聞電子版』2020年9月18日付。

が初期から存在していた。

第2に，製品自体が複雑で，それを構成するモジュールにも多様で高度な技術やノウハウ，知的所有権が存在し，その機能を必要にする企業が独自開発するにはコストや開発時間がかかって市場に即応できないときである。このため複雑なソフトや模倣しにくいモジュールが該当し，パソコンのMPUやOS，携帯端末では汎用IC（ASSP）からはじまった。それはサブシステムであるモジュール内部の相互依存性が複雑で，その設計方法や製作方法がブラックボックス的なものといえる。一方でそれは独立的に機能を発揮するモジュールである。村田製作所の積層セラミックコンデンサなども，これに該当する。

第3に，モジュール製作に多額の開発費や設備投資が必要で，外部に販売しないと投下資金が回収できない場合である。多くのモジュールは当初は自社内の規格であったが，構造要素が複雑でその性能を高めるためには，開発や生産設備のために多額の投下資金が必要であり，それを回収するには外販を余儀なくされる場合にオープン化が発生する。

第4に，物理的な機構で機能を果たす部品よりも，電気信号などによって機能を果たすものが標準モジュールになりやすい。機械的に駆動するモジュールの場合，内部構造は比較的単純だが周辺部品との相互依存性が高く，モジュールの形状や重量など制約が多く，接続部分のインターフェース規格が標準化しにくいためである。ただシマノの自転車ギアは世界中の自転車に採用され，一部の自動車エンジンも標準モジュールとして使用されている。電気自動車用モーターもモジュールとして登場している。

第5に，他の機器と相互接続してシステム化される度合いが高いとき，周辺機器も含めてモジュールがオープン化されやすくなる。機器を接続して機能を発揮するためにインターフェース規格の標準化が行われ，関連機器の標準化が加速してオープン化が進展する。

第6に，技術的要因だけでなく，大きな需要量とその急速な拡大がモジュール化を促進する。旺盛な需要に低価格な製品で素早く市場に応えるためには，独自に開発生産するよりも，大量生産によって低コストな専門企業のモジュー

ル調達が有効になるからである。

　以上のような条件を備えたときにモジュールがオープン化し，技術の複雑性を縮減したモジュールの活用で製品生産が容易になる。

3.4　モジュールの集約化と応用

　電子回路のデジタルな部分は入力データを，出力データに変換処理するアルゴリズムを実現する回路とソフトから構成される。その電子回路は集積回路ICとしてカプセル化され，技術進歩とともに集積度を高め小型化していく。さらにそれら関連する複数のICチップを1つにしてより小型化する。

　製造技術の進歩によって集積回路は，複数のモジュールを一体化したSoC（システムLSI）のような上位の1チップ化したモジュールを創ることができる。複雑な機能が小さなチップ1つで実現できるため，デジタル作動するICチップを活用することで部品点数が少なくなり，複雑な製品が低コストで容易に製作できるようになる。複雑な処理を行うワンチップのMPUやマイコンなど汎用性のある優れたモジュールは多数の企業に活用される。

　さらに製品のデザイン・ルールが業界標準になっていないデジタル製品でも，オープンなモジュールを活用した製品生産が採用されるようになる。それはデジタル製品がコンピュータ技術の応用であり，コンピュータ向けのモジュールやその応用モジュールによって，製品の主要部分を構成できるからである。応用性のあるモジュールが広く使用され，また製品の特性に合うように改良されてモジュールは新たな領域で事実上の標準に発展していく。

　携帯電話やスマートフォン，平面テレビ，タブレットなどデジタル製品の多くがこうして生産される。デジタル技術とモジュール化がエレクトロニクス製品のものづくりを変容させている。

　以上みたように，激しい競争と旺盛な需要のなかでドミナント・デザインが登場し，一方でデジタル技術が複雑化を増して専門的なコンポーネント数が増大するとき，オープンなモジュール登場の可能性が高まる。このとき製品に影響力を持つ有力な企業が，中核になるモジュールを市場に投入することでモ

ジュールのオープン化が加速する。さらにデジタル技術が周辺機器との接続を
求めて関連製品へとオープンなモジュール活用を進展させいく。

4 自律分散型環境で躍進する米ベンチャー企業と台湾企業

　このようなデジタル化やモジュール化によって，従来の垂直統合型に代わっ
て自律分散型のものづくりが登場した。それを基盤に躍進したのはアメリカの
ベンチャー企業と，その生産を担った台湾企業である。台湾は世界のパソコン
生産基地として新たな産業構造を形成した。このとき日本企業はその分業シス
テムの枠から外れた。

4.1　新しいものづくり形態の登場

　オープン化が一般化するデジタル産業では，図5-2のようなそれぞれが対等
に分業化する産業構造に移行する。市場が拡大するなかでモジュールを調達す
れば容易に製品が製造できるため，製品企業は生産を外部化して，製品の企画
開発や設計とマーケティング機能中心のデザイン企業に変容する。標準モ
ジュールの調達による生産は，組立企業の付加価値を低下させるので生産業務
を委託するようになる。

　このような製品生産はエレクトロニクス企業だけでなく，たとえば流通業で
も当該製品を販売できれば可能であり，異業種企業も参入してくる。さらに生
産だけでなく設計業務さえも外部化してしまい，販売機能中心のブランド企業
まで登場してくる。

　代わって，デザイン企業やブランド企業の設計仕様に基づいて，標準モ
ジュールを調達して製品の受託生産を専門的に行うEMS企業（Electronics
Manufacturing Service）が登場する。またEMSをさらに進めたODM（Origi-
nal Design Manufacturing）企業は，製品を企画設計してブランド企業に採用
を提案して完成品として納入する。委託したブランド企業はそれに自社のブラ
ンドを付与して販売する（立本, 2009）。

図5-2　自律分散型の産業構造のなかでのものづくりネットワーク

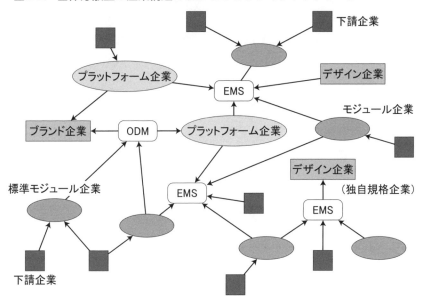

出所：筆者作成

　EMS企業は製品企業の不採算な工場を買収するなどして，短期間に巨大企業に成長した[72]。広達電脳や仁宝電脳工業，華碩電脳（エイスース）などの台湾企業はデザイン企業やブランド企業に代わって世界のパソコンを組立てる。鴻海精密工業は中国本土に120万人の従業員を擁してスマートフォン製造を請け負う。ただ同社は2020年以降，アメリカやインドなどにも拠点を移そうとしている。

　このような産業構造が登場するなかで，デザイン企業そしてブランド企業へと移行する製品企業の産業内でのリーダーシップは低下し，代わってプラットフォーム企業が産業全体をリードするようになる。実際，コンピュータ技術を

（72）EMS企業は大企業が撤退した工場を引き継ぐなどして，ソレクトロン社などアメリカで登場したが，中国に生産拠点を構築した台湾企業などに代わられる。「EMSが製造業を救う」『週刊東洋経済』1999年7月17日号。

リードするのはインテルとマイクロソフトであり，製品企業は彼らのイノベーションに依存する存在に変容した。

そして標準モジュールを調達すれば容易に製品組立ができるため，参入障壁が低下して新規参入者が増大する。先進国では異業種企業が，新興国では小規模企業までもが新規参入し，後でみるような模倣品とも呼ぶべき異質なものづくりまで登場する。それらの製品は低価格なだけでなく多様な機能を持ち，それぞれの国や地域の需要獲得競争を展開する。先進国市場での高機能な製品と異なって，低所得でも購入できる単機能な製品や，顧客の特殊な活用法に応じた製品など多様化の度を高める（丸川，2013）。

4.2　米ベンチャー企業と台湾企業による自律分散ものづくり

パソコンのオープンなモジュール化はアメリカにベンチャー企業の市場を提供した。旺盛な需要が予測でき，製品が準拠する標準アーキテクチャが確立して技術の不確実性が低下したからである。各種周辺機器メーカーやソフト企業が登場して，事実上の標準の座を競って産業をダイナミックに躍動させていく。

このときアメリカのベンチャー企業は製品や技術開発に特化し，その生産業務を主として担ったのが台湾の企業であり，台湾企業は技術を吸収しながらコンピュータ産業の基盤を形成しパソコン関連の生産基地として発展する。今日世界のパソコン生産基地となる台湾は，どのようにしてものづくりシステムを形成したのだろうか。

1960年代にアメリカや日本のラジオや白黒テレビ企業が，低賃金の台湾に進出し，1960年代後半には電子部品メーカーも進出してエレクトロニクス産業の基盤を形成する。1970年代になると外資企業のほかに地場中小企業も参入して，社会的分業を発達させながら産業基盤を形成してカラーテレビや電卓生産を行うようになる。

1980年代にはアメリカ企業が各種ターミナルやモニター，デスクトップパソコンの輸出向け生産を開始する。大同のようなテレビ企業はコンピュータのモニター生産に，クアンタやコンパルなどの電卓生産企業はパソコン生産へと

移行していく。インテルMPUの輸入代理店から始まったエイサーやマイタック（神通電脳）もパソコン生産に参入する。1980年代後半には製品アーキテクチャのオープン化，互換BIOSチップの販売などによって互換機生産が可能になり，一挙にパソコン産業が開花する。低価格を売り物に台湾ブランドはアメリカやヨーロッパへのパソコン輸出でにぎわう。

　しかし競争激化の中で1991年，コンパックが低価格戦略に転換することで，台湾の互換機企業は市場を奪われ低迷する。この状況から生まれたのが受託生産のEMS経営である。製品差別化が難しくなったパソコンは価格競争を激化させ，欧米や日本企業は台湾企業への委託生産によって低価格化を図るようになる。

　また1995年にはインテルがマザーボード規格ATXを発表し，台湾企業に委託生産したことも，台湾パソコン産業には大きな力になる。このときインテルは華碩電脳（ASUS）の技術能力を認めて，技術情報を優先的に提供するなど，台湾企業の技術水準は世界水準になり，モジュール技術と組立て製造能力で世界をリードしはじめる（川上, 2012）。

　マザーボードを調達して，MPUとバス・チップセットや機能モジュールを搭載すれば，パソコンが容易に製作できるようになったのである。こうして台湾は受託生産を基盤にする世界のパソコン生産基地として発展し，1990年代には生産業務を低賃金の中国や東南アジアに移行して産業基盤を拡大する。

4.3　産業基盤の重層化

　台湾では初期にはアメリカベンチャー企業からの技術指導，その後アメリカや日本の大手企業からの技術指導や部品調達，生産委託が行われて産業が拡大した。しかしその間には不況や急速な製品価格の低下，欧米や日本企業などの戦略転換，激しい技術進歩などさまざまな環境変化に見舞われ，その都度ダイナミックに変容しながら台湾企業は躍進してきた。

　このときとりわけ大きな役割を果たしたのが，パソコンのプラットフォーム・リーダーのインテルである。インテルは自社で新規開発する高速化する

121

MPUが，すぐに市場に浸透するように次々とパソコンの各種モジュールを規格化し，容易に擦り合わせ作業なしでパソコンが製作できるように後押しし，その情報を台湾企業に提供したのである。競合するMPU企業に対抗するため，インテルの戦略には台湾企業が不可欠だった（立本, 2009）。

そのなかで多様な企業との取引を行い，またモジュール開発能力や組立製造能力の重要性を認識してそれを強化し，新しいモジュールの開発や受託生産に向かう企業，エイサーのような自社ブランド経営など，台湾企業は多様な方向を模索した。そして敗退した企業や成功した企業からスピンアウトした人材など，チャレンジ精神にあふれた起業家が新規創業し，技術の向上と多様な事業を行いながら産業基盤を重層化し向上させた（佐藤, 2007）。

このとき創業経営者は素早い意思決定と試行錯誤で激変する環境に対応した。多様性や複雑性に富むパソコンという製品に対して，画一的ではなく，それぞれの企業が多様な経営を行う自律分散型の産業構造によって，ダイナミックな環境変化を克服し新しいビジネスシステムを構築したのである。

これに対して，わが国はモジュール化によるものづくりイノベーションの潮流から取り残された。日本の中小企業は大手電機企業の垂直統合型に組み込まれ，また製造コストが高いためにアメリカのベンチャー企業の需要に対応できず，国内大企業の下請取引に依存して，自律分散型経営に脱皮できずに成長の機会を失った。これが今日まで日本のデジタル製品分野の競争力低下要因として作用し，デジタル製品分野でベンチャー企業が叢生しない要因にもなっている。

ものづくりシステムの変容の中で日本企業は，クローズドな垂直統合型からの脱皮に遅れ，高価格多機能な独自製品にこだわって世界市場を獲得できず，近年では国内市場も失いつつあるという危機的状況に陥る[73]。モジュール化に

---

(73) 2016年10月富士通のパソコン事業がNECに続き，中国レノボの傘下に入ることが報道された。東芝はパソコン事業を鴻海精密工業傘下のシャープに売却した。わが国のパソコン事業は家電や携帯電話・スマートフォンなどと同じ道をたどることになる。

よる自律分散型のものづくりイノベーションから取り残された。

5　模倣品ものづくりのダイナミズム

　標準モジュールが登場しオープン化するとさまざまな専門企業による自律分散型の産業構造に移行し，多様なものづくり形態が生まれることをみた。さらにそれを活用して発展した異質なものづくりが中国の山寨（サンサイ）である。以下では山寨の携帯電話生産を取り上げる。

5.1　山寨企業のものづくりイノベーション

　中国の携帯電話事業は欧米や日本からの製品輸入からはじまるが，政府の政策によってようやく1998年に国産機が登場し，その技術を国有企業に移転して国産化を推進する。この結果2002年頃から国産携帯電話の生産量が増大しはじめる。しかし一方で，国営企業からブランドや携帯電話に必要な，ネットワーク接続許可証を借りて生産する「黒手機」と呼ばれる偽造携帯電話が登場してくる。中国の場合こうした偽造電話が登場する制度的理由の1つに，顧客の電話機購入と，SIMカード挿入による通信会社との契約とが分離していることがある。

　前述したように2004年以降，台湾のMTK（メディアテック：聯發科技）が携帯電話の中核ICチップを中国に販売したことによって，次々と新規参入者が相次ぎ，政府から製品認証を得ない模倣ともいえる携帯電話「山寨機」が登場する。MTKがベースバンドICや，基本ソフトをワンチップ化した統合ICプラットフォームを提供するだけでなく，さらにチップと相性の良いモジュールを組合せた携帯電話の設計図を提供したからである（丸川, 2007）。

　このリファレンス設計（reference design：参照設計）を活用することで，ユーザーインターフェースと外装デザインを開発すれば容易に製品が出来上がってしまう。山寨機には海外メーカーのデザインをコピーした製品や，有名ブランド名をつけた偽ブランド品まであり，大手メーカー製品の半額以下の価

格で販売された⁽⁷⁴⁾。

　クアルコムやTIなどもリファレンス設計を提供するが，周辺ソフトは提供しないため携帯電話企業はソフト開発が必要になる。高性能で独自な製品を作るためには高額なチップの調達，基本ソフトやアプリケーションソフトの設定や開発，周辺のソフト開発などで製品化には半年から1年程度かかる。これに対して，音声やメールを通信デジタル信号に変換・復調する高周波ICや，音楽プレーヤ，カメラ信号処理などの情報処理まで含むベースバンドICと，基本ソフトまでMTKのチップは一体で提供する。さらに携帯電話の設計や生産のサポートまで行う。このためMTKのプラットフォームを購入すれば1か月程度で簡単に携帯電話が製造できてしまう（阿, 2011）。

　山寨では工程が細分化されて，それぞれの専門企業による社会的分業が発達しているため，多くの業務を外部に依存できる。携帯電話設計会社がMTKのチップを活用して回路設計や形状設計まで行い，なかには生産委託先まで紹介する。これら携帯電話設計企業は，中国政府の国産化推進によって市場を失った台湾や韓国企業がはじまりで，その後国営企業からスピンアウトした技術者が担い手になる。さらにODMやEMS企業があり外部で組立を行える⁽⁷⁵⁾。

　こうして日本や欧米企業とは異なって，携帯電話事業の未経験者でも創業できるようになり，また細分化した工程に専業者が登場して自律分散型の産業構造ができる。2005年にはMTKのプラットフォームを使用して携帯電話を生産する企業が，零細も含めて200企業前後も登場して山寨機が活況を呈するようになる（丸川, 2007）。2007年には生産許可制度もなくなり，山寨機企業は堂々と携帯電話企業を名乗れるようになり，2010年には接続許可を取得した携帯電話企業でさえ約350社が存在した。

　山寨機を購入するのは低価格で使用できる電話なら何でもよい顧客層，収入

---

(74) 固定電話の普及率が低かった中国では，若者だけでなく低価格な携帯電話やスマートフォンの需要が一挙に拡大し，その後のデジタル経済発展の礎になっていく。

(75) 先にもふれたが，ODMは独自に製品の設計を行って他社に提案し，他社ブランドで製品を供給する。ODM企業は製品の企画・設計・製造機能を保有する。

の低い農村など地方の顧客層である。しかし中国の大手企業や海外企業も，MTKのプラットフォームを使用した低価格製品を中国市場に投入するようになり，山寨機は同業企業とばかりでなく大手企業との競合を迎える。そこで山寨機はインドや，中東やアフリカなど輸出市場にも活路を見出す（丸川，2013）。

　また山寨機企業として2010年創業で注目を浴びる北京小米は，SNSを活用して口コミと広告によるネット販売を活用した事業の仕組みで急成長した。外観や性能はアップルを模倣し，世界中から部品を調達して低価格を実現する。しかし同社は2016年に価格2,699元（約4万6,400円）と前機種の標準モデルの約1.4倍の「小米5」の販売を始めた。そこにはアメリカのクアルコムの高性能半導体やソニー製高精細カメラ，高輝度画面を搭載した。

　低価格な「1,000元スマホ」戦略からの戦略転換で，今日では世界シェアでも韓国サムスン電子，アップルに次ぐ3位に浮上して，躍進するファーウェイ（華為技術）に対抗する。また北京小米を模倣するOPPO（广东欧珀移动通信）やVIVO（维沃移动通信）の追い上げという環境変化も生じている[76]。

　このようにオープンなモジュールが基盤となる産業では，技術や競争の変容が劇的である。そのため戦略も行動も柔軟で素早く環境に適応することが，自律分散型環境の経営では不可欠になる。

5.2　ダイナミズムを失った日本企業

　このようにして日本では大手企業しか生産しないハイテク製品が，製品の性能や品質には課題が多いにしても，自然発生的な産業の仕組みの形成によって，中小企業でも，技術ノウハウが希薄な中国ベンチャー企業でも生産できるようになる。そうした中国のものづくりが，世界市場にまで影響を与えている。コンピュータやCDプレーヤ，DVDプレーヤなどでも同様であり，液晶

---

(76) 2015年の中国スマホ市場シェアは北京小米15.0％，華為技術14.5％，OPPOとVIVOが8.1％と続く。ここでの記述は『日本経済新聞電子版』2016年2月15日を参照した。そこには日本企業も2012年に中国市場で首位だったサムスンの影もない。

テレビでも行われている。それは無秩序なニセモノ生産体系とすることもできるが，新たなものづくりの可能性も秘めている（阿, 2011）。

　一方これらのデジタル製品分野で，最先端技術を標榜してきた日本企業は凋落している。先にみたように日本の携帯電話事業の立ち上がりは早く，iモードや写メールなど，先進的な技術で携帯電話を高機能化したフィーチャー・フォン（feature phone）までは世界を技術でリードしてきた。しかし今や世界市場ではほとんど見る影がなく，その後のスマートフォンでは国内市場まで海外企業に奪われ，携帯事業からは次々と撤退した大企業の現実がある。

　スマートフォン市場では日本企業の存在がないといってもよい状況に陥っている。パソコンも世界市場には登場しない。優れた技術を謳いながら，国内市場中心の高機能なガラパゴス機では世界市場では地歩を築けなかった。これには顧客ニーズを無視した高度な技術による多機能化に走る日本企業の体質をはじめとしてさまざまな要因があげられるだろう。

　また中小企業に関していえば，中国山寨機のような挑戦するものづくり精神を失っていると指摘せざるを得ない。先にみたように多様で複雑化するデジタル技術は，その複雑性を縮減するために自己完結的な機能を発揮するモジュール概念の部品を作り出す。さらに一企業の枠を超えて，誰でもが生産と活用できるオープンなモジュールへと発展した。それは新たなビジネスチャンスをもたらしているのに，そこに挑戦の機会を見出す日本中小企業が少ない。

　そこで登場した自律分散型のものづくりは誰でもが参加でき，激烈な競争の中で顧客獲得競争とイノベーション競争が演じられる。このときモジュール企業側では事実上の標準の座を獲得するために，イノベーションと価格競争を演じる。そのモジュールを活用する製品企業側は，顧客ニーズに対応した製品を開発する。そして中核モジュールや，さらに製品構成全体に大きな役割を担うプラットフォームと呼ばれるモジュールが登場すると，ドミナント・デザインのなかで製品の機能は同質化してしまうため，製品企業側の競争は少しでも顧客のニーズに合致した製品を開発しようとする。

　モジュールの多様な組合せによって顧客価値に合致した独自な製品を創出す

るか，より低価格な製品を生産していくかという競争になる。今日のデジタル製品はグローバル市場を対象にする。このため顧客価値はさらに多様になり，画一的な顧客価値で満足する顧客を対象にする巨大市場と，購買能力や習慣，価値観が多様ななかで，それに応じた顧客価値を提供するニッチ市場を対象にした競争になる。

　そして山寨機は後者の多様な顧客価値に応えるものづくり形態の1つでもある。山寨機ではSIMカードを2枚，3枚挿入できたり，大音量スピーカを備えたりと多様な携帯電話が開発される（丸川, 2013）。物まねと同時に顧客価値を実現するためのイノベーションも行われた。

　こうしてモジュール化による自律分散なものづくり環境を利用して始まった山寨のものづくり企業は，性能を向上させ世界に躍進を始めた。2020年に世界のスマートフォン市場は韓国サムスンについで，中国華為技術，北京小米，アップル，Vivoの5社で70％ほどのシェアを占めるが，その中に前述の企業が入る。

　これに対して携帯電話で世界をリードした日本企業は見る影もない。そればかりでなく自律分散型ものづくりという中小企業でも躍動できる環境で，新たに挑戦する日本企業が少ない。イノベーションはものづくり環境をも変える。

第6章
顧客価値からの
事業イノベーション

　斬新な製品や技術，そしてサービスという視点からのイノベーションととも
に，事業そのもののイノベーションが課題である。本章では顧客価値創造のイ
ノベーションという視点から，新たな顧客価値に対応するとともに模倣しにく
い事業へのイノベーションを検討する。

　イノベーションは新たな機能的価値を創造して社会を変革するものともいえ
る。それを見出すには満たされていないニーズ，使用場面，顧客のコンテクス
トのなかで発生する異質なニーズや，解決を迫られている課題などに注目す
る。それを価値化するために新たな事業概念を定義し，常識にとらわれず斬新
な事業の仕組みを創造する。豊富な知見のある既存の事業領域やその周辺で，
顧客との新しい関係を構築できる新たな顧客価値を創造することが，事業イノ
ベーションに結びつく。

　ただ顧客が求める価値には機能的な価値の他に，個々に異なる主観的な価値
がある。イノベーションは製品や技術，サービスで新たな基本機能を創出する
ものだが，事業イノベーションでは斬新な基本機能だけでなく，主観的な価値も
加えて競争優位な事業を構築する。そして従来とは異なった価値の製品カテゴ
リーを創造して競争優位を固める。模倣を少しでも無力化するカテゴリー化
と，可視化しにくいビジネスシステム（ビジネスモデル）へのイノベーション
で新たな価値を創造していく。

　以下，宅配便事業のイノベーションにおける顧客価値の役割，さらに時計に
みる顧客価値の変容を例に，事業イノベーションと顧客価値について検討す
る。そしてカテゴリー創造によるイノベーションをアーカー（Aaker, 2004;
2011）の視点を加えてみていく。

1　宅配便のイノベーション

　必要なときに手軽に荷物が送れる宅配便は物流を革新し，日本経済を変えた
イノベーションである。宅配便が登場するまで個人の荷物は，郵便小包で送る
か鉄道で送るしかなく，重量6kgまで，4〜5日かかりいつ到着するかわから
ない。それより重いものは荷札をつけて国鉄（今日のJR）の駅に持ち込み「小
荷物（チッキ）」で送るが，それは駅周辺までにしか配送されなかった。

1.1　宅配便事業の創造

　アメリカの小荷物輸送UPS（United Parcel Service）もヒントに，1976年
大和（その後ヤマトに変更）運輸は，小口貨物の宅配事業「宅急便」を開始す
る。初日の配送個数は11個であったが，1979年1,000万個，1981年12月に
は月間で1,000万個と取扱数を拡大していく。1980年には経常利益率5.6％を
計上し，業界の常識を破り宅配便は採算を確保する。それをみて30数社が参
入して宅配便事業が産業になる。

　1919年創業の大和運輸は，複数の小口荷物を集荷配送するトラック定期便
事業で一時期はトップ企業になり，関東地方のトラック便の配送網を確立し
た。戦後は三越をはじめとする百貨店顧客への配送や，国鉄貨車の通運事業な
どの多角化戦略で経営を維持する。しかし経済の高度成長期には，東京と大阪
間などの長距離トラック便市場が拡大するなか，関東地区の配送にこだわって
広域的な長距離輸送への参入が遅れ，同社は収益の長期低下傾向に陥る[77]。

　苦境を脱するため2代目経営者小倉は，運送業経営の常識を捨て宅配事業に
挑戦する[78]。一般に輸送料は荷物の重量と距離によって決まる。このため重量

---

(77) 1970年頃から宅急便事業を開始する1976年ころまでの大和運輸の経営は，不振
　　でどん底であったとする状況については都築（2013），pp.11〜53参照。
(78) 一般には経営者小倉昌男のリーダーシップによる宅急便事業創設が語られるが，
　　部下で後にヤマト運輸社長になる都築も同事業推進に大きな力を果たしている。都築
　　（2013）参照。

のある貨物を長距離で1か所に運ぶほうが収益を上げやすい。荷主と配送先が決まっており輸送効率も高い。また企業の大口需要は輸送料引き下げの圧力があるものの，安定的に収益を獲得しやすい[79]。反対に家庭の荷物はその都度集配が異なり，輸送経路も全国に及び複雑多岐で，家庭向けの小口配送では採算が取れないというのが運送業界の常識であった。そのために国の郵便局の事業になっていた。

これに対して小倉は荷物1個当たりでみると，大口貨物よりも家庭向けは運賃が高く，多数の荷物を集めて輸送密度さえ高めれば配送効率も高まると想定した。そしてなによりも競争相手が国の組織で，活動が法律で制約される郵便局以外にいない。しかし宅配には配送網の整備，物流拠点，集配車の確保，それに多数の運転手の確保などからなる集配ネットワーク構築が不可欠であった。

さらに障害になったのが運輸省（現在は国土交通省）の貨物輸送にかかわる規制である。第1章のコンテナ輸送でもみたが，わが国でも道路運送法によって地域や道路ごとの路線免許が必要で，細かな運賃規制もあった。全国集配ネットワークを構築するには，反対する地元運送業者の賛同を得て，運輸省から路線ごとの免許取得が必要になる。

このため路線免許の申請を続ける一方で，免許が不要な軽車両による輸送や，同業者の営業権の買収，幹線の運送業者に中間の輸送を委託して中継する連携運輸などを行いながら全国集配網を構築する。九州では路線免許取得まで6年を要したが1990年，人口比99.9％のサービスエリアを構築した[80]。

1.2　顧客満足度の追究

ただヤマト運輸の宅急便が成功したのはサービスエリアの形成だけではな

---

(79) このため小倉は大口需要の獲得に走るが，すでに市場は獲得されていた。そこで反対の小口需要に転換することになる。宅急便進出は事業不振な中での窮余の策でもあった。
(80) この間の輸送網構築について詳しくは小倉（1999），pp.158～170参照。

い。それは顧客サービスを最優先した戦略にある。ダントツのサービス，社員のゆとり，安定した利益率の3つが宅配事業には不可欠と小倉は考えた。そこで郵便局ができなかった翌日配達を掲げる。しかしそれだけでは不十分で，顧客からの依頼で顧客の都合の良い時間での集荷，希望時間に合わせた配達，留守の場合は顧客の要望に応じた時間に再配達を行う。家庭の主婦にも理解しやすい地域別均一料金表を提示し，郵便局と異なって荷づくりが不十分でも集荷する。それこそが顧客側に立ったダントツのサービスであると認識していく(81)。

そうした顧客視点のサービスを行うには従業員にゆとりが必要になる。そこで従業員を増やすだけでなく，1987年には週休2日制を採用する。現場部門を増員し，間接部門の人員は減らす。間接部門の合理化のためにセールスドライバーに権限を委譲する(82)。例えば万一の運送中の荷物の破損のようなトラブルの弁償なども，ドライバーが自ら対処できるように現場の自律化を高める。集配だけではなく，営業も行うセールスドライバーを社員研修で養成する。

前述の3つのうち「サービスが先，利益は後」を掲げて，ダントツのサービス重視を社員に10年間訴え続け，利益の確保は求めない。それを言えば利益確保が優先され顧客サービスがおろそかになる。経営にとって何が一番大事かを決めるのが経営者だとする小倉は，ダントツのサービスだけを社員に指示する。

ダントツのサービスを行うため集荷や配達を外注せず社員が行い，途中の拠点間を結ぶ輸送は外部委託で行う。輸送量の多い物流の幹線部分を外部委託し，一般家庭への配達や集荷という最も効率性の低い業務を自社で行うという，業界では非常識な仕組みを構築した。それは日本通運などが行ってきた業務方法とは反対の仕組みである。

しかし手間のかかる顧客との接点を担当することは，顧客満足度を高めるこ

---

(81) 日経BP社主催「日経ベンチャー経営セミナー・小倉昌男講演」1995年5月。
(82) セールスドライバーという用語は佐川急便の商標登録。宅急便はヤマト運輸の商標登録。

とになり，信頼のおける宅急便として，それまで無名といってもよい同社は全国的に評価を獲得していく。掲げたサービスは顧客価値の提供のために，同社にとっては欠かせない方法だったのである。結果的にその仕組みは顧客を獲得して収益性を高めただけでなく，顧客の需要を直接把握してクール宅急便やゴルフバッグの配達など，新しいサービス分野を開拓することにも貢献する。

　翌日配達を円滑に行うために，またサービスが出来ているかの検証のために情報システムを活用して，集荷情報と配送情報を入力し，荷物がどこにあるのかを把握できるようにする(83)。荷物にはバーコード付きの伝票を貼りつけ，配送先も含めた管理を容易にする。それは配送センターでの自動仕分け機の有効活用にもつながり効率を高める。トヨタと共同開発した作業しやすい集配専用の車を地域に走らせ，顧客本位の宅配業務を止まることなく追求する(84)。

　最も手間がかかり収益を上げにくい集配業務に，社員をはじめとする資源を投入し，顧客満足度を高めたことがヤマト運輸の宅急便を成功させた。宅配便という未知の事業に最も重要なのは顧客獲得であり，それには顧客の都合に合わせたサービスこそが鍵になると小倉は理解し，そこに資源を集中させた。それは結果的に競争企業が増えるなかで競争優位を形成する。

　同社の成功をみて1977年には日本通運のペリカン便，1983年には西濃運輸のカンガルー便など新規参入が相次ぎ，その数は30数社に上った。しかし後発の参入者のほとんどが宅配事業から退出している。顧客の都合の良い時間に集配し，ゆとりをもって顧客に応対し，約束した時間帯に確実に届けることは競合他社には模倣しにくかった。

---

(83) ヤマト運輸の情報システム活用は宅急便開始以前から行われている。1969年にはコンピュータが導入されJR通運業務の計算処理に活用されていた。それを基盤に1971年には第1次NEKOシステムを構築し，1973年には情報システム部門を別会社にして他社のシステム開発を請け負う。1980年には宅急便のオンライン化を図り，荷物の配送状況が把握できるようにした。その後も同社の宅急便支援システムはすべて自社開発である。詳しくはヤマトシステム開発株式会社（1993）参照。
(84) 小倉（1999）参照。

2　イノベーションと顧客価値

　いままででヤマト運輸の宅急便事業についてみてきた。それは従来とは不連続なイノベーションである。その成功要因を検討しイノベーションにおける顧客価値の役割をみる。

2.1　顧客価値による競争優位

　一般家庭向け宅配というイノベーションを実現したヤマト運輸は，事業の成否が，荷物配送には不慣れな顧客が満足するサービス提供にあると理解し，はじめから顧客本位を事業の基本に掲げた。翌日配達を掲げ，配送には必ずしも適切でない荷づくりや荷姿の受け取り，顧客の都合に合わせた集配，留守の場合の再配達，地域別の均一料金やサイズ別のわかりやすい料金の設定などをダントツのサービスとして掲げ，都市部だけでなく過疎地域でも同様に実行した。

　さらに情報技術による荷物の追跡システムを構築して，それらのサービスが守られているか結果を検証する。当然その情報システムは集配と物流センターの連携にも用いられ，遅滞ない輸送を可能にする。迅速な処理のために物流センターには自動仕分け機を導入するも，破損し易い荷物や荷姿の不安定な荷物用に手仕分けラインも設ける。このようにいくつも手段を新たに結合しいる。

　そこには企業の都合に合わせるのではなく，顧客に立脚する姿勢が徹底している。そして社員や組織には利益を求めず，そのダントツのサービスを守っているか，さらに必要なサービスがないかを求める。そうした行動がヤマト運輸の組織能力として形成される。

　これらの手間のかかる対応は，後発の企業にとって模倣しにくいものであった。そのような顧客本位のサービスでは採算が確保できず事業にならない。このため宅配市場が成長をはじめたとき，多数の企業が参入するがその後撤退を余儀なくされる。今日残る有力な競合企業は佐川急便と日本郵便である。両社はヤマト運輸とは異なった事業基盤を活用する。

1998年に宅配便事業に本格参入した佐川急便は，発送個数の多い大口法人顧客の荷物配達に力を注ぎ，かつては深夜の配達も積極的に行った。顧客開拓のために取次店開拓ではなくセールスドライバーによる営業活動に力を注ぎ，配達時間や価格についても柔軟な対応を行う。またゆとりを重視して配送個数とは関係なく固定給のヤマト運輸とは異なって，配達量に応じた歩合給という従業員に対する報酬インセンティブで集配効率を高めた。日本郵便はかつての小包配達を母体に，全国の郵便網を活用することで宅配事業を軌道に乗せてきた。そうしたヤマト運輸とは異なる顧客層と競争優位で，両社とも企業の地歩を築く。

2.2　イノベーションの原点は顧客価値

イノベーションを事業として実現するには，顧客に今までなかった価値や異質な価値を提供するだけでなく，競合企業より優れた顧客価値，模倣しにくく競争優位になる顧客価値の提供が不可欠である。

製品や技術，そして事業などについての斬新な発想やアイデアがイノベーションに結びつくこともある。ただ事業として実現性の高いイノベーションには，その未知なものが顧客にとって必要なことが不可欠である。配達まで時間がかかり持ち込みも面倒な郵便小包よりも，家庭の主婦でも手軽に荷物を送付したいという必要性から宅配便は発想された。

それは業界常識からみると事業としての可能性は否定的だが，顧客にとっての必要性があるところから出発している。さらにニーズの存在に応えるだけで事業化するのではなく，ヤマト運輸は顧客価値をより高めることを追究した。そもそも家庭向け荷物の全国翌日配達という事業概念は，常識を超えたサービスであった。しかしそれだけでなく，顧客の都合に合わせて集配することを顧客サービスと規定し，その経済性を無視した顧客サービスの実現に力を注いだ。

そのために自前で全国集配網を構築するという無駄ともいえる投資を続ける。それが結果的に顧客の信頼を形成して顧客を獲得し，事業開始後5年で利

益を確保する荷物数を集める。業界常識からいえば過剰といえるほどのサービスであったが，現実にはそれが顧客の求めていた価値であった。

　従来の方法では不可能な顧客価値の実現がイノベーションである。そうすると顧客価値は企業の側から発想するのではなく，顧客側の視点での創造が不可欠になる。どのような顧客価値が求められているのか，それをどのように見出していくか，さらにそれを競争優位なものとしてどのように提供していくかがイノベーション実現の課題になる。

2.3　顧客価値

　製品に対する顧客価値は多様である。顧客が潜在的に欲している価値を見出して顧客に提案することで新しい事業が創造できる。しかし顧客価値の定義は必ずしも明確ではない。

　価値概念を理論の出発点にするマーケティングでは，価値を品質とサービスそして価格の組合せと考える。品質やサービスが向上すれば価値は向上し，一方でそのための価格が低下すれば価値が向上する。低価格で品質やサービスが高いものほど価値が高いことになる。

　また顧客から見た価値を分析するために，顧客ベネフィットから顧客コストを差し引いたものを顧客価値とする考えもある。製品のほかサービス，人材，イメージなどから顧客ベネフィットは構成され，顧客コストは購入価格のほか，製品獲得や使用，メンテナンス，所有などにかかわるコストから構成される（Kotler, 2006）。

　この視点に立てば，顧客価値を高めるには製品が発揮する便益を高め，サービスやイメージ，ブランド価値を高めることで顧客満足度を向上させる，一方で製品の購買や使用，廃棄などにかかわるコストを低下させていく。このように顧客が，製品やサービスに期待するベネフィットの束と，その製品を評価・獲得・使用・廃棄に伴う費用の束の差を顧客価値とすることより，顧客価値を

高める方途の選択肢が広がってくる[(85)]。

　顧客が必要とするベネフィットを低価格で提供することが顧客対応の基本である。ただこれらのマーケティングの顧客価値視点は，すでに存在する製品についての考え方である。イノベーションではまだ存在していない顧客価値，経験してない顧客価値を創造する。顧客価値を明確にすることは難しいが，まず新たな機能価値を発見する。それを見出し創出するのがイノベータである。

　そして価値になるベネフィットは，顧客によって多様であり異なるため，顧客を絞り込むことによって顧客価値が高めやすくなる。顧客を絞り込まなければ，顧客価値を高め顧客満足を得ることは難しい。顧客を絞り込めば，一方でより大きな市場を事業対象外にしてしまう。ただ顧客満足度の高い製品は，その評判によって，価値観の異なった顧客をも次第に誘引できる可能性を秘め，顧客が市場を拡大してくれる。反対に顧客対象を広げてしまうと，顧客価値が捉えきれず満足する顧客が少なく，獲得できる顧客まで逃してしまう。

2.4　機能的価値と主観的な価値

　利益を獲得できるものづくりには高い独自性と，真の顧客価値が必要だとした延岡（2011）は，製品価値には機能の高さによって客観的に決まる「機能的価値」と，顧客の解釈と意味づけによって主観的に創られる「意味的価値」があるという。そして今日，機能的価値よりも意味的価値が大きな役割を果たしていると主張する。機能的価値と意味的価値からなる製品価値は，意味的価値の比率が大きいことが収益獲得には重要だとみる。

　同じ製品カテゴリーでも意味的価値の比率が大きいものと，ほぼ機能的価値だけの製品とがある。しかし今日，意味的価値を高めた製品でなければ収益を獲得しにくい。顧客の主観性に対応した意味的価値が提供できれば，製品選好

---

(85) 多くの企業は現実にはコスト削減ができないため，顧客を無視した多機能化によって高額な製品としての体裁を整え，多機能化すればそのなかから必要な機能を選択できるので多様な顧客に対応できる，という方法がとりわけ日本企業では採用されている。多くの顧客は不要な機能が装備されその分割高な製品を強いられる。

を引き寄せ，プレミアム価格の設定さえ可能になる。

　延岡のいう意味的価値は顧客の好みやこだわりなど感性による意味づけと，顧客が置かれた状況であるコンテクストから生ずる意味づけからなる。当然，意味的価値だけが重要なのではなく，やはりその核になるのは機能的価値で，それを主観的な価値でさらに高める。ただ，機能的価値は客観的な価値でもあり，それが物理的な性能である場合には数値化できるので模倣し易い。日本企業は高度な技術開発や性能の向上にこだわり，物理的な機能が高ければ優れた製品ととらえ，感性的なデザインが発揮する価値を軽視する傾向がある。他方で顧客価値を高めるために多機能化を図り，顧客が使用しない機能まで充実させる。

　それに対してスティーブ・ジョブズ（Steve Jobs）は質感や色彩，感触にこだわり，コストが高くなるアルミ削り出しのケースを採用することで主観的な価値を訴求する。iPodやiPhone，iPadといった製品をシンプルで上品な美しさのデザインで成功させた[86]。同様な機能的価値の製品はすでに他の企業によって開発されていた。しかしこれらの製品のイノベーションとして，また事業として実現したのはアップルである。

　どんなに優れたものでも最終的に事業で成功しないと，社会的意義はあるが，それを開発した企業にとっては失敗である。アップルが成功したのは機能的価値の高さだけではなく，それをさら高めた模倣しにくい意味的価値，つまり顧客の主観に訴える主観的価値にある。

　イノベーションはそれまで存在しなかった機能的価値や異次元の機能的価値を創造する行動によって発生する。しかしそれを顧客に受け入れてもらうには，顧客を引き付ける主観価値が必要になる。またイノベーションが社会に受け入れられれば競合企業が登場する。競争激化の中での競争優位形成には，

---

(86) ジョブズは初期のパソコンApple IIのとき以来デザインを重視した。パソコンの基本機能を開発したのはウオズニヤックであり，デザインや使いやすさ，さらに広告宣伝などで製品の主観価値を高めたのがジョブズである。iMacやiPod，iPhoneではデザイン性をさらに高めていく。詳しくは林（2012）参照。

前者だけでなく後者の主観的価値が必要である。顧客から評価されるだけでなく，他社が模倣しにくい競争優位は，複雑な要素から構成される方が効果的で，機能的価値だけでなく，主観的価値もその役割を果たす。

　宅配事業の全国翌日配達は機能的価値であり，そのシステム構築には多額のコストや時間がかかる。ただそれは物理的なものであり模倣も可能ではある。ヤマト運輸は顧客サービスという指標化しにくい，そして複数の要因が複合して発揮できる顧客サービスを時間をかけで構築した。それが組織能力として発揮されるために，同社の事業は模倣しにくかった。

2.5　新たな顧客価値の発見

　斬新な視点からイノベーション研究を行うクリステンセンは，製品や技術のアイデア優先の開発では成功の可能性が低いとした。ミルクセーキの購買調査で，自動車通勤の人がなぜそれを購入するのかを分析し，仕事先までの退屈な運転の気を紛らわすには，長持ちするミルクセーキが最適だと思う人がいることを突き止める。濃度の濃いミルクセーキをストローで飲むには20分ほどかかる。その間も汚さず片手で運転でき，昼までの空腹も紛らわせる。

　ミルクセーキは運転中の退屈を紛らわすというジョブ（用事，仕事）のために消費されていた。顧客が片づけたいジョブ（job to be done）が製品購入の決定要因だと彼は指摘する。だから顧客のジョブを解明し，何が顧客にその行動を選ばせるのか，ジョブのために何を雇って（hire）生活に引き入れるのか，を解明すればそれがイノベーションに結びつくという（Christensen et al., 2005）。

　ジョブという概念はわかりにくい。人は何かの用事を処理したいときに，自分の代わりに製品を雇い（購買し）処理させる。ある特定の状況の下で顧客が解決したい進歩がジョブであり，その成し遂げようとしている進歩を，機能的，社会的，感情的な側面も含めて理解すれば，そのジョブがみえてくる。そのジョブのために顧客は製品やサービスを購買する（Christensen et al.,2015）。

　宅配便は都会で学び働いている子女に故郷の母親が新鮮な食品を届けたい，

販売チャネルがない地方の物産業者が，消費者に製品を届けたいというジョブを確実に行ってくれるものであった。顧客の都合に応じて集配してくれる宅配便を必要なときだけ雇うことで，そのジョブが簡単に解決できるようになる。そうした家庭のジョブが潜在的には大量に存在し，そのジョブを引き出すことによって宅配便は事業化できた。

　ジョブ理論は優れた製品や技術を追究するのではなく，人間の購買行動のメカニズムを解明することがイノベーションにつながるとする。技術本位で斬新な技術を開発して，われわれの社会生活を豊かにしようとするイノベーションとは違って，われわれ個々人の問題解決を図るために必要なものを開発しようとするものである。人はそれぞれ異なったジョブを持つ，それどころかコンテクストに応じて片づけなければならないジョブが変化する。

　このようにみていくと多様なイノベーションの芽が，顧客価値として潜在していることになる。もちろんそれは経済を新しい軌道に乗せるようなイノベーションとは呼べないものが圧倒的であろう。しかしそのなかには経済や社会を変革するイノベーションに発展するものも登場する。家庭向けの宅配便は父母の思いを子供に伝える仕事をするだけでなく，地方の農作物や海産物，地方の中小企業の製品を広く販売することで，地域経済の活性化をもたらした。今日のネット販売の発達は宅配便の発達を抜きにしては成立しない。

　顧客個々のジョブ解決のために雇われる製品は，顧客本位が基本であり，機能的価値だけではなく，主観的価値も考慮しやすい。イノベーションそのものは新たな機能的価値の創造だが，競合企業の製品よりも購入してもらうためには，顧客の主観的価値にも対応する。主観的な顧客価値創造は競争優位にも結びつきやすい。

3　時計にみる顧客価値の創造

　企業が顧客価値を的確に設定することは難しい。それを時計という身近な製品を例に考えてみよう。所得水準の上昇に伴って需要を拡大し，貴重品や奢侈

品から生活必需品に，そして流行製品，装飾品へと変化しながら価値を変容させてきたのが時計という製品である。1956年には国産初の自動巻腕時計が発売されるなど，時計は日本経済の復興のなかで産業基盤を確立する。

3.1　時刻を正確に刻む時計

そして需要が拡大するなかで，大きなイノベーションがわが国で登場する。従来のゼンマイやテンプ，振子を使った機械式の時計に対して，集積回路や水晶振動子を使った水晶式時計である。セイコーは1967年に世界初の国産の水晶式置時計を，1969年には世界初の水晶式腕時計「アストロン」を発売する[87]。クォーツとよばれる水晶式時計は時刻精度を飛躍的に向上させた。機械式の時計は当時1日に10秒から1分程度の誤差が生じたが，水晶式時計は1か月で20秒程度，中には1年で数秒の誤差と正確な時刻を刻む。それは斬新で急進的なイノベーションであった。

このイノベーションによって日本の時計産業は，長年の目標であったスイス時計産業を抜いて，世界一の時計生産国に躍進した。1970年代にはセイコーが特許を公開したことで，各メーカーがクォーツ時計の製造に参入し，時計市場はクォーツ一色になる。1979年には腕・懐中時計5,970万個，置掛時計4,350万個と，日本企業の総生産数は1億個を超えた。このためクォーツ時計の量産化に遅れて，市場を奪われたスイス時計産業は壊滅的打撃を受けた。普及品市場を日本企業に奪われて企業数を縮小させて衰退する。

3.2　時計のファッション化

しかし1983年スウォッチ（Swatch）の登場によって，スイス時計産業は再び復活する[88]。スオッチ・グループ（当初はSMH）が提案した時計スウォッ

(87) 1967年にスイス電子時計センター（CEH：Centre Electronique Horloger）と，日本のセイコーは集積回路を用いたアナログ式の世界初のクォーツ時計の開発に成功した。その後いち早く量産化に成功したのはセイコーである。

(88) 19世紀半ばには世界最大の時計王国になったスイス時計産業は19世紀後半，互

チは，時を知るための機械をスタイリッシュで面白く，個性的，高品質で，低価格な小道具として提案される。それは刺激的なファッションを求める若者への新しい顧客価値の提案であった。時計という製品を再定義し，顧客にファッション性のあるしゃれた装身具という新しい価値を提案したのである。

　そしてスイス時計産業はスウォッチを軸に復活していく。それはスイスの時計産業が，多数の部品メーカーと組立企業からなる小規模企業の分業構造で成り立っているからである。スウォッチは産業集積に部品需要をもたらし地域産業を活性化させた。加えてスウォッチで成功したスオッチ・グループは，さらにブランパンやブレゲ，そしてオメガやロンジンといった高級時計企業18社をグループ化して復活させたからである(89)。

　スウォッチ・グループは時を知る小道具を，廉価なファッション製品のスウォッチにして新たな価値を創造し，一方で昔から宝石商や専門流通業を通じて販売していた高価な機械式時計を，高精度な時刻の高級時計として復活させる。心臓部ともいうべき時刻を刻む機構であるムーブメントを専業のETA社で超薄型化し，精密な工作機械と職人技能を活用した超精密な機械式複雑時計にして製品価値を高め，利益率の高い高額製品としての地位を高める（磯山，2006）。

　ブレゲが開発したパーペチュアル・カレンダー機構の機械式時計は30日や31日，それに4年に1度の閏年までも自動的に修正して日付を表示する。それは100年に1度だけ修正すれば，カレンダーどおりの日付を表示する超複雑時計である。数千万円する時計が存在する。それを機械加工と職人技術で実現す

換性のある精密な部品の大量生産によって躍進したアメリカ企業の台頭によって，深刻な打撃を受けた。そこでスイス企業も互換性のある精密時計部品の大量生産を開始し，さらに20世紀の初めには，時計にカレンダーやストップウォッチなどの付加機能を付けて競争力を高めた。1920年には，ロレックスが世界で初めて防水時計を開発している。

(89) スイス時計産業ではスウォッチグループやリシュモン，LVMH，WPHHなどの著名なグループがみられる。これらは協同組合的なゆるやかなネットワークである。ただスウォッチグループの場合はスウォッチ，オメガ，ロンジンなどのブランド管理やマーケティングなどを集権的に行う。

ることで価値化している。

　時刻の正確な数千円という低価格なファッション製品と，古くからのコア技術のリニューアルによる機械式の1日の誤差5秒程度の超精密時計とによって，スイス時計産業は再び躍進する。これに対してクォーツ時計は世界中で生産され，セイコーの最初の45万円という高額製品から瞬く間に価格を低下させてコモディティ製品になる。はじめは正確な時刻で評価されたものの，量産化によって製品があふれたため，価値を低下させてしまった。

　その結果，大きく輝いたSEIKOブランドは急速に色あせる。そこにはセイコーの時計に対する製品の定義と技術観に課題があった。歴史あるスイス企業に遅れて参入したセイコーにとって，最大の技術目標は時刻の正確性であった。機械式時計の大量生産品で，スイス時計の時刻の正確性に追いつくことが難しかったセイコーは，古くはベル研究所が創案した水晶発振式時計を研究し，半導体を用いて超小型にしさらにデジタル化に成功した。これによって機械式では達成できない正確な時刻を刻む技術を開発した。

　時刻の正確な時計を大量に安価に生産することには成功したセイコーやシチズンが，その正確なムーブメントを世界中に低価格で供給したこととも相まって，クォーツ時計は一挙にコモディティ化した。しかし時計には正確な時刻を刻むという基本機能の他に，もう一つ装飾品としての機能があった。スウォッチ・グループはクォーツ時計のファッション化の一方で，時計師の職人技術の粋を集めた精緻な時計機構とデザイン，そしてブランドによる模倣しにくく，コモディティ化しにくい価値を発見し，時計の再定義に成功したのである。

　精密な機械式高級時計をブランド化することで時計を価値化し，他社の模倣を防ぎ，ブランドによる差別化で顧客を誘引する。職人技能と機械加工技術によって時計の精密性を高めるだけでなく，内部の時計機構の動きを見えるようなどしてファッション性を高め，また装飾性のある持ち物としてファッション化を図ったのである。その精巧なそして装飾性のある製品は，主観的な意味的値の高い製品である。それは正確な時計という基本機能の技術を追求した日本企業に対する差別化であった。そのブランドには経路依存性があり，後発の日

本企業には追従しにくい。

3.3　価値の再定義

　技術志向の強い日本企業は正確な時を刻む技術を追求したが，さらに正確性を求めてクォーツ時計という急進的なイノベーションでそれを実現した。しかし時刻の正確性という価値を実現したが，時計という製品にはそれ以外の意味的な顧客価値があることを軽視した。このため日本企業はクォーツ時計でスウォッチ・グループが提案したような新たな顧客価値を創造できなかった。

　正確な時刻という基本機能をほぼ達成したとき，時計の持つ装飾性，ファッション性に目を向けて価値創造することができなかった。元来，スイス時計には普及品の機械式時計と，奢侈品として価値の減耗しにくい古くからのラグジュアリーブランド時計とがあった。

　後者の製品を持たない日本企業は，時計の新たな意味づけができなかった。一方でスイス企業は時計の価値には時刻の正確性とともに，装飾性，しゃれた小物の価値，持ち主のステータスといった意味的価値を提案した。それこそが自己の強みであることを再認識して，職人の熟練技能を活用した高度なものづくり技術にまい進し，複雑な機構や宝飾性による高額な機械式時計と，クォーツを使用した安価だがファッション性豊かなファッション時計という2つの領域で，事業をそれぞれ再定義して新しいカテゴリーを創造した。

　ただ安価なスウォッチでも，その製品特性だけで事業を推進したのではない。新たなビジネスシステムを創造している。その新たな顧客価値を実現するため，ミラノにデザイン研究所を設けてデザイン技術の向上に努めた。そして年2回の展示会を開催して世界中からアーティストやデザイナー，企画者を呼び込んでいる。1つのモデルは1シーズンのみの販売にし，まさにファッション製品にしている。その後，定番製品や安価な機械式時計も揃える。

　そして生産面では部品の購買をグループ内で一本化して効率的な部品調達システムを開発する。また新たな時計流通チャネルを構築するためブハムコ社と合弁会社を設立して，直営店舗など従来の時計の流通とは異なった販売方法を

スウォッチでは採用する（Markides, 1997）。

　普及品市場では単なる安価で正確な時計ではなく，おしゃれなファッション小物として繰り返し購入する製品に，スウォッチは時計の性格を変えたのである。そのために衣服と同じように展示会を開催して，多彩なデザイナーに参画を求め，ファッション製品としての流行を作り出す。顧客は衣服と同じように好きな，あるいは自分の服装にあう時計を買い求め，複数の時計の購買を促すという仕組みを創造した。

　一方の高級な機械式時計では職人的な加工技術を向上させ，サービス体制を充実して補修備品を備え，保有する製品価値が長く維持できることを訴求する。そこでは複雑機構や宝飾性を高めて，ファッション性も加えながら高額化を図る。近年日本企業も機械式時計を復活させているものの，そのブランド価値が高まったとはいえない。ただカシオのGショックのようにクォーツ時計でありながら，斬新な機能と堅牢性で新しいカテゴリーを創造できた製品もある。

4　カテゴリー・イノベーション

　今までみてきたようにヤマト運輸の宅配便事業や時計のスウォッチ・グループは，新たなカテゴリーを創造して躍進した。カテゴリーの創造による事業イノベーションについて検討する。それは模倣しにくい事業を創造する。

4.1　模倣しにくい価値の設定

　セイコーのクォーツ時計が短期間にコモディティ化したように，イノベーションを起こして，需要を獲得できる製品は模倣される宿命にある。そこで模倣しにくい製品にすることが企業の課題になる。競合企業が模倣しにくい顧客価値とはどのようなものだろうか。

　シャープが長い時間をかけて研究開発して製品化した液晶テレビは5年程度で模倣され，10年で競争力を逆転されて経営危機に陥った。東芝などが開発

したDVDプレーヤに至っては3年程度で追いつかれるなど，技術開発に力を注いでも短期間で模倣されてしまう[90]。模倣されるだけではなく，同時にコモディティ化して激しい価格競争に突入し，収益が確保できない状況に追い込まれてしまう。

　そうしたコモディティ化による競争を避けるために，キム（Kim, 2005）はブルー・オーシャン戦略を提起した。それまで支配的だった価値を見直し再構築して新しい価値を創造するバリュー・イノベーションによって新しい市場を創造するのである。そこでは考慮されなかった価値要素を付加したり，反対に特定の価値要素を削減したりして，競合他社とは異なった価値曲線を創出することで競争者の存在しない市場を開拓できるとした。

　しかし楠木（2006）はいくら新しい価値曲線を発見しても，その製品が顧客を獲得すれば直ちに模倣されてしまうので，再びコモディティの波に襲われてしまい根本的な対策にはならないとする。それを解決するには，イノベーションを不可視化して模倣を防ぐことであると提起した。

　このとき製品の性能といった価値次元は数値化し易く，それは他社の目標になって模倣されてしまう。これに対して「新しい用途をもたらすような価値次元の転換と，可視性の低い価値次元での差別化を同時に実現する（中略）ブルー・オーシャンと，資源の見えないイノベーションの合わせ技による」カテゴリー・イノベーションによって，可視性の低い価値次元の創造が重要だとした（楠木, 2010a）。

　その例としてiPodをあげた。それは音楽ソフトの編集を顧客側で行えるオーディオプレーヤという新しい価値次元の製品であり，利用者は自分の好きな楽曲だけを持ち歩くことができる。その価値は単純に数値化できるようなものではなく，また曖昧である。そのため模倣しにくく，それが顧客層に受け入れられたときにはMP3プレーヤ，あるいはデジタル・オーディオプレーヤという

---

(90) デジタル製品のキャッチアップについては小川（2009），pp.3〜8参照。

新しい市場カテゴリーで圧倒的なシェアを確保してしまっている[91]。

それは新しい用途をもたらし，数値化しにくい意味的価値による差別化を同時に実現する。そのようなイノベーションによって生まれた製品では，製品についての概念そのものが顧客側に新しく形成される。そのため何が良いものかという製品を選択するとき，カテゴリーを創造した製品そのものが基準になり，模倣追従しにくくなる。模倣製品が現れ，なかには当該製品と同等の性能を誇っても，当初にイノベーションを実現した当該製品に注目が集まってしまう。楠木（2010b）は，そうした新しい次元の異なった製品創出には新しい概念が必要であり，その価値を顧客に訴えるには，それが素晴らしい価値を持つというストーリーの創造が不可欠だとする。

4.2 カテゴリー・イノベーションとは

楠木があげたカテゴリー・イノベーションという概念をいち早く提起したのはアーカー（Aaker, 2004）である。ブランド論の大家であるアーカーは，ブランドと顧客との関連性（relevance）を失わせるような，新しいカテゴリーやサブカテゴリーの製品が登場して，従来の競争関係やブランドの効力を失わせるような競争が起こっていると提起した。

従来とは何か異なった新たな製品領域で，斬新なカテゴリーが登場して好評を博すれば，競争企業はそれに追いつこうとするが，追いつけずに脱落していく。新しいカテゴリーが顧客に認知されると，既存の有力なブランドさえ役にたたなくなる。そして今日，そうした新規のカテゴリー創設を伴ったイノベーションが多くの分野で出現して，企業の競争関係を一変していると提起した。

アーカーはミニコンピュータの覇者DECがパソコンの登場で消滅した例，ソリューションという新しいカテゴリーによって復活したIBMの例，日本のビール業界で，ドライビールというサブカテゴリーで業界シェアの大変動をもたらしたアサヒの例，低価格のディスクトップ型のコピー機というカテゴリー

---

(91) iPodの進化についてはSteven（2006）参照。

146

によってゼロックスの事業を侵食したキヤノンの例などをはじめとして，新たなカテゴリーが事業をイノベーションしていることを指摘する。

　新しいカテゴリーの形成をアーカー（Aaker, 2010）は，次のように2つの方法で説明する。一つは，製品の属性によって新しいカテゴリーを形成する。これは製品の持つ何らかの属性で他の製品カテゴリーとは異なる領域を創ることである。先駆的企業はその属性をアピールすることによって新しいカテゴリーを主張し，それが市場から受け入れられればカテゴリー化が成功する。このとき属性によって，従来の領域と異なった製品として区分されれば，一部の性能は既存製品より劣ってもよい。

　もう一つの方法はロールモデル（模範例）を構築することである。先のiPodのように特定製品が新規のカテゴリーそのものを示してしまう例である。この場合はその模範製品にどれくらい近いかということで，カテゴリーに属するかどうかが決まる。前述の方法より曖昧ではあるが，このカテゴリー形成は当該企業にとって強力な競争優位を形成する。

　強力なブランドがあれば，前者よりもこのロールモデルとしての新しいカテゴリー，あるいはサブカテゴリーが形成できる。この方法で新しい製品を形成した企業は，一人勝ちに近い状況になる。ロールモデルとして形成できない場合のカテゴリー基準は，前者の製品属性になる。

　新しいカテゴリーでロールモデルとしてのブランドを獲得できれば，企業は大きな恩恵が得られる。カテゴリー形成の主導権を持つことができるし，競合企業が優れた製品を創造しても後追いの印象になり，それは反対に先駆的企業のモデル製品の正当性を高めることにも作用する。ただ，いち早くカテゴリーを形成した企業が必ずしもロールモデル企業になれるわけではない。

　デジタル・オーディオプレーヤの場合，1998年セハン情報システムズ社が世界で初めてMP3プレーヤを発売し，同年には一定市場を確保したダイヤモンドマルチメディア社のRioも登場している。1999年にはソニーもメモリースティック・ウォークマンを発売している。しかしデジタル・オーディオプレーヤのロールモデルになるのは，2001年発売のiPodであり一人勝ちする。

アーカーは自社のブランドを訴求するのではなく，カテゴリーを提唱して市場に認知させ，そのカテゴリーが認められれば提唱者がロールモデルになること，このためにカテゴリーのオピニオンリーダーになること，加えてイノベーションを継続していくこと，そして市場シェアでリーダーになることがロールモデルの条件になるとする。

スティーブ・ジョブズは自らが広告塔になってこれらを実践した。そしてデジタル・オーディオプレーヤというカテゴリーではiPodというブランドがロールモデルの地位を獲得する。カテゴリーが認知された後，ソニーやパナソニックなどが技術的に優れた製品を創出しても，iPodの牙城を崩すことはできず市場を奪われ，一方でアップルはさらに次のスマートフォンで躍進する基盤を形成した。

さきにみたヤマト運輸は宅配便という新たなカテゴリーを創造し，そのローモデルになった。このためイノベータとしての位置を長く保っている。

4.3 模倣しにくいカテゴリー・イノベーションの実現

アーカー（Aaker, 2010）はイノベーションの程度を，漸進的（incremental）イノベーションと本格的（substantial）イノベーション，そして市場を一変させる変革的（transformational）イノベーションとの3つに分けた[92]。このとき漸進的イノベーションは，ブランド選好に少し影響を与える程度の改善で，本格的イノベーションは製品・サービスに目にみえる改善があるため，新しいカテゴリーかサブカテゴリーを定義できる。ただ目を引き話題性のある変化が必要である。

そして変革的イノベーションは，既存の製品・サービスや事業の仕組みを陳腐化させ劇的な変化で市場を一変させる。それを実現するには新しい資産や能力が必要で，実現すると新しいカテゴリーを登場させる。

模倣しにくいのではなく，模倣するとイノベータ企業を有利にしてしまうカ

---

(92) Aaker（2011）pp.20-25.

テゴリー・イノベーションは企業の戦略として有効である。しかしカテゴリー・イノベーションを実現するには次のような要件が必要になる。

①まず既存企業が実現していない発想での新たな顧客価値の創造である。たとえその価値に気づいていたとしても，技術的な理由や採算性といった経済的理由によって，実現できなかった価値の創造である。

②それは顧客側の満たされないニーズやそれまで気づかなかったニーズ，想像できなかったニーズを満たす製品であり，市場化されたとき直ちに顧客の願望を満たす製品であること。それまで提供されずに顧客が不満を感じているニーズや新たな価値を発掘したカテゴリーの創造である。

いくら優れた価値を提供する新たなカテゴリーであっても，それが市場に浸透しなければカテゴリーは形成できない。ときにはもっと遅ければ市場から受け入れられるが，製品の登場があまりに早くて受け入れられないこともある[93]。

③そして競争企業にはすぐには模倣しにくく，そのカテゴリーを構築して市場をリードするまでの時間があること。

たとえば，他社が光電管を使用した電卓で市場を競っていたとき，液晶を長らく研究してきたシャープは1973年，表示部に液晶を使用した初めての液晶仕様の電卓を世に出した。その後，複雑な画像表示の研究開発を積み重ね，1995年に液晶テレビを開発し，1999年には20型液晶テレビを商品化した。それは従来のテレビに対して革新的な製品であったが，先述したようにすぐにパナソニックや東芝などの国内企業が追従し，5年ほどでサムスンが技術を

---

(93) 著名な例でいえば電気炊飯器である。東京通信工業と称していたソニーも1946年開発に取り組むなど，さまざまな企業が電気炊飯器を製品化しているが，それを1950年に発売して市場を獲得したのは東芝である。それは技術的課題の他に，「かまど」で美味しいご飯を炊くのが主婦である，という社会通念の打破が必要だったからであり，その利便性が浸透しなかったからである。東芝は電力会社と共同での実演販売で市場を開拓した。その後，家庭の主婦が働きに出て素早い炊飯が求められたり，集合住宅の登場によってかまどの使えない家庭が登場して一挙に市場は拡大していく。ソニーの開発については盛田（1987）参照。

キャッチアップして業界のリーダー的地位を確保してしまった。

今日テレビといえば，液晶さらに有機ELパネルを使用した製品になったが，シャープはカテゴリー・イノベーションのリーダーとしての位置を獲得できなかった。それは技術的課題はあったものの平面的で薄く，大画面化できるという製品特性に向けて，開発目標が明確な技術開発を競合各社も行っていたため，そして液晶パネル製造装置の少なからずを外部専門企業に依存したため，後発企業が設備を導入して短期間に追従してしまったからである。シャープは技術のリーダーではあったが，カテゴリー・リーダーにはなれなかった。そして液晶テレビは従来と使用方法が変わらなかった。

このためカテゴリー・イノベーションには④新しいカテゴリー化には新たな用途開発が欠かせない。

⑤比較的短時間に，新しいカテゴリーであることを社会的に認知させる。徐々に浸透すれば追従も容易で，たとえカテゴリーが認知されたとしても，カテゴリー・リーダーにはなりにくい。

⑥このとき短期間に新規のカテゴリーを市場に認知されるには，強力なブランドも欠かせない。

新たなカテゴリーのなかでリーダーになるには，その領域での強力なブランドが有効になる。デジタル・オーディオプレーヤの場合，初期にリードしたRioはそのブランド認知度が低かったし，シャープは海外の知名度が低く，海外市場を制覇できなかった。液晶テレビは急進的なイノベーションであったが，クリステンセンのいう持続的イノベーションであり，シャープは世界で中核市場を獲得できなかった。

4.4　異質な価値からのカテゴリー形成

異質で新たなベネフィットを与えるものが，サブカテゴリーあるいはカテゴリーになる。かつて室内で聴く音楽を室外に持ち出した製品として，新しいカテゴリーを創造したソニーのウォークマン，さらにその持ち運ぶ楽曲を数千曲にも可能にし，その曲目を編集選択できるようにしたiPodというように，こ

150

れら製品は使用場面，使用状況に注目することから生まれている。それは使用方法が異なり，従来とは異なる価値を提供する。

今日の製品カテゴリーという概念は技術によって生じるよりも，用途や使用方法，今まで困難だったものを可能にさせる，顧客にとって驚きを感じるような新しさ，そして欲しくなってしまうものといった側面から区分されることが多い。

カテゴリーは技術基準ではなく，顧客価値基準で製品を創造する結果生まれることになる。それを実現するのは技術やビジネスシステムであるが，基本にあるのは新たな価値であり，その価値は異質な場面や状況の中に存在している。そして従来は技術や経済的理由で考慮されず，また無視されてきた価値である。さらに新しいカテゴリーとして自然に形成されるものではなく，既存製品とは異なるものとして企業が意識的に位置づけて，顧客や社会にアピールして認知させることで形成されるものである。

5　ビジネスシステム創造による事業イノベーション

イノベーションは新たな機能を創出するものだが，事業は顧客が求める価値を提供するものでなければ存在できない。そしてイノベーションは新製品や新サービスの開発，それに必要な技術という視点だけ実現するものではないことは既に強調してきた。それらが斬新なイノベーションでも，それで顧客を獲得するためには新しいビジネスシステム（ビジネスモデル）を構築して事業全体で，その価値を提案する。それは宅急便やスウォッチの例でみられるだけではない[94]。

---

[94] 筆者はビジネスモデルモデルでは，後述するような理由で事業の仕組みが把握できないとして，ビジネスシステムという用語で概念化してきた。これについては小川（2015）参照。ただますますビジネスモデルやビジネスシステム，そして事業の仕組みと称する考え方が，接近しているので，これらは同じ概念として取り扱ってよい。

5.1 事業の仕組み

　新たな製品を顧客に提供するには，それに合致した事業の仕組みを構築しなければならないと同時に，事業の仕組みからの事業イノベーションも重要である。

　たとえば書籍離れといわれる市場変化なかで，コミック本や文庫本という手軽な書籍に需要が移行する。そうすると顧客は短時間で読み終わった本を処分し，次の本を読みたい。このような顧客ニーズに注目して新しい形態での古書店の仕組みを構築したのがブックオフである。そこには専門書や稀覯本などを品揃えする東京神田に象徴される古色蒼然とした古書店とはまったく異なった仕組みがある。

　繁華街やロードサイドに明るい店舗を設置して，刊行されて間もない鮮度のあるコミックや文庫，CD，DVDなどを中心に，手に取りやすく展示して販売する。気軽に購入できる価格で多数の書籍を品揃えするには，書籍の買取りが鍵になる。そこで書籍の内容に対する価値査定の買取りではなく，本の状態と定価に対する掛け率で査定し，目利き能力がなくても買い取れる仕組で書籍を大量に調達する。ブックオフは新古書店という新しい事業概念を掲げて，チェーン店の全国展開を行う。この例は顧客の新しいニーズに注目した斬新な仕組によって，新しいビジネスが登場することを如実に示している。

　多様化し変化していく顧客ニーズへの対応は，新しい事業に結び付く。その何らかの利便性を掘り下げ特色づけることが，他の企業とは異なった新しい事業の仕組みにつながる。さらに，現実には企業は限られた資源の範囲内で，事業の仕組みを構築しなくてはならない。このとき，その限られた資源のなかで顧客価値に即した仕組みを創るほど，それは独自のものになっていく。

　顧客ニーズに対応した製品やサービスを提供できるビジネスシステムを創るとき，業界の慣行にとらわれず新しい発想でビジネスシステムを構築する。利益を獲得する独自の仕組みを戦略的に設定する。

5.2　ビジネスシステムの構築

　ものや知識，情報，能力などの資源を経済的価値に変換し，顧客価値を創造して利益を獲得するための仕組みがビジネスシステムである。顧客が求める価値を最も効果的，効率的に創出して提供するためにビジネスシステムを形成する。また競争を避け他の企業との競争に対応するためにも独自のビジネスシステムを企業は創造する。企業は限られた資源を活用して，戦略的な視点から仕組みの要素を組合せてシステム化することで，それぞれ独自の事業スタイルを形成する。とりわけ資源の脆弱な中小企業は差別化のために，独自のビジネスシステム形成が重要になる。そして顧客満足が得られる仕組みは，企業と顧客との新しい関係を形成する。

　ビジネスシステムやビジネスモデルと呼ばれている概念にはさまざまなものがある[95]。ただ一般には事業の仕組みの中でも，とりわけ利益獲得方法を重視する。このとき利益をもたらすプロセスや活動に注目したとしても，それらがどのような要素で構成するのかを体系化しようとする姿勢は希薄である。そしてプロセスそのものへの関心が低く，利益獲得方法を中心に事業の仕組をパターン化する傾向が強い。そのパターン要因は外部からでも判断できるような外形的な事業方法のフレームワークで行われる。

　小川（2015）はプロセスにおける活動の方法や，その組み合わせが独自の事業の仕組みを形成することに注目する。つまりビジネスシステムでは，事業活動のさまざまな活動や資源などの構成要素の組合せによっても，斬新な事業の仕組みが形成できることに注目する。それは，同じビジネスモデルの場合に競争優位がどこから生じるか，についても説明できる。

　このような視点から事業概念と業務プロセス，組織，資源，ケイパビリティ，顧客との情報作用，そしてこれらによって産出され提供される製品やサービス，という7つの要素からなるビジネスシステムを提起した。システムと呼ぶ

---

(95) ビジネスモデルやビジネスシステムについて，たとえば次を参照。Afuah（2004, 2014）；Johnson & Christensen, Kagerman（2008）；Slywotzky（2002），Osterwalder & Pigneur（2010）；加護野・井上（2004）。

のは，これら要素間の相互作用を重視するからである。それぞれの要素は他の要素の状態に制約され条件づけられて存在しているのがシステムで，各要素は独立して機能を発揮するのではなく，相互補正的に作用しながら全体として機能を発揮する。

　システムは個々の要素にはない性質を全体として発揮するもので，それを創発性（emergent property）という。それは要素とその結びつき方や関係性から生まれるものである。要素の結びつき方が変われば異なった創発性が生まれる[96]。ビジネスシステムはその要素やそれを構成するサブ要素の存在だけでなく，それらの多様な結合によって価値創造の機能を発揮する。

　ビジネスシステム構築の基点は事業概念である。今日多様な価値観，多様な資源，そして情報技術にみられるような技術革新という環境のなかで，新たな顧客価値を実現する新たな事業概念を構想し，事業の仕組みの視点からイノベーションを推進することが求められている。

---

[96] システム論では要素Ⅰ，Ⅱ，Ⅲ，……が集合したときに，それぞれの要素が本来保有していない性質がシステム全体として現れることを創発性という。詳しくは von Bertalanffy（1968）参照。

第7章
破壊的イノベーション

　『日経ビジネス』は1983年，当時の過去100年間の企業の総資産額上位100社のランキング推移を分析し，その結果会社の寿命は30年だと発表した（日経ビジネス編集部, 1984)。著名な企業の寿命でさえ高々30年という驚きをもって注目され，今日でもそれはとりあげられる。その寿命については議論があるが，かつて隆盛を誇った企業が衰退する一方で，新しい企業が登場していつの間にか産業の主役が入れ替わることをわれわれは知見している。

　このときイノベーションという視点から，後発の企業が起こしたイノベーションによって優良企業が衰退していく，それも後発企業と厳しい競争もせずに，敗退していくという理論を提起したのがクリステンセン（Christensen, 1997）である。本章ではその破壊的イノベーションについてみていく。

　長い間日本企業が世界市場でも競争力を維持し続けたカメラのイノベーションを例にあげて，破壊的イノベーションについて検討する。カメラはいくつものイノベーションを重ねながら，今日でも発展し私たちの生活や企業活動にさえ大きな影響をもたらしている製品である。

1　カメラのイノベーション

　第2次世界大戦後，カメラは日本企業によって製品とプロセスのイノベーションを，そして漸進的イノベーションと急進的イノベーションを繰り返しながら発展してきた。被写体をあるがままに，ときには意図的に実際とは異なる演出した画像に写すのがカメラであるが，一般利用者にとって現実はそれが難しく撮影には失敗がつきものだった。それを日本企業は誰でも簡単に写せるように，そして携帯性を向上させるべく小型化するために，また高解像度の鮮明な写真めざしてイノベーションを先導してきた。

1.1　撮影方法の進展

　カメラの始まりは古い[97]。小さな穴を通った光をスクリーンに写すピンホールカメラがカメラの原点といわれている。16世紀にはピンホールの代わりに凸レンズを使い，映ったものを人間が手書きする方法が登場する。そして1826年，光を感じて記録できる感光材料による撮影がフランスのニエプス兄弟によって実現する。ただその撮影には8時間を要した。

　その後の1839年にはフランスのルイ・ダゲールが，銀メッキした銅板を感光材料として使うダゲレオタイプ技術を開発する。これはフィルムに相当する銀メッキ板に写す写真技術で，露出時間は30分程度と大きく短縮された。1841年になってイギリスのウイリアム・タルボットが，撮影で濃淡が反転したネガ画像を作り，その後普通の画像に戻すポジ画像を作るというその後の銀塩カメラにも用いられるネガポジ法を開発する[98]。

　これらの技術が日本に伝わるのは早く，1857年（安政4年）に写された島津斉彬の肖像写真は，日本人が撮影した現存する最古の写真といわれる。1866〜1867年ごろに撮影されたという坂本龍馬の有名なブーツ姿の写真もあるように，わが国では写真術としてカメラが注目された。

　19世紀後半には感光材料の改良が相次ぐ。光を感じる感光材料をガラス板に塗ったのが乾板で，形状が大きく取り扱いや持ち歩きが不便だった。そして1888年，柔らかく巻き取れるセルロイド製フィルムが，アメリカのイーストマン・コダック社から発売される。このとき同社は固定焦点レンズで，1つのシャッタ速度による非常に単純な箱型カメラカメラ「No.1コダック」と，100枚撮りのフィルムのセット販売で消費者に受け入れられる。さらに1900年に同社は単純で安価な箱型カメラ「ブローニー」で大衆市場を獲得する。

---

(97) この項はキヤノン・サイエンスラボキッズ参照。https://global.canon/ja/technology/kids/mystery/m_03_01.html

(98) デジタルカメラの登場以後，区別するために従来のフィルム使用のカメラを銀塩カメラと呼ぶようにる。感光材料に塩化銀や臭化銀といったハロゲン化銀が使用されることによる。

1.2 銀塩カメラの小型化

　ドイツのエルンスト・ライツ社のオスカー・バルナックは，当時映画用に使われていた長いロールフィルムを1.7mに切断し，それを巻いてパトローネに格納する小型フィルムを使用する高性能カメラを考案する。精密なレンズとカメラで小さなネガをつくり，それを引きのばして大きなプリントを得るという方法である。これが1925年エルンスト・ライツ社から「ライカA型」として発表される。このときのフィルムのサイズが，その後のフィルム式カメラの基本である35mm幅のフィルム規格のライカ判になる。

　また1928年にフランケとハイデッケは，コンパクトなローライフレックス二眼レフカメラを開発する[99]。さらに1932年ライカからライカII型，翌年コンタックス社からコンタックスI型が発売された。ライカは日本円で420円，当時の大卒社員の初任給が70円時代で高価な製品であった。

　1936年には35mmのフィルムを使う最初の一眼レフカメラ「キネ・エクサクタ」がドイツのイハゲー社で製作される。これは接写や望遠撮影が可能な特殊カメラとして人気を獲得する。その年にはアメリカのコダックとドイツのアグファ社からカラーフィルムが発表されている。1950年ペンタプリズム式一眼レフカメラのコンタックスSが，旧東ドイツのツアイス社から発売され一眼レフカメラが主流になる。

　一眼レフカメラはミラー（鏡）とプリズムを採用して，シャッタを押すとミラーが瞬間的に上がって戻るクイックミラー構造，レンズを通って反射ミラー

---

(99) 撮影するレンズとファインダー用のレンズがそれぞれ別々になって，上下にレンズが並ぶ形状が二眼レフカメラである。上についているレンズを通った光は鏡で90度反射してカメラの上部についているファインダーに，下についているレンズを通った光は感光材が塗布された乾板に向かう。構造が簡単で作りやすいが交換レンズが使用できない。また大型になってしまう。このときレフとはレフレックス（反射）の略で，見やすいファインダーを実現するために光を反射させる。一眼レフでは撮影用のレンズとファインダー用のレンズは同じで，フィルムに光を向かわせるときにだけ反射のための鏡を跳ね上げて移動させ，フィルムに直接感光させる。一眼レフカメラは構造が複雑だが小型化でき，交換レンズを装着できる。その後のカメラの主流は一眼レフカメラになる。

を経た反射像を正像に戻すペンタプリズム，ファインダーで焦点を合わせるとき絞りが解放状態で見え，シャッタを切ると設定した絞りになる自動絞り構造を持つ。それは複雑なメカニズムで構成される高性能カメラである。

1.3　電子化で日本のカメラが飛躍

(1) 一眼レフカメラと自動露出

　前述のように第二次世界大戦前にはカメラはドイツとアメリカで発展したが，戦後は日本企業が参入して世界をリードするようになる[(100)]。1950年代まではライカM3のような距離連動（レンジファインダー）カメラ，ローライ社の二眼レフが世界最高機であった[(101)]。

　それに対して日本企業は1950〜1960年代，より高精度なクイック・リターン・ミラー構造の一眼レフと，自動露出機構のイノベーションによって躍進し，ドイツカメラ産業の凋落の一方で日本企業の独壇場に変貌する。一眼レフの開発と，そこに電子機器を組み込むことで日本企業が躍進するのである。

　戦前わが国でカメラ生産を行っていたのはキヤノン，ミノルタ，マミヤ光機であった。戦後そこに光学兵器の日本光学（のちにニコン）と東京光学，顕微鏡のオリンパス，レンズの旭光学，フィルムの小西六（コニカ）と富士フイルムなどの企業が次々と参入する。1955年にミランダカメラが日本初の一眼レフカメラを開発し，1957年に旭光学がアサヒペンタックスを発売して一眼レフ専業企業になる。1958年にはミノルタ，キヤノンなども一眼レフカメラを，そして日本光学がニコンFを発売する。特に1959年発売のニコンFは15年間製造された人気機種で86万台を販売し，ドイツのカメラ企業を凌駕する。

　さらにレンズ絞りとシャッタ速度の組合せによって，適正な採光にする露出機構からカメラの自動化が始まる。1957年に露出計連動カメラが，1960年代には自動露出カメラ（EEカメラ）が登場する。1960年代後半には半導体がト

---

(100) これについては矢部・小暮編（2006）参照。
(101) 距離連動カメラは測定距離に連動してレンズの焦点を合わせるカメラで，一眼レフよりコンパクトになる。

ランジスターからICに代わり，これを用いてコンパクトカメラに電子シャッタが登場する。これは被写体の明るさをセンサで検出して露出を決定し，コンデンサでシャッタ速度を調整するもので，電源には水銀電池が使用される。

　一眼レフの電子シャッタ採用はコンパクトカメラから5年遅れ，旭光学が1971年に採用する。一眼レフではシャッタが開く前に反射ミラーが上がってしまうため，測光回路に光が当たらず対応が難しかったのである。1975年にオリンパスのOM-2は，反射ミラーとペンタプリズムを通さない世界初のTTLダイレクト測光で電子シャッタ化を図った。同社は1972年，重量490gの小型軽量OM-1で市場を獲得している。

　一方コンパクトカメラ（一般に一眼レフより小型で，レンズ交換が出来ないカメラをいう）では自動化と多機能化が進展し，日付写り込み機能，ストロボ内蔵と次々と新しい機能を搭載する。1962年には写真フィルムの簡易装填，巻き上げ，巻き戻しというフィルム自動給送カメラをリコーが発売する。

　1976年にはキヤノンがAE-1でプログラム式の自動露出カメラを発売する。これは世界初のマイクロコンピュータ搭載，ファインダ，シャッタ，ミラー作動部，自動露出など5つのユニットに集約して生産工程の自動化を進めている。部品のモジュール化によるプロセスイノベーションがはじまったのである。それはプログラム方式の自動露出機能，そして小型軽量製品で低価格を実現するもので，カメラ業界の製品アーキテクチャのイノベーションでもあった。

(2) AFの登場

　1977年にはアメリカのハネウエル社の距離測定モジュールを使用して，小西六がAF（autofocus：自動焦点）つきコンパクトカメラを発売し，ついで1978年にはヤシカ，富士フィルム，ミノルタがAFカメラを発売する。さらに1979年に小西六がフィルム自動装填機能を一眼レフカメラに内蔵する。これらは半導体を使用した電子制御技術や電池の技術向上によって可能になった。

　一眼レフのAF採用では1985年にミノルタが先行し，翌年ニコンとオリンパス，さらに1987年キヤノンが続く。一方でAFに遅れた旭光学が次第に脱

落しオリンパスもシェアを低下させていく。こうして電子技術を活用したカメラの自動化と小型軽量化が達成され，一眼レフカメラの技術進歩は頂点に達した。

日本のカメラ産業では各種の便利機能を，まず構造の単純なコンパクトカメラが採用し，それに遅れて構造が複雑な一眼レフカメラが採用していくという構図が出来上がる。各社が技術革新を競うことでカメラ市場は拡大するものの，需要の飽和を迎えるなかで競争は激化し，日本のカメラ産業は日本光学，旭光学，キヤノン，ミノルタ，オリンパスの一眼レフ主体の5社体制に向かった。

その結果，1976年にはミランダカメラ，1977年にはペトリが倒産し，1984年には興和がカメラ部門から撤退する。さらにカメラが精密機器から電子機器に移行し，電子技術に遅れる東京光学が1982年に撤退し，1983年にはヤシカが京セラに吸収され，マミヤ光機が1984年に撤退と，技術力と資金力のある企業が残り，産業はシェイクアウトされていく。

1986年，ズームレンズ付きのコンパクトカメラを旭光学が発売し，次いで京セラが，そして3倍ズームのオリンパス，4倍ズームのリコー製品が登場する。コンパクトカメラはズーム機能搭載に移行する。

1.4　電子制御技術による自動化

わが国のカメラ企業は電子制御技術を積極的に取り入れて，失敗しがちなカメラ撮影が容易にできるように積極的に改善していく[102]。また構造が簡単なコンパクトカメラに，あれば便利という機能を搭載し，次にはそれを一眼レフカメラに採用するという方法で各社が競い合う。それに対して戦前に隆盛を誇ったドイツのカメラ企業は，電子制御技術の採用に遅れ衰退していく。

このときわが国では腕時計の電子化でセイコーが世界の時計産業をリードするなど，より小型の半導体生産が進展しており，その小型の半導体をカメラに

---

(102) 前掲書矢部・小暮編（2006），pp.28～34。

取り入れていく。さらに部品をLSIに取り込んで小型化し，部品点数を減らすハイブリッドICの採用，加えてウエハ上に回路を焼き込んだモノシリックICなどを採用する。1970年代末には薄いプラスチック板に回路を形成し，その上に半導体やディスクリート（単体素子）などを取り付けられるフレキシブル基板が登場し，狭いカメラ筐体内に折り曲げて搭載できるようになる。

　こうして別々の半導体が1つに集約され，半導体に盛り込めない部品は集約して一体化し，限られたスペースに柔軟な回路基板を格納する。世界の先頭を走っていたこの時代の日本の半導体技術をいち早くカメラに採用して，さまざまな機能を自動化するだけではなく，カメラを軽量化し，部品点数を少なくするモジュールの組立によって低価格化を日本企業は図る。機械的な機構を簡略化して電子制御に置き換え，カメラ操作を簡単にしながら精度を向上させるという方法で，日本のカメラ産業は世界をリードしていくのである。

　こうした電子制御化にはモータやバッテリーの開発が不可欠になる。カメラ用のモータには高出力で，起動・停止の反応が早く高精度，低電圧で低消費電力，間欠作動，小型などが求められる。1979年にコニカとキヤノンが自動巻き上げ・巻き戻し機能付きカメラを発売する。そのアクチュエータとしてコアモータが用いられたが，さらに上記のような条件を満たすモータが必要になる。そこで鉄芯にコイルを巻いたロータのないコアレスモータ，クォーツ時計で使用された一歩ずつ回転するステッピングモータが使用される。

　電子制御の高度化に合わせて，当初は水銀電池が用いられた電池も技術進歩を重ねる。1970年代後半には露出機構やストロボ，AFと電子制御が進展し，ボタン型水銀電池から単三乾電池，さらにアルカリ乾電池を採用する。1980年代に入ると一眼レフでもAF，自動巻き上げ巻き戻し，ストロボ内蔵の電子制御のためにリチウム電池が使用される。ただその後は半導体の省エネ化が進み大容量の電池の必要性は薄れる。

2 デジタルカメラのイノベーション

1980年代フィルム全盛のカメラに急進的イノベーションが起こる。

2.1 発明後製品化が遅れたデジタル化

画像を電気信号で記録する動画のビデオカメラが進歩し，その影響を受けてカメラのデジタル化がはじまった。1981年，ソニーはフロッピーディスクに記録するアナログ式電子カメラ「マビカ」を発表する。ただこのマビカが実際に販売されるのは1997年と遅れる。1984年開催のロサンゼルス・オリンピックで，キヤノンのスチルビデオカメラで報道写真の画像伝送が行われた。

(1) デジタル技術の回避

しかし当時の技術ではカメラをデジタル化すると，大型で重量のある製品になってしまう。そしてデジタルカメラではなく，コダックと富士フイルム，そして一眼レフカメラ勝者のキヤノン，ニコン，ミノルタの5社が共同で，APS（Advanced Photo System）システムと名付けた方式に力を注いでしまう[103]。これは磁性材を塗布した小型のカートリッジフィルムを使用し，画像とデータを記録するものでデジタルカメラへの過度的な方式でもあった。

しかし35ミリフィルムに代わることはできず，次に登場するデジタルカメラにも圧倒され終焉する。ただフィルム企業とカメラ企業の覇者がAPSに向かったため，デジタルカメラ開発は長い間頓挫してしまう。

注目を浴びたカシオのデジタルカメラが世界初といわれたりするが，デジタルカメラは1975年にコダックが発明している。それから遅れアメリカのDycam社が1990年デジタルカメラDycam Model 1を発売する。1994年には富士フイルムがFUJIX DS-200Fを発売し，同じころアップルその他の企業もデジタルカメラを発売している。そして1995年にカシオがデジタルカメラ

---

(103) 前掲書矢部（2015），pp.69〜28。

QV-10を65,000円で発売し，需要を獲得したためデジタルカメラへのイノベーションが一挙に加速する。

(2) デジタルカメラへの一斉の参入

　QV-10は小型携帯テレビを発展させたものだが，機能的にもその後のデジタルカメラの出発点になる製品であった。デジタルカメラの登場が遅れたのは，主要カメラ企業が前述のAPSに注力したためだけでなく，当時の撮像素子の画質が悪く，電池の能力が不足し，画像データのコンピュータでの取り込みも十分ではなかったことなど，技術環境の未整備があげられる。

　小型で扱いやすいデジタルカメラ製作には撮像素子や半導体，電池，周辺機器とのインターフェースなどの技術環境が不足していたのである。さらなるデジタル技術の発展が必要だった。この状況を打破したのがカメラ企業ではない電卓とデジタル時計のカシオであった。

　カシオや富士フイルムに続いてリコー，そしてOEM調達のコダックとオリンパスがデジタル・コンパクトカメラに参入する。1990年代にはこのほかアップルやエプソン，キヤノン，ポラロイド，コニカ，セガ，ニコン，ミノルタ，東芝，日本ビクター，ライカ，アドテック，無印良品，日立などがOEMで市場に参入する。1991年にはコダックがデジタル一眼レフカメラDCS100を開発する。さらに1995年にキヤノンとニコンがデジタル一眼レフカメラを開発し，2001年に京セラ，2002年にシグマと続く[(104)]。

　新しく登場したデジタルカメラは精密機器から電子機器へとその技術を変貌させ，カメラ以外の企業からの参入が相次ぎ，それらは自社生産ではなくOEM調達であった。OEM供給したのは三洋電機，松下電器，チノン，シャープなどである。

　それに対してカメラ企業のキヤノンやニコン，ミノルタは自社生産に遅れて1990年代には市場シェアを獲得できなかった。自社生産体制を早期に築けた

---

(104) 前掲書矢部（2015），pp.17〜26。

企業は，デジタル・ビデオカメラを生産していた企業である。このため三洋電機や松下電器，そしてソニーなどが生産を増強してコンパクト・デジタルカメラ生産で市場を獲得する。

2.2　デジタルカメラ全盛に

　2000年代に入るとデジタルカメラは急速に需要を拡大していく。早くも2000年にはデジタルカメラの出荷額が銀塩カメラと逆転する。初期にはドミナント・デザインが確立していないために，また製品差別化のためにコンパクト・デジタルカメラは多様な仕様で競争が行われた。しかしQV-10の25万画素以降，銀塩カメラに負けない解像度を目指して，富士フイルムFinePix700は150万画素で99,800円で製品化し，画素数の増大と価格競争が進展する。

　2000年にはキヤノンIXYが小型化とデザインを訴求して需要を獲得し，2002年のカシオEXILMはいつでも持ち歩き手軽に写せることを訴求する。2004年パナソニックLUMIXは手振れ補正機能を搭載する。さらに液晶モニタの大きさ，撮影可能枚数，起動時間の速さ，連続撮影の速度と枚数，デザイン，小ささ，軽さ，薄さ，シーンモード撮影，顔認証，広角レンズ，高倍率ズームなど便利な機能を競いながらデジタルカメラ需要を急速に増大させた。

　デジタルカメラはフィルムを使用しないため，気軽に失敗を恐れず何度でも撮影することができる。ピンボケや構図が気に入らなければ消去すればよい。フィルムカメラはシャッタを押せば写るものの，どのように映っているかは写真店に出して写真が出来上がるまでわからない。そして実にピンボケ写真が多かった。デジタルカメラは手軽に写せ，その場で写り具合も確認できる。それにデジタルカメラには初心者でも適切に写せるように，手振れ補正や顔認証という便利な機能も備わるようになる。

　また銀塩カメラは男性が使用するものであり，写真愛好家を除いて（それも男性だったが），父親が運動会や学芸会をはじめとして，イベントや記念日に主に写す。そして被写体はなるべく動かず正面を向いて写された。しかしデジタルカメラでは使用方法が大きく異なる。正面を見据えている全身の記念写真

164

は少なくなり，笑っている被写体，動きのなかの一瞬を写す。そして男性だけでなく女性が使用するようになった。高齢の女性まで気軽に使用する。それまで扱いが難しくて使用しなかった顧客が手軽に使用する。このため銀塩カメラの黒色やシルバーで色だけでなく，赤や青など多彩な色になりデザインが製品選択の際に重要になった。

2.3　短期間で需要の飽和

　しかし早くも2008年には，出荷台数が1億台を超えるものの，デジタルカメラ需要はピークを迎える。初期には40社ほどを数えた日本のデジタルカメラ企業は事業撤退が相次ぐようになる。デジタル一眼レフカメラも開発するキヤノン，ソニー，ニコン，パナソニックなどが残り，銀塩カメラの有力企業であった旭光学，ミノルタ，世界的フィルム会社のコダックなどはデジタルカメラでは地歩を築けなかった。銀塩カメラで電子化に遅れたドイツカメラ企業は，デジタルカメラでは見る影もない。

　そして2007年にスマートフォンiPhoneが登場し，デジタル・コンパクトカメラはスマートフォンに市場を奪われ，デジタル一眼レフカメラを持たない企業が淘汰される。銀塩のコンパクトカメラ，そして一眼レフカメラは戦後日本のカメラ企業が世界を制覇し競争力を謳歌した。そこでは精密機器として精密な機械加工技術とレンズ加工技術が必要であり，ドイツ企業以外には競争企業がなかったといってよい。

　銀塩コンパクトカメラでは軽量化のためにプラスチック筐体が用いられ，そこでは射出成型用金型製作でわが国の中小金型製造業が活躍した。カメラの電子化が進み，電卓やクォーツ時計，そして半導体で電子技術を高めた日本企業が，それらの技術を積極的にカメラに活用して圧倒的な競争力を持った。電子化や自動化の生産には，わが国のものづくり企業の技術力がふんだんに生かされたといえる。一方でドイツのカメラ企業は電子化・大衆化の対応を怠った。

　次のデジタルカメラでも，コンパクトカメラから一眼レフカメラまで日本企業は世界をリードした。デジタルカメラでは撮像素子，画像処理をする映像エ

ンジン，光学ガラス，レンズユニット，交換レンズ，モアレや偽色などを処理するローバスフィルタ，シャッタ，小型モータ，柔軟に曲げられるフレキシブル基板，液晶ディスプレイ，電池などに構成部品がモジュール化される。

　このため擦り合わせ型アーキテクチャの銀塩カメラと異なって，モジュールを調達して組立てれば比較的容易にカメラが出来あがる。それらモジュールを組立てカメラとして完成させる組立受託企業も国内外に登場する。このため銀塩カメラと異なって，カメラ生産に必要なノウハウが低下し台湾や韓国，そして中国と，カメラ企業が登場し激烈な競争を展開する。こうした競争がデジタル・コンパクトカメラを急速に普及させ，需要の飽和までの期間が短縮した。

　この競争によってデジタルカメラは10年ほどで製品ライフサイクルが成熟期を迎えてしまう。そこにさらにスマートフォンにカメラが搭載されるようになり，いつでも持ち歩けて手軽に写真を写したいという顧客要望に即した製品需要に応える。

2.4　カメラ機能搭載のスマートフォンの登場

　小型化ではアメリカのモトローラ社に先を越されたものの，わが国の携帯電話は世界をリードする存在だった。その携帯電話にカメラ機能を搭載したのも日本企業である。ちなみに1998年に筆者が初めて使用した松下電器製携帯電話にはカメラ機能がなかった。その後2000年に登場したシャープ製端末J-SH04には100万画素カメラが搭載され，女子高校生に受けて需要を獲得し，画像を伝送する「写メール」が若者に受け入れられて携帯電話の普及が加速する。2003年には200万画素カメラが携帯電話に搭載されるなど，さらに画素数を高める競争が始まる。

　そして2008年にはスマートフォンiPhone3Gが，200万画素のカメラ搭載で日本でもアップルから発売され，翌年のiPhone3GSで，スマートフォンのカメラはAF機能と動画機能の搭載に発展する。iPhoneの登場によって携帯電話からスマートフォンへの移行が始まるが，スマートフォンでは日本企業の存在が低下する。

　2010年のiPhone4でソニー製の撮像素子が採用されて，スマートフォンのカメラ機能が向上する。翌年のiPhone4Sでは800万画素でCMOS撮像子を採用し，フルハイビジョン動画撮影機能を搭載する。2012年のiPhone5に顔検出，手振れ補正などの機能が付き，低価格なコンパクト・デジタルカメラとほぼ同等の性能を持つようになる。さらに2015年のiPhone6Sでは画素数が1,200万画素となり4K動画撮影機能にも対応する。

　2018年のiPhoneXSでは1,200画素のカメラを2つ搭載し広角，望遠ともに光学式手ぶれ補正を搭載する。さらに2020年発売の5G対応のiPhone12proでは，デジタルズーム倍率12倍，手ぶれ補正で暗いシーンでも手持ちで2秒間の露出が可能になり，またAR（拡張現実）にも対応する。

　このようにスマートフォンは使用し易いカメラ機能が売り物になり，画素数などは進化が止まっているものの，搭載レンズ数が増えてさまざまな場面でも鮮明な画像や動画が撮影できるように進歩する。それはデジタルカメラと同様な歩みである。そしてインターネット，メール，電話機能に加えて手軽に写真を写せるスマートフォンはカメラよりも軽量で，しかも何時も携帯するする機器であるためいつでも写真を写すことができる。さらにその場で映したものを画像投稿サイトやメール添付で手軽に送信できる。

　このため写真機能専用のコンパクト・デジタルカメラの需要を低下させてしまい，一眼レフカメラ，さらにより小型で軽量なミラーレスカメラを採用する企業しか生き残れなくなっている。ミラーレスカメラは一眼レフカメラからミラーをなくしたため，小型で軽い構造で，2008年にオリンパスとパナソニックから発表された。近年では女性の写真愛好家や，フリマアプリによる販売品撮影のために，展示用の鮮明な画像制作にカメラを使用する消費者も登場したが，全体でのカメラ需要は低下している。

　そしてミラーレスカメラはより軽量化しさらに性能を高めて，高性能デジタル一眼レフカメラ需要を侵食している。そのためミラーレスカメラ開発に遅れたニコンは2020年カメラ事業で赤字を計上するなど苦境に陥った。オリンパスはカメラ事業を投資ファンドに売却しており，長く競争力を誇った日本カメ

ラ企業には衰退がはじまっている。キヤノンが半数近くのシェを獲得するが，2番手はカメラ企業ではないソニーである[105]。

2.5　日本企業によるカメラの重層的なイノベーション

　いままでカメラの変遷をみてきた。本格的な写真技術として登場したダゲレオタイプのカメラ以降，それはイノベーションの連続であった。被写体を鮮明に写すだけでなく，失敗しやすい写真撮影が容易にできるように，そしてより小型にして携帯しやすいようにカメラは進化してきた。画像定着に熟練を要する化学的な処理の銀塩カメラから，今やデジタル画像が当たり前になり，それは情報量を損なうことなしに同じ画像が容易に加工や複製，伝送ができる。

　戦前のドイツとアメリカ，とりわけ前者が精密加工技術によって本格的な銀塩カメラを実現した。日本企業は精密加工技術を高めて高精度なカメラ，そしてニコンFのように報道にも用いられる堅牢性を備えた製品と，多数の交換レンズを揃えた。さらに新たに電子技術を組み込んで写真撮影の自動化を飛躍的に高め，ドイツ企業からその地位を奪って世界に君臨する。

　これらのイノベーションにはさまざまな企業が一番乗りを目指して挑戦する。中核市場を確保できない企業が斬新な機能を開発するのも珍しくはなかった。また内外の半導体企業の技術が使用され，多様なモジュール企業のイノベーションも技術向上に貢献している。カメラは多様な企業それぞれのイノベーションを重層化させながら性能を向上させた。

　このとき上位機の一眼レフだけでなく，普及品のコンパクトカメラを開発して市場を拡大する。さらに電子技術採用が容易なコンパクトカメラで自動化を進め，次にはそれを一眼レフカメラに応用していく。日本企業は銀塩カメラからデジタルカメラへのイノベーションをもたらし，さらにカメラ付携帯電話からスマートフォンとダイナミックにイノベーションを先導してきた。

（105）ソニーは2021年5010万画素80万円の高機能ミラーレス一眼カメラを発売するなど，さらにミラーレスカメラに移行している。

　この間には製品イノベーションだけでなく，幾多のプロセスイノベーションを繰り返している。製品アーキテクチャも擦り合わせ型からモジュール化に代わった。このため精密加工技術を保有しない新興国企業でも，モジュール調達で容易にカメラが生産できるようになった。今やカメラはカメラ企業ではなくレンズや筐体をのぞいて，電子機器，デジタル機器企業の製品に変わった。そのためカメラ専業企業はその地位を低下させている。

2.6　イノベーションがもたらしたもの

　そして今スマートフォンが，カメラ企業にとって大きな脅威になるまでイノベーションが進展してきた。スマートフォンは絶えず携帯するものであり，「24時間，7日間，30センチ以内に」存在し，手近にあるため写したいときにすぐに写せる[106]。筆者などはスマートフォンのカメラはメモを取るものになっている。

　こうした変化のなかで，カメラは何かの記念を写し保存する機器からコミュニケーション機器になる。かつてわれわれは直立不動に近い姿勢でカメラに向かった。古いアルバムをみれば，そこには正面を向いた顔がある。

　しかしデジタルカメラになって，何かの動作中の動いている被写体の一瞬を写すようになった。そしてスマートフォンになって，友人と一緒に写したり，眼前の出来事を写したりして，それを人と共有したり，投稿することで特定多数の人に見せるような使用方法が主流になる。

　スマートフォンのカメラは情報発信機器になり，コミュニケーション手段に変貌した。カメラは記念を記録し保存するための機器から，今を記録するだけではなく，コミュニケーションのための情報発信手段になる。そのため自撮りという言葉も登場し，被写体が自分自身になることも珍しくはない。親しい友人と一緒に写す，それを共有する，インターネットで他の友人にSNSで送信する。そうした視点からさらなるカメラのイノベーションが起こるだろう。

---

(106) 尾原（2014），pp.118〜122。

カメラの世界では新しい技術が登場すると，それを競って採用し，採用に遅れた企業は激しい競争なかで淘汰されていく。さまざまな便利な機能を各社が競って開発し，それは後述する持続的イノベーションであるが，その新たな機能を活用して生き残っていくのは開発企業ではなかった。それを取り入れて需要を獲得できる優良企業であった。またカメラの急進的イノベーションで基本技術が変わると，そこには多数の企業が参入して激しい競争を繰り返しながら，企業は市場の飽和の前にシェイクアウトされていく。

3　破壊的イノベーションの考え方

従来のイノベーションの要因，また製品イノベーションとプロセスイノベーション，そしてそのイノベーションが急進的か漸進的か，イノベーションの普及といったイノベーション解明とは，まったく異なった視点からイノベーションに光を当てたのがクリステンセン（Christensen, 1997）である。

クリステンセンの問題意識は優良企業が，新たに登場するイノベーションに対応できず，後発の企業に敗退してしまう理由の解明であった。それは，利益を最大化させたい企業の姿勢が，特定状況下では優良企業を滅ぼす方向に作用するという視点から，イノベーションによる産業の主役交代を解明する。

3.1　持続的イノベーションと破壊的イノベーション

クリステンセンはイノベーションとは技術の変化で，その技術はプロセスであり，プロセスの変化がイノベーションだととらえる。そのイノベーションを彼は持続的（sustaining）イノベーションと，破壊的（disruptive）イノベーションとの2つに分ける。

(1)　持続的イノベーション

自社の製品を評価して購入する既存の顧客に向けて，既存製品の性能や機能をさらに向上させるのが持続的イノベーションである。要求水準の高い顧客が

図7-1　破壊的イノベーションのモデル

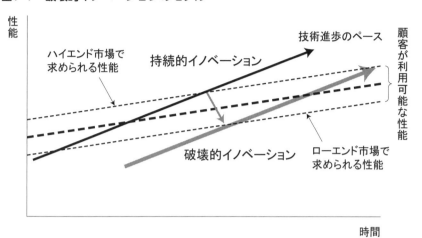

出所：Christensen, Clayton and Michael Raynor. (2003), *The innovator's Solution*, Harvard
　　　Business School Pub., p.33.

　求める製品は，性能が優れていれば価格が高くとも購買され，高い利益率でも
ある。そのために漸進的に，ときには急進的な製品やサービスを開発して対応
しようとするイノベーションである。持続的イノベーションは既存の製品を改
良し，性能を向上させて洗練していく。

　図7-1にみるように，どんな製品でもまたどんな企業でも，すでにある製品
を改良して製品の性能を向上させていく。従来からの顧客に向けて，さらに性
能が向上したと思われるよう改良していく。それは次の破壊的なイノベーショ
ンとして登場した製品でも同様に行われる。優良企業は持続的イノベーション
を絶えず推進して，競合企業よりも性能を向上させる能力を持つ企業である。

　技術者は新しい技術を開発し，新しい機能を付加し使い勝手を工夫して，飽
くなき製品性能の向上に邁進する。それはいつしか顧客が使用できる，あるい
は顧客が求める水準を超えてまでも高まっていく。しかし製品の高度な性能を
使いこなすことができるハイエンドの顧客は一握りで，大多数の顧客が必要と
する性能をも上回る製品になっていく。多くの顧客にとって使用できない水準

171

に性能を高めても，顧客はその高性能で高額な製品には反応しなくなる。性能が低くても，現実にはそれでも顧客が使用できないほどの性能に高まっているが，普及製品やモデルチェンジ前の価格が下がった製品などを選好するようになる。

(2) 破壊的イノベーション

そうした製品を購入しない未消費者や，既存製品購入者とは異質な顧客でも購買するような，既存のものとは異質な機能を持ち，使用し易く安価で単純で便利な製品を創り，次第に既存製品の需要を獲得してしまうのが，もう1つの破壊的イノベーションである。このとき破壊とは経営資源の劣る後発企業が，既存の有力企業に挑んで成果を上げていく過程を意味する。

同じ製品領域で既存企業が見逃しているセグメントや，同じような製品カテゴリーのなかで，既存製品と比べると性能は劣るが異質な機能に注目した製品が登場し，それが次第に持続的イノベーションを行いながら，いつしか既存の製品の性能に追いつき一部は上回るようになる。そうするとその製品に当初は不満を感じていた顧客も，やがてそれを受け入れてしまうため，優良企業の従来製品を駆逐していく。これが破壊的イノベーションである。

そして前者の既存製品の性能向上の競争，つまり持続的イノベーションの競争の場合には，既存の優良企業がほぼ勝利する。しかし後者の破壊的イノベーションが起こった場合には，後発の新規参入企業が既存の優良企業を負かす確率が高いことをクリステンセンは理論化した。

このとき優良企業は破壊的なイノベーションへの対応が遅れるどころか，既存製品の性能をさらに高め，利益率の高いハイエンド市場へと移行し競争を避ける行動をとる。そして優良企業はその性能の劣った破壊的な製品を生産できるノウハウを保有するにもかかわらず，既存の評価の高い製品の性能向上にまい進し，やがて顧客が利用できる水準を超えた性能にまで高めていく。

しかしそれは顧客の利用能力を超えているため，多くの需要は獲得できず，結果として優良企業は破壊的イノベーションと競争もせずに敗退していく。そ

れは破壊的イノベーションを行えば中小企業でも，その成果を獲得できる可能性があるということを示す。

3.2　カメラにみる破壊的イノベーション

　持続的イノベーションと破壊的イノベーションは，前述のカメラのイノベーションにもみられる。カール・ツァイス（Carl Zeiss）などドイツカメラ企業は精密光学機器としてカメラの性能を高めた。これに対して戦後登場したわが国のカメラ企業は，性能では当初ドイツ企業には劣るため技術力の向上に邁進するが，1959年のニコンFで，ドイツカメラ産業に肩を並べる技術力に追いつく。さらにニコンは各種の交換カメラを揃えてカメラをシステム化した。

(1)　持続的イノベーションの推進

　これはクリステンセンのイノベーション・モデルからみれば，持続的イノベーションであり，ドイツカメラ企業の方が勝利する競争である。しかし戦後の占領期にわが国はアメリカから食料援助を受けるが，その見返り物資の一つとしてカメラが選ばれ，輸出と占領軍需要を獲得することで日本光学などは技術力を高めることができた。さらに複雑な機能からなる精密機器である一眼レフカメラの開発が技術力向上に寄与する。

　その後，日本企業はさらに自動露出機能や，AF機能などを取り入れてカメラの自動化機能を高めていく。プログラム内蔵方式の電子制御など，当時のわが国の発達する電子技術を導入して，失敗なく写せる高度なカメラ撮影が可能な性能を目指す。精密加工技術と光学技術に，新たに登場した電子技術を加えて新たに結合することで生まれた持続的イノベーションである。比較的低価格で便利な機能をもつカメラは，それまで高価で購入できなかった顧客の需要を獲得する。一方で電子技術活用にドイツ企業は遅れ市場を失っていく。

　さらに日本企業はドイツ企業と異なって大衆需要の獲得を目指して，一般消費者でもより使用し易いカメラ開発に力を注ぎ，低価格なコンパクトカメラを開発する。そこではさらに電子技術が活用され，一眼レフカメラに比べて構造

が簡単なためフィルム自動装填，ストロボなどの便利な機能が付加され，使用し易い割には低価格なため，それまでカメラに無縁だった顧客を引き付ける。シャッタを押すだけでピントが合った写真が写せるために，それら使いやすいカメラは「バカチョンカメラ」といわれたりした。

それまでカメラを購入しなかった未消費者を引き付けたコンパクトカメラ，絞りやシャッタ速度などを気にせず気軽に写せる安価なカメラはローエンド市場を対象にした破壊的イノベーションといえる。そこで市場を獲得し中核市場でも躍進した企業がキヤノンである[107]。コンパクトカメラでカメラの面白さにひかれ，普及カメラ市場を拡大した顧客の一部は，一眼レフカメラに目を向け高級カメラ市場を拡大した。

(2) デジタルカメラの破壊的イノベーション

しかし次に登場したデジタルカメラはさらに破壊的イノベーションである。デジタルカメラは光学機器というよりも電子機器であり，そこに参入したのは銀塩カメラの優良企業ではなく，カシオやソニー，パナソニック，サンヨーなどの電子機器企業であった。カメラ企業からみると大企業ではあっても，カメラ技術には劣る後発の企業であり，そこに登場した製品は画素数が少ないために鮮明とはいえない解像度の写真を写すカメラであった。はじめは電子メールなどに添付するという異質な機能を発揮するもので，カメラ店には展示されずパソコン店で周辺機器として扱われた。

被写体を写すものという意味では同じ領域の製品ではあるが，従来のカメラとは次元の異なった機能を発揮するものであり，顧客も異なっていた。何よりも銀塩カメラからみると不鮮明な写真であった。しかしそれは価格低下を伴いながら急速に性能を向上させ，着実に銀塩のコンパクトカメラ市場を奪った。カメラ企業が参入しようとしても，電子技術それもデジタル技術であるため対

---

(107) ただキヤノンは1936年に35mmカメラを発売したわが国のカメラ先駆的企業であり後発企業とはいえない。当時，一眼レフカメラでは日本光学の後塵を拝した。

応しにくく，OEM生産でしのぐことになる。このためデジタルカメラの登場によって旭光学やミノルタなどの銀塩カメラ企業が退出していく。その後の市場競争の激化のなかで，キヤノンとソニーがデジタルカメラ市場の覇者になる。

デジタルカメラは手振れ補正，顔検出，連続撮影，動画撮影，明るさや色調補正といった使用し易い機能だけでなく，不要な写真の消去が可能で扱いやすく軽量なため，女性や高齢者などそれまで銀塩カメラとは無縁な顧客層を開拓する。そのため銀塩カメラのシルバー色と黒色から，華やかな色彩とデザインが重視される。

年齢を問わず女性や高齢者など，それまでカメラ操作をしなかった未消費者の需要をデジタル・コンパクトカメラは獲得して市場を拡大した。さらにデジタル一眼レフカメラという本格的製品の開発も行って，カメラの中核市場をデジタルカメラが奪った。それは銀塩コンパクトカメラよりも手軽に写真を写せる安価な製品で，さらに未消費者の需要を獲得し，中核市場にまで進出して銀塩カメラに取って代わる。これは破壊的イノベーションの定義にも合致する。

3.3　優良企業の敗退

クリステンセンがいうように，破壊的イノベーションとしてのデジタルカメラは，カメラ企業に主役交代を迫り，それまで無縁だった新たな顧客層を開拓した。かつて富士フイルムとともにフィルム市場を二分したコダックは事実上消滅する。しかし同社はデジタルカメラを発明しその特許を少なからず保有している。そして富士フイルム同様デジタルカメラ用の撮像素子まで開発し，当初はデジタルカメラ企業に供給さえしたのである。銀塩カメラの主要企業の多くも，デジタルカメラへの参入は可能であったにもかかわらず，参入が遅れて当初は市場を確保できなかった。

それはデジタルカメラの市場拡大を想像できなかったためだけでなく，当時は製品の基本性能がはるかに高かった従来の銀塩カメラに拘ったためである。何よりも世界トップのフィルム企業であったコダックにとって，デジタルカメ

ラは主力事業を無にするものであった。そうした優良企業が後発企業に敗退する理由を，クリステンセンは次のように説明した（Christensen, 2015）。

第1に，企業は自社の製品を評価する優良な顧客のニーズに耳を傾けて対応する。顧客本位の経営を行う企業こそが市場シェアを獲得する。しかし新たに登場した破壊的な製品は，優良な顧客にとって性能が低く品質も劣る。高性能製品を購入する顧客層ほど，それは受け入れがたい製品である。高精度な一眼レフカメラを使用する顧客にとって，デジタルカメラは玩具のように映り，優良企業の顧客にとっては取るに足らない製品にみえた。

第2に，企業経営ではより高い利益率を追求する。顧客から支持され利益率が高い製品には，活用に習熟してそれらの性能を求めるハイエンドの顧客が存在する。新たに登場してきた，まだ粗削りで，性能を高めるためにはさらに研究開発も必要で，収益性が低い製品に資源を振り向けようとする誘因は弱い。

カメラの場合，銀塩一眼レフカメラで世界的評価を得ていたニコンにとって，新たに登場したデジタルカメラを開発していく誘因はより小さい。このため後発の電子機器のソニーやパナソニックにデジタルカメラ市場開拓を譲った。

第3に，破壊的製品が市場を獲得し始めると，既存の優良企業はより上位の市場に移行して競争を避けようとする。破壊的製品は戦わずに逃げようとする競争相手との競争であるため，後発企業が優れた既存企業を打ち負かしやすい。後発企業は既存の優良企業との競争が避けられるためさらに市場を獲得していく。既存の優良企業が改めて破壊的製品市場に参入するときには，すでに市場は後発企業が開拓してしまっている。

デジタルカメラ参入に遅れたキヤノンが市場をソニーと二分できたのは，電子機器の子会社を保有し，すでに電子化されたコンパクトカメラで市場を獲得し，撮像素子も内製化できたこと，さらにプリンターでも大きな地歩を築き，マーケティング能力にも長けていたからである。これに対して光学企業の色彩の強かったニコンは，撮像素子を外部調達に依存していたため参入が遅れた。そしてニコンの高級一眼レフカメラの顧客こそ，高性能な銀塩カメラに最も

拘った。

　このように優良企業は破壊的な脅威や機会を意図的に無視して負ける。優良企業は破壊的技術に対応できる技術を保有しても参入を見送ってしまう。優良企業が後発企業と競争しないため，後発企業が勝つのである。

3.4　破壊的イノベーションの検討

(1) 顧客の要求水準

　顧客は購入する際，製品に対して対価を支払ってもよいという求める性能の水準がある。顧客にとって使用に足る性能には届いていない，また高性能だが自己にはその性能まで必要なく，その性能を使用できる能力がないと思えば，その製品を購入しない。そして製品に求める要求水準は顧客によって異なる。

　さらに顧客が製品の持つ性能を活用できる能力はゆるやかに向上する。それに対して製品自体の性能は急速に進歩して，いつの間にか大多数の顧客にとっては必要ない水準にさえ高まっていく。性能過剰になると顧客は当該製品の購買意欲を失う。

　その一方で同じような機能を発揮する製品が次第に性能を高めて，その異質な次元の機能だけでなく，従来製品にも備わっている機能まで性能を向上させてくると，既存製品を購入しなかった顧客だけでなく，既存製品を購入していた層まで購買するようになる。その場合に破壊的イノベーションになる。

　クリステンセンはローエンド市場と未開市場のどちらかで需要を獲得し，さらに既存の中核市場をも奪った場合に破壊的イノベーションとしている（Christensen, 2015）。既存企業が見逃していた市場を足掛かりにしなければ，すでに優良企業が支配している市場に参入しても，後発の企業は市場を奪えない。

　破壊的イノベーションが起こる場合には，後発企業は既存製品の未消費の顧客を開拓する。第3章でみた複写機ではゼロックスが，大量の複写需要を抱える大企業や大学などを顧客層に需要を開拓したが，後発のキヤノンは大型の複写機を導入できない小規模企業や個人に対して，小型の複写機で需要を開拓

し，その後次第に大型機市場の顧客を奪って破壊的イノベーションを実現している。カメラの場合は女性や若者の需要を開拓している。

(2) 破壊的イノベーションの留意点

　クリステンセンは何が破壊的なのかを理解せずに，破壊的イノベーションの理論が注目され誤った理解が少なくないとして，とりわけ次の4点が見逃されていると注意を喚起した（Christensen, 2015）。

　第1に，破壊的イノベーションはプロセスであり，ある時点での製品やサービスを検討するのではなく，経時的な進化としてとらえる必要がある。初期のパソコンは市場のローエンドに参入したが，そのことが破壊的ではなく，のちにメインフレームよりも優れていると評価され，周縁の市場から中核市場に進出して需要を獲得したため破壊的イノベーションなのだとする。そのため破壊的イノベーションの実現には時間がかかる。ときには数十年かかる。長期の時間がかかるために，既存企業がイノベーションを見逃してしまうことになり対応が遅れる。

　第2に，破壊的企業は既存企業とは異なるビジネスモデルを構築することが多い。その例としてiPhoneをあげる。2007年に登場したそれは，既存企業と同じ顧客層を対象にしたものであり，スマートフォン市場における持続的イノベーションである。しかしその後iPhoneが奪ったのはノートパソコン市場である。それまでパソコンを使用していなかった顧客が，簡単に扱えるネット接続の新市場を開拓し，パソコンでネット接続をする顧客を奪っていく。その段階でiPhoneは破壊的イノベーションになったとする。このときアプリケーション開発者と利用者をつなぐビジネスモデルで競争のルールを一変させた。

　第3に，イノベーションが実現したからといってそれが破壊的イノベーションとは限らない。また破壊的と思われたイノベーションが成功するとは限らない。それに破壊理論は既存企業との正面衝突を避け，奇襲を行うことは勧めるものの，どのようにすれば成功するかという方法には触れていない。

　第4に，破壊する，破壊されるという言葉に拘って対処すると経営を危うく

178

する。破壊的イノベーションを仕掛けられているからといって，利益を確保している事業は解体してはならない。まず持続的イノベーションに投資して主要顧客との関係強化を進める。その一方でできれば遠隔地に新しい事業部を設けて，破壊的な波に乗る事業を推進する。主力事業からの独立を担保して干渉を受けない独立組織にすべて任せて挑戦する。

4　破壊的イノベーション論の意義と評価

　破壊的イノベーションの理論は従来のイノベーション理論よりも衝撃を持って迎えられた。それは優良企業が後発の企業に取って代わられる理由を，経営者の判断能力や決断力などの経営能力や意思決定，技術開発を怠るといった技術能力に単純に求めるのではなく，顧客の声に耳をかたむけ，経営者に求められる利益追求に忠実なるがゆえに，新たに勃興する後発企業に敗退することがあると提示したからである。なぜ優良企業が斬新なイノベーションを継続的に生み出せないのか，そして後発企業にも優良企業への道があることを示した。

4.1　変容する破壊的イノベーション

　クリステンセンは1997年の『イノベーションのジレンマ』の後，2000年に改訂版を刊行したが，さらに2003年の『イノベーションへの解』では，それまでの破壊的技術や持続的技術として使用した用語を破壊的イノベーションと，持続的イノベーションに変更する。それはそもそも最初から破壊的と断定できる技術が登場するのではなく，結果として従来の優れた技術を押しやる破壊的な作用を行って初めて，優良企業に勝利する破壊的イノベーションになることを明確にしたものである。それは破壊的イノベーションが出来事ではなく，プロセスとして生じるものである。結果として認識できるものだということになる。

　さらにクリステンセンは，破壊理論はビジネスモデルであって，技術のモデルではないとするようになる。このように破壊的イノベーションの理論は当初

の刊行以降，批判に対して耳を傾け反論しながら内容を彫琢している。多くの論者からの批判もあるが，それはクリステンセンの一部の著書しか目を通していないことにも起因する[108]。

　さらに大きな変更点として，当初は旧来製品とは異質な次元の機能を重視した使いやすく低価格な製品を，破壊的技術と表現したが，その後『イノベーションの解』では，ローエンド市場と未開市場とで破壊的イノベーションが起こるとした。この両者を説明するため前述の図7-1の性能と時間の軸にさらに3番目の軸，新しい顧客や消費が行われる環境を加えた。この軸を加えることによって，新市場型破壊と無消費者を対象にする破壊的イノベーションを表す。ただそれは必ずしも理解しやすいとはいえない図である。

　また破壊的イノベーションの現象を起こすのはローエンド市場や未開市場だけでなく，ハイエンド市場でも起こるではないかといった議論まである。さらに破壊的イノベーションの対処法として，上位市場に追い込まれて敗退する優良企業はいかに対応すればよいのかという声に対して，本社から干渉を受けない自由裁量権を与えた組織を構築して，そこで破壊的イノベーションの波に乗る事業を別動隊として構築することを提案している。ただこれも2000年の改訂版ではすでに言及している。

　破壊理論の対象は製品やサービスなのか，企業，事業なのか曖昧であるという批判がある。破壊的イノベーションとして当初は製品をあげていたが，小売業やサービス業も取り上げられ，幅広いイノベーションが取り上げられるようになるという指摘である。しかしクリステンセンは2000年の改訂版で，破壊的ルーツを持った企業や製品の例を図示し，また説明を加えている。そこにはキヤノンの複写機，セイコーのデジタル時計，インテルのマイクロプロセッサなどとともに，ソニーやトヨタ，日産，グーグル，セールスフォースドットコム，オンライン株式ブローカ，電子メールなどの名称が並ぶ。ただこのように

---

(108) 破壊理論の課題と，論者との破壊理論をめぐる論争については三藤（2018），pp.127～170が詳しい。

異質なレベルの例を提示すると，何を対象にするかという批判も起こる。

　このように破壊的イノベーション理論は，その内容を変化させてきた。それによって理解が進んだ一方で，複雑になりわかりにくくなった面もある。

　クリステンセンは破壊的イノベーションに該当するか否かについて，先の2015年の論文で具体例を提示して説明する。移動手段を探す人とその要望に応えようとする運転手仲介の配車サービスのアメリカのウーバーは該当しないという。その理由はローエンド市場でも未開市場でもない市場への参入だからで，タクシーに乗り慣れた人つまり中核市場を対象に開始し，その後に見逃された顧客への訴求を始めた持続的イノベーションだという。

　同じように電気自動車のテスラも持続的イノベーションだという。その車はハイエンド市場を対象にしており，既存企業から見逃されたセグメント層ではないからだという。そして持続的イノベーションで優良企業に挑戦するテスラは，大手自動車企業に買収されるか，長く厳しい戦いにさらされるかだと予想する。ただこれらの見解については，破壊的イノベーションがプロセスであるというのであれば，そもそも長い時間のなかで観察して判断すべきではないか。

4.2　破壊的イノベーションの意義

　クリステンセンらの破壊的理論はイノベーション論に限らず，戦略論にも影響を与えるなど広く注目され，そのためその理論が正しいのか，経営のツールとして活用できるのかなどをめぐってさまざまな批判にもさらされている。とりわけ何が破壊的イノベーションなのかをめぐっての議論が多い。これに対して前述したように，はじめから破壊的イノベーションと規定できるのではなく，イノベーションのプロセスとして破壊的か否かが登場するとして，事前に規定できるものではないとするが，クリステンセン自身が初めに規定している例もある。こんな状況にはあるものの，次のような点から破壊理論は意義深い。

　市場を支配する優良な企業が顧客の声に耳を傾け，経営者に求められる利益

追求を重視するがゆえに，新しく登場した性能が劣る製品と競争せずに，その地位を失っていく可能性があることを理論化した。一方でそれは後発の企業，そして中小企業でも優れた大企業を打ち負かす可能性があることを意味する。

イノベーションの芽が周縁市場に，つまりローエンド市場や未開市場にあることを指摘した。活況を呈する主力市場だけではなく，市場に参加しない顧客，見逃している顧客，未開の市場に企業は注目し，それらに応える製品を開発する重要性を指摘する。既存製品が対応しない隠れた領域にイノベーションの芽が存在することを理論的に提示した。

顧客が活用できる能力を超えても，企業はさらに技術を向上させてしまう。そうした過剰品質についてはわれわれが経験していることである。例えばカメラにしても，パソコンやスマートフォンでも，利用している機能よりも利用していない機能の方が多い。便利な機能を活用するために学習しても，次々登場する機能に追いつかないのが実情である。それを繰り返しているうち，利用できない高性能な製品には顧客は目を向けないようになる。開発しても次第に顧客はそれに対価を支払わないようになる。優良企業はそうした兆候に目を向けるべきである。

優良企業が支配する中核市場とともにローエンドな市場が存在し，使用し易く低価格な製品を求める顧客が存在する。中小企業はそうした顧客層に注目し，そこで顧客を獲得すれば，ときには破壊的イノベータになれることを理論化した。そして優良企業と同等な製品で競争しても成果は得られず，優良企業が対象としない顧客価値や市場を開発することの有効性を指摘した。

第8章
ネットビジネスのイノベーション

　アーパネット（ARPAnet）に始まったインターネットは，1995年Windows95の登場によって一般にも活用しやすくなり，インターネットを活用したビジネスが次々登場して，2000年にはネットバブルと呼ばれる盛況を博し，そのバブル崩壊をへて顧客を引き付ける多様なネットビジネスが登場する。それは経済活動や社会生活に大きな影響をもたらすイノベーションとして姿を現している。

　ネットビジネスで成功したGAFAと呼ばれるグーグル，アマゾン，フェイスブックそしてアップルについては，その巨大さ故に弊害も取りざたされ欧米では，独占禁止法違反，企業解体までいわれるようになってきた。それはこれら企業のイノベーションによる社会的なインパクトの大きさの裏返しでもある。

　本章では物品販売のアマゾンと検索エンジンで躍進するグーグルを主に取り上げながら，ネットビジネスのイノベーションについてみていく。インターネットを活用した物品販売では，顧客の情報を有効に活用する方策とともに，物流機能を整備すれば多数の顧客を獲得できるため，アマゾンやアリババのように，実店舗の企業よりも巨大化していく可能性を秘めている。

　また検索やSNSのような情報そのものの事業，コミュニケーションにかかわるネットビジネスでは，広告や利用者の情報を他の企業に販売することで収益を獲得する。そのため多くの利用者をいかに集めるか，そのための便利な機能の開発というイノベーションが加速する。

　それはさらにさまざまな利用者が集まる場，つながる場のアクセス経路を提供するプラットフォームに発展する。そこでは便利な機能を無料で使用できる最終利用者（一般顧客）とそれらの機能の創造や顧客情報を活用するサードパーティなどの組織が集まる。そしてプラットフォームの利便性向上と利益獲得のために競ってイノベーションが行われ，プラットフォーム企業は巨大化し

183

ていく。

1　アマゾンのネットビジネス

　インターネットが一般利用できるようになった初期に登場したアマゾンは，書籍から始まってあらゆる製品販売に拡大し，今日では生鮮食料品まで扱い，またクラウド事業でも快走するなど，事業拡大は留まるところを知らない。

1.1　事業基盤への投資

　消費者を対象としたネットビジネスの草分け企業であり，製品販売事業にイノベーションを起こしたのはジェフ・ベゾス（Jeff Bezos）のアマゾンである。同社は1994年に創業し2001年まで利益を計上できなかったが，それでも市場からの資金供給は止まらなかった。それはアマゾンの事業の仕組みがインターネット技術の活用という革新性だけでなく，アメリカの書籍流通を変革する現実的な仕組みを持ち，その業務プロセス構築の意義を理解した投資家が資金を投入したからである（Seybold, 1998）[109]。

　アメリカの書籍販売には，小売店は書籍を一度買い取り，売れなければ値引き販売か，返品というわが国と異なった制度がある。アマゾンは顧客データベースを活用して的確に需要を把握し，書籍ジャンルや著者ごとの販売予測を行い，この予測数量をもとに大量に仕入れ，販売状況をみて素早く値引き販売して売上を確保する。このため初期には一般店舗の返品率30％に対して，同社の返品率は3％で返品手数料も少なく，これだけでも一般書店より収益性が高かった。

　一方で顧客ニーズに素早く応えるために物流センターを設けて在庫を豊富に備える。2000年当時で，アマゾンの保有する18万平方メートルの物流拠点の

---

(109) オンライン小売業の標準モデルを創造したアマゾンは，この分野ではじめてクレジットカード支払いの仕組みを導入するなど，そこには斬新な事業の仕組みがある。Seybold（1999）pp.173～193.参照。

広さは，アメリカ最大の書籍流通業イングラム社の倉庫スペースの2.5倍以上であり，その後も倉庫を急速に拡充している[110]。さらに素早い受発注と納品などのために巨額の情報システム投資を続ける。

　巨大な倉庫で円滑な保管や出庫作業のために，情報技術を活用してフリー・ロケーションという方法も創案する。在庫の置き場所をあらかじめ設定し，その所定場所に的確に置いて取り出しやすいようにするのが在庫管理の基本である。しかしフリー・ロケーションはどこでも空いている場所に置いて，その場所を記録し，取り出すときはタブレットが在庫のある位置まで人を誘導して取り出すという方法である。それは今日では自走ロボットが在庫棚まで移動し，その棚ごとピッキング場所まで持ってくるという方法に進化する。

　物流や情報システムに対する巨額の投資がコストを増大させ収益を引き下げる。しかしアマゾンは製品在庫を保有し，少しでも早く顧客に書籍を届けることを重視した。製品提供時間を実店舗に近づけるためであり，その仕組みは今日，多様な製品の販売で効果を発揮する。同社の物流システムや情報システムはネット販売で競合他社との差別化になり，また電子商取引のイノベーションを成功させた大きな要因になっている。

　初期の書籍販売では製品回転率を高めることで，膨大なキャッシュ・フローを確保する仕組みを構築した。入荷した書籍を平均18日で販売し，その2日後にはクレジットカード会社から代金が入金される。一方，仕入れ代金の支払いは53日後である。結果として運転資本回転期間はマイナス33日になり，運転資金が絶えず充足される仕組みを構築する（Spector, 2000）。既存の書店では在庫回転率が低いために行われていた業界慣行が，高い在庫回転率を実現することでキャッシュ・フローを生み出す源になり，創業時の資金基盤を固めた。

---

[110] 2020時点で米国では150か所の倉庫，自社運用の貨物飛行機40機，さらに多数のトレーラートラックを物流のために保有する。ちなみにワシントン州の1つの拠点は面積9万m^2で，内部には30kmのベルトコンベアが設置される。

1.2　信頼性を高める情報提供

　そして最大の成功要因は，実店舗では困難なネットでしかできない顧客への情報提供にある。製品を検索すると一般的な製品属性情報の提示はもちろん，当該製品に対するカスタマーレビューという利用者の情報で，製品に対するプラスの評価だけでなく，マイナスの評価まで知ることができる。これによって顧客は製品を店頭で手に取る以上の製品知識が得られる。そして同じ領域の類似製品も提示され，自分で最も納得した製品を探すことができる。ときにはそれらの情報によって当初の意図とは反対に，購入しないことでの満足感による顧客価値さえ生まれる。

　加えて過去の検索や購入履歴から個人の読書傾向や趣味を把握して，興味を持つ製品を探り出し，それに合致しそうな製品をメールや，ホームページ上で重点的に顧客1人ひとりに推奨するレコメンデーション機能を設ける。顧客が求めるのは品揃えや利便性，価格だけではない。顧客は書店で時間をつぶし，本の匂いでくつろぐが，それはネットでは提供できない。その代わり，一般書店や各種店舗では提供できないサービスを提供することで顧客を吸引する[111]。

　「商品を販売して利益を得るのではなく，顧客の購買意思決定を手助けして利益を得る」という創業者ベゾスの顧客志向理念をさまざまな手段で実行する[112]。そしてこのとき重要なのが，それら豊富な情報を製品企業と購買者から得ていることである。情報の場の設定を行うだけで，情報は提供者からのものであり，最もコストのかかる情報そのものをアマゾンは自らは創出しない。そして製品をめぐる提供者からの多様な情報によって，全体として情報の信頼性を担保する。

---

(111) アメリカの書籍流通の中でアマゾンの事業の仕組みは革新的であり，事業を推進しながらそれを創造し，その結果アマゾンとバーンズ・アンド・ノーブル，ボーダーズの3社で，アメリカ書籍小売取り扱いの45％を占めるまでに事業は躍進する。
(112) アマゾンの経営理念については，ベゾスへのインタビュー記事Bezos (2008) 参照。

　製品に謳われている情報だけでなく，製品に対する多様な満足体験や不満の情報提供によって，購買の際の不安感を解消させる知識を顧客に提供する。これらの仕組みを書籍以外の製品にも拡大して実店舗を凌駕する。これに対して他の電子商取引の少なからずが，製品やサービスに対する情報提供と顧客の嗜好や購買行動への配慮を怠っている。顧客ニーズに応えようとすると資金や業務ノウハウ，人材などの資源が不足するという理由もあるが，顧客が求める情報を提供するという仕組みがおろそかになっている。

1.3　ロングテール市場の開拓

　このようにアマゾンは実店舗では困難な情報提供と，早く安く顧客に製品を提供できる仕組を構築し，書籍流通システムを変革するだけでなく運転資金確保の仕組みも形成して，ベンチャー企業の課題である創業初期の資金確保にも成功した。さらに実店舗では困難な新たな市場を創造する。書籍流通システムのなかで埋もれてしまう少部数の書籍，マニアしか購入しない限られた書籍の販売など，通常は購買されにくい製品の販売方法を創造した[113]。

　コンビニエンス・ストア経営に顕著なように，多様な製品群のなかから売れ行きの良い製品に的を絞って供給することで，今日の事業は販売効率を上げる。それはABC管理や2：8の法則などとよばれる手法や考え方につながる。売上割合の大きい順にみたとき，上位20％程度に当たるA品目が利益の80％を獲得するので，そうした重点製品に取り扱いを絞り込み，また影響の大きい限られた上位品目の管理を精緻化していくというもので，それは経験則から生まれた管理手法でもある。

　しかしアマゾンの書籍販売部数の1/4ほどは，上位10万タイトル以外の書籍

---

(113) ネットシップでは製品陳列に物理的なコストがかからないため，幅広く製品をそろえることができる。このため需要が限られるニッチな製品でも展示が可能で，需要曲線の裾野が拡大しニッチな製品からも利益が獲得できるというロングテールの考え方が登場する。ただそれには顧客をそうしたニッチ製品に誘導する仕組みが必要になる。Anderson（2006）。

から得ている（Anderson, 2006）。実店舗と異なって，低コストで製品を陳列できるネットショップでは，製品選択の幅を増やし新しい顧客層を開拓できる。より多様な製品をサイトに陳列して，実店舗では取り扱わないニッチな製品を，関心を持ちそうな個々の顧客にレコメンデーション機能で誘導して提案する。

　店舗型小売業が提供しない商品販売で総収入の半分から1/4ほどを獲得し，それが年々増大している。一般店舗では扱いにくいニッチな製品の販売が，ネットビジネスでは有効なことを示した。それがネット販売で，ロングテール（long tail）というマーケティングの考え方を登場させたのである(114)。

　さらに同社はネット販売の仕組みを外部に開放し，デジタル・マーケットプレイスを展開する（雨宮, 2012）。販売企業はアマゾンに販売するのではなく，プラットフォームとしての同社のサイトに製品を出品する。アマゾン自体の仕入販売の他に，出品企業がより多様な製品の販売をアマゾンのサイトを通じて行う。さらにその配送物流を同社が引き受けることで，アマゾンは新たな配送手数料まで確保しながら巨大なデパートと化している。

　さらに自社のデータセンタを活用してクラウド事業に参入し，2020年時点では45％という圧倒的なシェアを確保して新たな収益源にする。同社がAWSと呼ぶクラウド事業ではデータ保管，データベースなどの機能だけではなく，機械学習や人工知能，生のビッグデータの保存や分析，IoTなどなどの機能も提供し高収益を誇る。アマゾンは一般消費者だけでなく，一般企業さえ顧客にする事業を展開する。

---

(114) 嗜好がますます細分化しているため没個性的なヒット製品は生まれにくく，ニッチな製品のほうが利益を獲得できるとするアンダーソンの唱えるロングテールは間違いであるとする見解もある。現実のデータはヒット製品が売上の大半を占めているのであり，尻尾は長く伸びているが，それは細くなり利益獲得は難しいとする（Elberse, 2008）。

1.4　アマゾンの事業イノベーション

(1)　成功要因

　当初アマゾンは書籍販売事業で創業後赤字が続き，企業としての存在が危ぶまれた。しかし今までみてきたように同社は他のネット販売企業とは異なった。ネットでしかできない豊富な情報提供と，それを活用したロングテール市場を開拓した。一方で情報システムと物流システムに膨大な投資を重ねて実店舗以上に事業基盤を整えた。

　さらに書籍販売で成功した事業の仕組みを次々と他の製品に広げ，それを他社に開放してデジタル・マーケットプレイスを設けた。そこではネットビジネスでは無駄と思えた物流システムという資源が，他のネット販売企業が行わなかった投資が，その効果を発揮するようになる。他からは無駄と思える資源が競争優位の手段になるとき，それは他社が模倣しにくく，追従しても追いつかない圧倒的な強みとして作用する（楠木，2010b）。

　さらにネットの物品販売では顧客に対する信頼性の形成が不可欠になる。それは前述の情報システムと物流システムによる迅速な配送とともに，製品選択にかかわる信頼性のある情報提供を行うことで解決する。しかもその情報には製品の性能や利点を強調した生産者の情報だけでなく，購入者や他の製品の購入者，ときには競争企業の関係者と思われるような情報も含まれる。

　製品に対する負の評価も得られることで，顧客はさまざまな角度から製品についての情報に接する。それはアマゾンが情報を制作するよりも，全体として客観性を持つことになる。そうした情報をだれでもが自由に提供でき，同社にとってはその場を設定するだけで情報創出コストがかからない。

　後でみるようにネットビジネスでは，多数の情報を集めそれを価値化することが基本になる。アマゾンではその情報自体を他に販売することなく，顧客を引き付ける資源として，そしてマーケティング情報として活用する。

　アマゾンの事業はインターネット技術だけで可能になったのではない。宅配便やISBN（国際標準図書番号），バーコード，データベース技術，クレジットカードなどの社会的インフラの活用が必須である。それぞれは既にある入手

できる資源でそれを新たに結合して，独自の事業概念で事業の仕組みを構築したイノベーションである。

(2) もたらした影響

　ただその事業は成功したがゆえにさまざまな課題も生じさせている。第1に，個人情報に関するプライバシー問題である。すでに属性を把握している個人の好みを製品のクリックで把握する。それによってレコメンデーション機能が有効になる。しかしそれらの情報によって個人の価値観さえ把握でき個人のプライバシーにも及ぶ。

　第2に，圧倒的な競争力のためにネット企業だけでなく，既存の一般書店や家電量販店，商店まで衰退させている。書籍販売では新刊本だけでなく，中古本まで販売する。それは顧客にとっては便利だが，一時期アメリカでは実店舗書店の閉店が相次ぎ，書店がなくなってしまうのではないかとさえ懸念された。わが国では以前から読書離れや人口減によって，地域の書店が減少しているが，アマゾンはそれに拍車をかけていることが推定される。

　第3に，納入業者に対する圧倒的な交渉力の弊害である。パワーが強力なために業界秩序を破壊する。同社は製品値引き額の一部補填や過剰在庫の返品，仕入れ価格の数％から10％の割合を協賛金として納入元の業者に負担させるなどした問題で，約1,400社に計約20億円を返金させることを日本の公正取引委員会が指導した[(115)]。この他，出版社に代わっての書籍印刷，著作者に同社からの出版を働きけるなど，独占的なパワーを行使して公正な競争を阻害するような行動までみられる。

2　グーグルの検索ビジネス

　グーグル（Google）は世界に膨大に存在するサイトの情報を一瞬にして的

---

(115) 2020年9月10日付け，日本経済新聞。

確に検索する機能を，利用者に無料で提供することで新しい事業を創造した。

2.1　検索エンジンとグーグルの検索方法

　世界中のネットワークを結ぶインターネットが普及し始めた1980年代，Webサーバとの接続やホームページの表示を行うブラウザ（閲覧ソフト）が登場し，1993年にはより使用し易いMosaicがネットスケープ社から登場する。これに脅威を感じたマイクロソフトは，1995年にブラウザInternet Explorerを急遽投入する。これによってインターネットが一般に広く普及することになるが，どこにどんな情報があるか分からないため，それらネットワークの情報を効果的に知る必要性が出てくる。そこでインターネットに存在する情報を効率的に探すための検索エンジン（search engine）が登場する。

　さまざまな検索エンジンが登場するなかで1994年に，スタンフォード大学のジェリー・ヤンとデビッド・ファイロが開発したヤフー（Yahoo!）が利用者を獲得する。ヤフーは検索画面にバナーと呼ばれる広告を表示することで事業化し躍進する。さらに1998年にグーグルがシンプルな画面の検索エンジンを開発して，検索の的確性と速さで急速に利用者を拡大させる[116]。

　スタンフォード大学の大学院生であったラリー・ペイジとセルゲイ・ブリンは，修士論文作成に必要な資料を集めるために1996年，検索エンジン開発に着手する。1998年には10万ドルの資金援助を受けて友人のアパートで創業する。検索エンジンとしては後発だが，人が知りたい順に検索結果を並べる表示方法が優れていた。リンクの集まる重要なページをランク付けして上位に表示するというページランク（PageRank）を採用したのである。

　またヤフーなどが採用していた方法はホームページのサイトを検索するが，彼らの採用した検索はそのなかのページを表示するため，検索キーワードにより合致する情報が検索できる。さらに事業化するなかで検索専用のコンピュータを製作して，世界中のサーバを絶えず巡回し新しい情報でも瞬時に表示でき

---

(116) グーグルの経営については次を参照。Levy（2011）。

るように，あらかじめ検索対象のWebページを保存しておく方法をとる。ヤフーの場合は人海戦術でサイト情報を集めていたが，爆発的に増大するネット情報には人手では対応できない。そしてグーグルはバナー広告をせず無料で機能を提供することでヤフーを抜き去る。

2.2　収益獲得

(1) 検索と広告料

　創業したものの，いかにして収益を確保するかという課題にグーグルは直面する。ヤフーと同じ方法では顧客を獲得できない。そこで検索連動型広告と呼ばれる方法を採用する。利用者が関心を持つ可能性の高い検索語に関連した広告を，検索結果の表示画面に「広告」として掲載する。さらにアドワーズ（AdWords，現在はGoogle広告）と呼ばれる広告主向けの広告では広告価格に競争入札を導入する。最も高い価格で応札した広告を，最も目につく位置に掲載する[117]。

　このとき入札で一番高額な広告を提示した者には，入札価格のままではなく，二番札よりも1セントだけ高い価格で落札したという方法を採る。これによっていたずらな高額広告掲載を抑え，落札した広告主も満足できる価格にする。また利用者が広告をクリックするごとに広告主に課金し，クリック回数に応じて広告料を徴収する。

　さらに同社は品質スコアを導入する。それは広告表示回数に対して実際にクリックされる回数を示すCTR（Click Through Rate）の予測値や，広告主のWebサイトの出来具合などを評価したものである。たとえ入札金額が低くてもスコアが高ければ良い位置に広告が表示される。これによって小規模企業でも広告を出すことを可能にする。

　またサイト運営者向けの広告配信サービスであるアドセンス（AdSense）広告を2003年に立ち上げる。グーグルのシステムが自動的に他社のWebサイト

---

(117) 野口（2017），pp.414〜423。

の内容を解析し，それに合った広告を配信する。グーグルは広告あっせんの機能を持ち，つまり第三者のサイトに広告を掲載する仕組みである。自分のホームページに広告が掲載され，1クリックごとに広告料収益が得られるものである。サイト運営者が広告事業者になる可能性を作り出した。個人も含めて企業がサイトを運営していれば広告業者として，少額ではあれ，収入が得られることになる。

(2) 無料での機能サービス

　グーグルは検索という便利な機能を提供することで創業したが，その利用者からは料金を徴収しない。検索をはじめとしてさまざまな便利機能を無料でサービスし，収益のほとんどを広告料で獲得する。それは便利な機能であっても課金すると利用者が減少してしまうからである。それよりも利用者を拡大するほど広告料金収入が増大する方法をとる。これは多くのネットビジネスでも採用する。初期には利用者から直接利用料を課金する事業もあったが，それらの多くは衰退した。

　グーグルが提供するのはサイト検索の他，ブラウザのGoogle Chrome，メール機能のGmail，地図検索のMaps，さらに地球全体を俯瞰しながら画像で地形が見られるGoogle Earth，動画投稿サイトのYouTube，ニュースのGoogle news，地図機能を拡張したドライブナビゲータ，デジタルコンテンツ配信サービスGoogle Play，そしてクラウド事業のGoogle Cloudなど多彩である。そのほかマイクロソフトに対抗する文書作成ソフト，表計算ソフトなど多くの機能を無料で提供する。

　パソコンからスマートフォンに需要が移行したとき，グーグルはいち早くスマートフォンに対応して，さらに強固な地位を築いてきた。スマートフォンの基本ソフトとしてAndroidを保有し，それはアップル社製以外の製品に広く採用されている。またブラウザのChromeを活用して低価格なパソコンのクロームブックを開発する。このほかに人工知能（AI）や量子コンピュータ開発に投資し，それらでも実績を上げる。

このように巨体化するグーグルは，上記のサービス機能の多くを企業買収によって事業分野に加えた。そしてインターネット関連のあらゆる分野に触手を伸ばし，それぞれの領域で成果を上げる。自動車の自動運転やIoTでもグーグルはそのプラットフォーム形成を狙って巨大な投資を続ける。製品企業にはソフトだけでなく，システムの基盤になるプラットフォームも提供する。それらは検索エンジン以上に多数の利用者を集めることになる。グーグルのサービスに利用者を集めるため，膨大な資金を設備投資やソフト開発に投入しあらゆる情報を集めるのである。

3　インターネットの特質と事業イノベーション

　いままでアマゾンとグーグルの事業についてみてきた。両社ともネットビジネスの勝者であり，そのイノベーションは企業活動にもわれわれの社会や生活にも大きな影響を与えている。

3.1　企業間の電子商取引

　通信回線を活用した取引は電子商取引と呼ばれ，それはインターネットの一般的活用以前の1980年代から始まっている[118]。自動車や電機企業は内部の情報処理をさらに効率的に行うために，購買企業や外注企業との取引システムを社内と一体化する必要に迫られる。そこで発注側の大企業のリードの元に，データ処理システムをそれらサプライヤー企業にも拡大する。当初は紙テープやフロッピーディスクというオフライン形態ではじまり，1980年代中期には専用回線によるオンライン形態へと発展する。

　そこでは通信を可能にするため，機器の統一や通信プロトコルの統一，デー

---

(118) 1990年代中期以降，インターネットが登場したことで，オープンなネットワークが比較的容易に形成できるようになった。それ以前は専用回線を活用するとともに，独自の通信プロトコルでネットワークを形成する外部にはクローズドなネットワークである。

タフォーマットの統一といったシステムの共有化が必要であった。それは，企業グループごとの独自規格で推進され，外部には閉ざされたシステムになる。当時コンピュータと通信回線による企業間の取引データの交換は技術的に難しく，多額の費用がかかった。

　1990年代中期にインターネットが登場し，通信プロトコルTCP/IPを活用すれば，コンピュータ機器が異なっても，自由に通信できる環境が整えられた。それは技術的なイノベーションである。コンピュータ通信が社会的なインフラになり，ここから今日IT革命と呼ばれるようなインターネット活用が始まる。

　このような通信のオープン化は，企業と企業との電子商取引だけでなく，さらに企業と消費者との電子商取引も可能にする。インターネットとコンピュータの普及が，従来の取引形態を多様化させ変革しはじめたのである。ただコンピュータによる通信技術の確立が，直ちに通信による取引を加速したわけではない。ここでも取引情報の交換を行うには，取引に関するデータ構造や取引条件を標準化することが必要になる。初期には自動車や電機，量販店などの流通業は，自社の取引フォーマットで発注企業との電子商取引を推進したため，取引方法はバラバラだった。

　そこで取引条件を標準化するためにEDI（Electronic Data Interchange：電子データ交換）が模索される。これは標準化された規約でビジネス文書（注文書や請求書など）を通信回線でやり取りするもので，自動車業界や流通業界では業界標準のEDIを構築する。その後，標準化しなくてもデータ項目を変更でき，文字だけでなく画像を取り扱えるWeb-EDIも登場している。

3.2　消費者向け電子商取引とアマゾン

　こうしたネットを活用した商取引は企業と企業の取引でB2Bといわれるがその後，個人間の取引のC2C，そして企業が消費者に物品を販売するB2Cと広がりを見せていく。はじめにC2Cで成功したのがアメリカのeベイ（eBay）で，売りたい人と買いたい人を結ぶことで，1995年の設立以降今日まで顧客を獲得している。個人間の取引では個人情報の漏洩など課題があるが，当時情

報の暗号化の仕組みSSLが登場して，第三者に情報漏洩がなく，安心して取引できる通信環境が整備された。

　さまざまなC2CやB2Cが一斉に登場したが，物品販売のイノベーションを勝ち抜いたのが先にみたアマゾンである。アマゾンはニッチな製品，ロングテール市場を開拓することで事業基盤を築く。

　そこでは製品選択のための多様な情報を，生産者や販売企業だけでなく利用者からも集め，製品に関する長短両者の情報を顧客が判断できるようにして製品購入の信頼性を高める。一方では物流システム構築に投資を重ねて配送時間を短縮し，翌日配達や今日では当日配達まで可能にする。

　書籍で成功した事業を音楽CDそしてコンピュータなど電気製品，ファッション製品，食料品，生鮮食品と留まることを知らないかのように取扱品目を拡大している。そこでもロングテール市場への誘動を活用する。アマゾンのサイトと物流システムを販売プラットフォームにして，自社だけでなく他の企業にも製品販売の場を提供するデジタル・マーケットプレイスを運営する。こうした方法で巨大な企業を築いている。

3.3　中国におけるアリババの巨大化

　この分野でもう一つイノベーションをリードするのが，1999年創業の中国のアリババグループ（阿里巴巴集団）である。英語の教師だったジャック・マー（馬雲）が，中国の製造業と世界の製造業を結び付けるB2B事業を始めた[119]。このとき登録も成約料も無料で登録企業数を増大させた。その後サイト検索で上位に登録されるマーティング・サービスや，登録企業の認証・評価を受ける場合は有料にして収入にした。このアリババサイトによって，低コストの中国製造業の製品が世界からも受注を獲得するようになる。

　ついで2003年にC2Cネットオークションサイトのタオバオ（淘宝網）を開

---

(119) ジャック・マーのアリババ創業の経緯につては次が詳しい。鄭（2006）；張（2009）。

始する。これはC2Cとはいっても純粋な個人だけの取引だけでなく，企業も登録して製品を販売できるもので，多種多様な製品が展示されることで利用者が拡大した。登録料や成約料が無料で，受発注管理ソフトのような販売ツール，広告を有料にして収益を確保する。アリババが成功したのは，まずは無料で利用者を獲得し，そして登録した会員がアリババのデジタル・マーケットプレイスで利益を上げることを優先にする戦略にある[(120)]。

　そして2008年にB2Cのデジタル・マーケットプレイスのTモール（天猫）を開設する。中国国内の法人しか出店できず，タオバオよりも信頼性も高い高額な製品が取引される。登録する企業は保証金と技術サポート料が必要で，売上の0.5〜5％の販売手数料を徴収して収入源にする。

　アリババ創業当時，クレジットカードが普及していない中国での電子商取引では決済が課題であった。それにアリババでは偽造製品や粗悪な品質の製品まで展示されて，買い手売り手双方にとって取引の信頼性が低かった。その信用を確保するために2004年にはアリペイ（支付宝）を設立する。サイトでの注文後，買い手は仮想口座「アリペイ」に入金する。入金が確認されると，売り手は商品を発送する。買い手が商品を受け取りタオバオに連絡すると，アリペイから売り手に代金が支払われる。

　クレジットカード普及に遅れた中国で，支払い手段として開設されたアリペイだが，それは一般的な支払い手段として急速に普及する。事前に金を払い込んで使用できるため銀行口座がなくても開設できる。さらにQRコードを使ったスマホ決済サービスで，実店舗で製品やサービスを購入する際にはQRコードをスマホでスキャンするだけで簡単に決済できる。

　取引の際の信用が確立していない中国で，取引の安全性を担保するために生まれたアリペイだが，利用者の資金をプールできると同時に，膨大な取引データも取得できる。アリペイは中国のキャッシュレス化をリードする存在である。次第にフィンテックや信用スコアなどの革新的なサービスを開発する。さ

---

(120) Erisman（2015）p.189。

らに決済の他にローンや投資，資産運用，信用情報サービスとさまざまな金融サービス提供する企業に移行している[121]。2020年で10億人の利用者数を誇る。

3.4　サーチエンジンとネットビジネスの特質

普及するインターネットは時空を超えて，組織と組織，組織と個人，個人と個人，そして物と物をも結ぶ。インターネットが登場する以前，それらは国内でさえ，単純にはつながらず点在していた。このため情報は時間差をもって伝えられたし，その情報量も少なかった。しかし今，文字や画像，映像，音声，個人のつぶやき，取引などあらゆる情報が一瞬のうちに伝わるようになる。

尾原（2014）はこのようなインターネットの持つ性質によって，事業相手の事情が分かってしまうため「場所による価値の違いを金に換えるからくりを白日の下にさらすようになった」とする[122]。

尾原はインターネット以前の事業は「ものを安く仕入れて高く売る」ものだったという。確かに大航海時代に顕著なように，世界初の株式会社といわれるオランダ東インド会社（VOC）は，胡椒のような香辛料を東南アジアから安く仕入れて，貴重品になるヨーロッパでは高額で販売して高い収益を得た。今も人件費や部材が安い国で生産して消費地で高く販売する。しかし事業一般が安く仕入れて高く売るものだと，ひとくくりにするのは疑問の余地がある。原材料を仕入れて加工し，付加価値を加えて製品にして販売する方法も，安く仕入れて高く売るという方法も同じことだとするには議論の余地がある。

しかしインターネットの事業はつまるところ「利用者を安く仕入れて高く売る」ものだという小原の指摘は，電子商取引つまり物品の販売以外の事業の本

---

(121) アリペイはアリババからの独立性を強め，2020年アント・グループ（螞蟻集団）として，融資や投資のプラットフォームとしての顔も持つ巨大企業になり，2020年11月株式上場を図った。しかし銀行ではないのに巨大な金融機能を保有することの懸念からか，政治的思惑からか，中国政府から上場停止を命じられた。最大の株主は馬雲である。
(122) 尾原（2014），pp.23〜36。

質をついている。世界中に散在している利用者を集めて，その利用者を欲しいと思っている企業や人と結びつける。人をマッチングするのがインターネットビジネスである。利用者そのものが商品になるのである。だから利用者に便利な機能，使いたい機能を提供して，ネットビジネスは利用者を出来るだけ多く集めようとする。

　しかし利用者に魅力的な便利な機能を提供しようとすれば，それにはコストがかかる。顧客を集めるコストをTAC（traffic acquisition cost）というが，これをゼロに近づけることかが課題になる。例えばグーグルは検索利用者がキーワードを入力したとき，それに該当する世界中のサーバのページを一瞬で表示するため，サーバ検索専用のコンピュータを製造してデータセンタに膨大な数を設置し，日夜稼働して検索データを作成している。それを怠れば利用者はグーグルから離れてしまう。それだけでなく前述したように地図検索のMapsや動画配信のYouTubeなど次々と便利機能に投資をしてサービスを向上する。

　ますますコストがかかるが，それによって検索に興味のない利用者まで多数集めることによってTACを低下させる。それは事業を巨大化させていく。グーグルが今日のように巨大化したのは，出来るだけ人を安く集めて高く売るというネットビジネスの本質の結果である。それは同社だけでなくアマゾン，アリババ集団，テンセント，フェイスブック，アップルやマイクロソフトなども同じ理由であり，これら企業は現状に止まることを知らないかのように肥大化する。さらにそこに登場するのが後述するプラットフォームである。

4　さまざまなネットビジネスのイノベーション

多種多様なインターネットを活用する事業が登場し活用を豊富にしている。

4.1　SNS

　2010年代はスマートフォン時代の幕開けで，生活に浸透するスマートフォンとともに多彩なサービスが開発された。とりわけiPhoneが普及を加速し，

SNS（social networking service）利用が拡大する。それは個人が手軽に情報発信し，コミュニケーションできるイノベーションである。

(1) フェイスブック

SNSは人と人とを結ぶコミュニティ型の会員制のサービスである。共通の趣味や仕事などを持つ利用者同士が集まり，意見の交換や知り合いの紹介などを通じて，新たな人脈作りやコミュニティを形成する。無料のチャットや通話機能が利用される。携帯電話の掲示板などでSNSは1990年代中期から使用され，さまざまな企業が登場して発展してきた。

さらにスマートフォンの普及でSNSは飛躍的に成長する。いつも手元にあるスマートフォンでは，場所や時間を選ばずに日常的に使えるので，誰でもが気軽にどんな情報でも投稿でき閲覧することがでる。一般企業もアカウントを開設してマーケティングに活用するように，その利用内容も拡大している。SNSはスマートフォンにアプリをインストールして利用するが，利用の際に目に触れる広告が収入源である。とりわけ影響力を持つようになったのがフェイスブックとツイッター，わが国ではラインである。

フェイスブック（Facebook）は2004年に，大学生だったザッカーバーグとサベリンが創業し，2012年に株式を上場する。実名での利用が原則で，文章投稿だが画像や動画，URLも投稿できる。タイムラインで知り合いの投稿が表示され，その投稿をシェアすると，それが同様に友達や知り合いにも表示されて情報が急速に拡散していく。一般利用者がさまざまなアプリケーションを開発し，フェイスブックのツールとして公開できるため，同社が提供する性能を超えたサービスを提供できる。

同社の収入源は広告収入である。提供するサービスやサードパーティのアプリケーション，Webサイトなど，複数の場所に広告が表示される。実名登録なので年齢や性別，場所，興味，行動などのさまざまなデータが同社から提供されるため，広告企業はターゲットを絞った効果的な広告が可能になる。

2010年にアプリの提供を始めたばかりの社員13人で，売上ゼロの無料の写

真共有インスタグラム（Instagram）を同社は2012年に買収した。売上もない小さな企業の買収だったため当時は，その効果に疑問が提示された[123]。しかしそれはフェイスブックと連結することも加わって，とりわけ若い女性の利用者を急速に獲得して，画像SNSの最大手として同社のプラットフォームの重要なサービスになる。

　多くの人が情報を発信するようになると，文章で伝えることや読むことが苦手な人が多くなる。また手早く何かをみたい。そうすると画像や映像がより手軽である。機能が年々向上するスマートフォンのカメラで手軽に写し投稿できる。このため利用者は友人と一緒の写真だけでなく，気に入った食べ物，ファッション，出来事などあらゆるものを写して投稿する。「インスタ映え」する画像投稿が人気を博し，瞬間的に流行するファッションや食品などが登場する。

　またSNSではないがグーグルが提供する動画投稿のユーチューブ（You-Tube）では，音楽やテレビ映像，お笑い芸などばかりでなく，アプリの使い方，機器の作動や扱い方などあらゆるものが投稿されるようになってきた。グーグルで検索するよりもユーチューブで検索するという手軽さが利用者を拡大し，内容が充実してきた。中国のTikTokは最大60秒のビデオ映像の投稿で短期間に世界に普及した[124]。

　スマートフォンを活用した情報発信は，ますます手軽な発信と手軽な閲覧に向かっている。SNSでも次にみるように短い文章やチャット形式での利用が高まる傾向にある。こうした新しい機能のサービスを巡って，プラットフォーム企業間の競争やM&Aが展開される。

(2) ツイッターとライン

　ツイッター（Twitter）は2006年，イノベータのジャック・ドーシーが創業

---

(123) 2012年4月12日付『日本経済新聞』。
(124) 2020年，アメリカでは個人情報を流失させ安全保障上問題があるとしてTik-Tokのアメリカ事業を禁じた。

した企業である。「ツイート」と呼ばれる半角280文字（日本語では全角140文字）以内のテキストや画像，動画，URLを投稿できる。まさに「つぶやく」感覚でどこでもどんなことでも，フェイスブックよりも簡単にそのとき思っていることを投稿しやすい。

スマートフォンがあればその場で一瞬につぶやくことができるため，重要なことでも，くだらないことでも，どんな情報でも手軽に発信できる。また他の利用者の投稿を再投稿することができ，自身のフォロワーにそのツイートを見せる「RT」で情報が拡散できる。気に入った投稿に「いいね（♡）」を付けることができる。キーワードの前にハッシュタグ「#」を置いて投稿すると，特定のトピックに関する投稿がツイッター検索から一覧して見ることができる。

これらの「いいね」やハッシュタグによって，特定の好みや意見などが広く拡散できるため，偽情報や偏った情報でも一瞬に拡散する。トランプ元大統領は広報にツイッターを活用し，一方的な主張や意見を異にする人に対する攻撃，事実と異なるつぶやきで世論誘導などを行うことが知られている。そうした情報にしか接しない支持者は，それを信じてしまうなど，SNSには課題が多い[125]。

ライン（LINE）は韓国ネイバー社の日本法人が，2011年に開始したSNSサービスで，日本やタイ，台湾などで普及している。2020年に，ソフトバンクグループでヤフーを展開するZホールディングスが経営統合し，ラインはソフトバンクグループの傘下に入った。ソフトバンクはプラットフォームの強化を目指している。

ラインは電話番号登録だけで登録できる手軽さのため若者や小中学生に普及する。複数人のグループ通話を含む音声通話やチャットが行え，チャットでは

---

(125) 2021年1月6日，トランプ元大統領はツイッターなどを使用して，支持者を扇動してアメリカ連邦議会議事堂に乱入させ死者まで発生させる暴動を引き起こした。アメリカの調査会社によると，アメリカ人の政治ニュース取得源はニュースサイトアプリ25％，SNS18％，ケーブルTV16％，地方TV16％でSNSの影響が大きい。日本経済新聞2021年1月10日付。

さまざまなスタンプや絵文字が使用できる。このスタンプが人気を博して利用を促進する。通話サービスはインターネット電話で，通信キャリアのパケット定額制サービスに加入していると無制限に通話可能である。

　無料でメッセージ交換を提供する同社の収益源は，ソーシャル・ゲームでの課金売上額が最も大きく，企業の公式アカウントによる広告収入，スタンプの販売，キャラクターのライセンス販売，ショッピングモールなどによる。フェイスブックやツイッターとは異なった収益構造である。

　わが国のSNSではライン利用者が最も多く，また中高生や子供の利用が多い。こられらの間ではいじめの原因としても懸念されている。気軽に友達の悪口を言う，グループチャットで仲間外れにする，チャットにすぐに返信しなかったことでのトラブル，ゲーム課金が膨らむ，絶えずチャットが入るため学習時間が無くなるなど，未熟が故の利用からさまざまな問題を引き起こしている。それに電話番号登録を登録すると，スマホの電話帳が拡散してしまう。

4.2　個人がパワーを発揮

　アフィリエイト（affiliate）は成功報酬型広告のことで，Webサイトに提示した広告でその閲覧者が商品あるいはサービス等を購入したとき，生じた利益に応じて広告媒体に客引きとしての成功報酬を与える一連の形態をさす。そのサイトは広告を事業にする広告企業の場合もあるが，それを個人で行うこともできる。

　ある製品について，それを実際に使用してその長短を的確に評価してサイトで紹介し，加えて商品ごとに製造企業や販売店のURLを提示し，それがクリックされて購入されれば一定の紹介料が得られる。それを専門的に行う個人も登場している。多額の収入例もあるが多くの場合，その収入は月数万円以下である。

　このようにインターネットは誰でもいつでも情報を発信して，ときにはそれで報酬を得ることも可能である。さらに前述したユーチューブによる動画投稿も個人による事業利用が増えている。多数の人に見られる番組を作成し，そこ

に広告を掲載して収入を得るといった方法も盛んになってきた。また無名の歌手や芸人がユーチューブに動画を投稿し，それが人気を博して表舞台に登場するという方法も意識的に行われる。

　YouTube社が定める提携プログラムに従って，ユーチューブ上で自主制作の動画を継続的に公開し，公開動画に付帯された広告収益による配当を得ている個人および組織がユーチューバである。2018年からYouTubeパートナープログラムで過去12か月間の総再生時間が4,000時間以上，チャンネル登録者数が1,000人以上という条件のもと，広告掲載で利益が得られる。小学生の「将来なりたい職業」ランキングで，ユーチューバはトップ10に顔を出すあこがれの職業になっている。

　複数のSNSやプラットフォームで活動して影響力が大きい人物はインフルエンサ（influencer）と呼ばれる。有名人やタレントといった知名度があって多数のフォロワー数を持つインフルエンサだけでなく，特定の分野で情報発信し多数のファンを抱える人物まで登場している。テレビではなく，ブログやSNSを通じて情報を発信し大きな影響力を持つ人が登場してきたのである。そうした人物が発信する情報を，企業が活用して宣伝するインフルエンサ・マーケティング（SNSマーケティング）も登場する。

　こうしたインフルエンサの登場は，インターネットがあってはじめて可能になったものであり，誰でもが好きなときにどんな情報で発信できるようになったからである。そしてその情報が誰かの注目を浴び，そのことをSNSで発信すると急速に広がり，それがますます多くの人を呼び込む。事実ではない情報，偽った情報を意識的に発信するインフルエンサも登場する。それが企業よりも既存のマスコミよりも大きな影響を及ぼすようになる。

　インターネットは誰でも，どんなにくだらないことでもフリクション（摩擦）なく発信できることが素晴らしい（尾原, 2020）。インターネットは個人の可能性を引き出しながら，利用者が新しいものを創造していく。このため規制も必要だが，それは一方でイノベーションの可能性を低下させる。

4.3　結び付けることによる事業

今日，新しい事業創出の多くにはインターネットが核になっている。

(1) クラウドソーシングとクラウドファンデング

インターネットは世界中に点在しているものや人，組織を距離と時間を超えて一つに集めることができるが，それを基盤に登場した事業の1つがクラウドソーシング（crowdsourcing）である。それは仕事の遂行や資産の使用時間などを細切れにして，利用者と結びつけて価値化する事業で，資産保有者や業務従事者は，それまで価値化できなかった資産や時間を換金化できる。例えば業務を細切れにして，その時間だけ業務に従事できる人を世界中から集めて処理する。業務を細分化・分断化しそれぞれを専門能力のある人材に分担従事してもらう。

また保有している自動車や保有する駐車場が勤務などで使用しない時間帯に，その時間帯だけ使用したい人をネットで募集して貸す事業もある。工場の設備が稼働しない時間帯に，業務を外部から受託して稼働させることもできる。海外の低コスト労働力や，高額で雇用できない専門人材の活用など，クラウドソーシング事業にはさまざまな形態が登場してくる。

クラウドファンデング（crowdfunding）事業はインターネット経由で，不特定多数の人に資金の提供や投資など募って資金を確保する。特定製品の事業や事業計画をネット上に掲示して，それに興味や賛同を示す人から少額の資金を募る。あらかじめ設定した金額が集まらなければ募集を停止するので，計画の意義を評価する人が少なければ賛同者のリスクが守られ，同時に募集する事業や製品のマーケティング調査の一翼をも担える。

情報技術を活用した金融サービス事業はフィンテック（fintech）と呼ばれ，スマートフォンを活用しての決済や資金運用，銀行のインフラ，仮想通貨などその領域は幅広い。中小企業でもフィンテックを活用しての資金調達利用が可能である。そのフィンテックにも活用でき，データの改ざんが不可能ともいわれるブロックチェーン（blockchain）技術が登場し，今後さらに広い領域で大

きな可能性を発揮すると期待さている⁽¹²⁶⁾（朝山, 2016）。

(2) シェアリング事業

シェアリング事業には部屋やホールなどの共有，ものの共有，自動車の相乗りなど移動の共有，保有する能力を一時的に提供するスキルの共有，資金にかかわる共有などの分野があり，サービスの供給者と利用者がn対n（個人間取引）で，ソーシャルメディアとスマートフォンを活用して供給者と利用者を仲介する。このときスマートフォンが有効なのは，利用者が存在する近くに必要なものがあるかを瞬時に検索できるからである。

情報技術を活用した事業創出は中小企業にとっても多様な可能性を持っている。2008年に生まれた空き部屋の貸し出しのアメリカ，エアビーアンドビー（Airbnb）は，インターネットと空き部屋がある人はだれでも旅館を営めるという発想で事業を拡大した。そこでは同社が物件の審査や利用者の審査をすることなく，物件の写真や利用者の詳細なプロフィールを登録するだけで，後は貸し主と利用者の双方で宿泊の可否を決める。利用者はネットで宿泊について質問し，他の利用者の評価を閲覧して選択する。ここでも情報は外部が創出し，それをサイトに提示して仲介することで事業が成立する⁽¹²⁷⁾。

シェアリング事業の背景には共有による価値創出のシェアリング・エコノミー（共有型経済）がある。そこには，ものから得られる価値（サービス）が必要なのであって，必ずしもものの所有権を移転しなくとも価値は得られるというサービサイズ（servicize）の考え方がある⁽¹²⁸⁾。それは循環型経済にもつ

---

(126) ブロックという複数の取引の集まりを単位として記帳などが処理されるが，そのブロック内の処理が終了しなくても次のブロックに進んでブロックのつながりを作り，それはネットワーク上の分散データベースに送られる。データの前後の整合性を保ったまま改ざんすることが不可能なため安全に運用できるなどの特質がある。

(127) 同社はホストから3％のサービス料を，宿泊者からは宿泊料金に応じて6％〜12％を受け取る。

(128) アメリカで始まったシェア事業やサービサイズの考え方はBotsman and Rogers（2010）を参照。

ながる考え方で，そこに情報技術が活用されることでサービスの移転と消費を円滑に行う事業になる。サービサイズの視点に立てばシェアリング事業にはさらに多様な可能性がある。

5　プラットフォーム

　ネットビジネスはプラットフォーム化することで，巨大化するだけでなくさらにその影響力も増大させる。このプラットフォームという概念は理解しにくい概念である。明確な定義なしで使用されていることが少なくない。

5.1　プラットフォームとは

　それは土台や基盤を意味する言葉であり，駅のプラットフォームと同じである。当初この概念はコンピュータの世界で使用され始める。既に第5章でみてきたが，圧倒的なシェアを持つIBM PCを母体にするパソコンでは，インテルのMPUとマイクロソフトのOS（基本ソフト）Windowsが事実上の標準になる。

　このときインテルのMPUはパソコンそのもので，そこで作動するOS上で各種のアプリケーションソフトや，プリンターなどの周辺機器が作動するようになる。そうすると製品技術の視点では，両社のMPUと基本ソフトがプラットフォーム（platform）になる。このようなシステムの基盤になるものとして，用語が使用されるようになった（Cusumano & Gawer, 2002）。

　このとき基本ソフトを基盤に，コンピュータで使用する各種ソフトや周辺機器などの補完製品があることで，実用性を持って使用できる便利な機能を発揮するパソコンになる。ソフトや周辺機器などパソコンの補完製品を製作する企業は，マイクロソフトからの基本ソフト情報を得なければ適切に作動する製品を生産できない。

　またそうした補完製品が多様になるほど，パソコンが使用し易くなるため利用者が増え，インテルやマイクロソフトの事業は盤石なものになる。両者を変

更することはパソコン企業にとっても，周辺機器，ソフト企業にとっても出来ないことになる。こうしてパソコンではパソコンそのものであるMPUを基盤にするハードのエコシステム（Iansiti & Levien, 2004）と，マイクロフトの基本ソフトを軸にする多様な企業が協調しながら競争してイノベーションを喚起するエコシステムを形成し，コンピュータ産業のプラットフォームになる（Cusumano & Gawer, 2019）。

5.2　プラットフォームの特質

　共通の目的や同じ資源を共有するために，個人や組織を結合するものがプラットフォームだとクスマノフら（2019）はいう[(129)]。それはプラットフォームに参加することでそれぞれに利便性や利益が獲得できるためで，人や組織を集めてイノベーションや相互のやり取りを可能にし，非線形的に効用や価値を増殖させていく。

　新たに加わる利用者はプラットフォーム上で，利用可能な他のすべての利用者やイノベーションを利用することができる。つまり新たな利用者はそこで活用されている便益をすべて使用できると同時に，既存利用者の便益も新たな加入者によって増大するのがプラットフォームである。

　プラットフォーム・エコシステムの参加者には，製品サービスを購入や利用する最終利用者，そこに提供する製品やサービスの開発や製造の作り手，プラットフォームとのインターフェースの提供者（使用するモバイル機器など），そしてプラットフォーム企業の4社が核になる（Van Alstyne, et al., 2016）。インターフェースの提供者はプラットフォームと利用者の橋渡し役で，プラットフォーム企業はこれら参加者を結び，そのプラットフォームの統治と知的財産の管理を担う。

　プラットフォームでは作り手と，最終利用者とのネットワークが経営資源であり，両社の相互作用を促すことによって価値を創造する。このため最終利用

---

(129) Cusumano & Gawer（2019），邦訳pp.15〜23。

者の顧客価値だけでなく，拡大するエコシステムの全体価値が高まるようにする。そのためときには特定の顧客種別を優遇して顧客を引き付ける。このため原材料を仕入れて加工し販売することで価値を生み出す，従来の「パイプライン型」事業と異なって競争は複雑である。相互作用，誰を参加させるか，何で業績を評価するかがプラットフォームでは重要になる。

　新たな参加者によって既存の参加者の便益も高まるために，いわゆるネットワーク効果が生じる[130]。このため便益は直線的ではなく，非線形的に増大する可能性を持つことになり，そのためにさらに新しい参加者を引き付ける。プラットフォームでは多様な参加者がその便益を高めようと，また自己の便益を高めようとして新たなものを創出しようとする。このことがさらに他のイノベーションを誘発して，便益増大を図るようになるとさらに参加者が参加者を引き込むようになる。

　グーグルは検索エンジンでまず最終利用者を集め，一方でブラウザやメール，地図，動画投稿，文書作成などオフィス機能，そしてクラウドなどの作り手を集め，それらにアクセスするためのスマートフォン用インターフェースのアンドロイドを，無償で提供することでスマートフォン企業を集める。一方で顧客を求める企業，広告企業，Web運営者，アプリ開発企業などより多角的なマルチサイドを集めることによってプラットフォームの性能を高め巨大な企業に躍進した。

　それはフェイスブックも，アップルもアリババも同様である。アップルはモジュールを調達して製品を販売するパイプライン型企業から，アプリ開発者とiPhone利用者をアップルストアでつなげることで，プラットフォーム企業になった。このとき，グーグルやアップルはアプリ配信手数料30％（今後は15％に引き下げ）を徴収する。

---

(130) 製品やサービスの価値が利用者数に依存しているときに使われる概念。新規利用者が増えると既存利用者はコスト負担なしに利便性が高まる。ネットワーク外部性と同じ。

5.3　つながる場を提供するプラットフォーム

　最終利用者や利便性を提供する人や組織が出合い，結びつける場であるプラットフォームは，ものを仕入れて販売するものではない。だから生産手段は所有せずつながる方法を創る。さまざまな異なる種類の顧客グループを相互に結び付けるためにアクセス経路をつくり，それらが一堂に会する場がプラットフォームになる。初期のアマゾンのように書籍を仕入れて顧客に販売するのはシングルサイドプラットフォームと呼ばれる。さらに2つ以上の異なるグループがお互いを見つけて交流する仮想の場を運営するのがマルチサイドプラットフォームである（Evans & Schmalensee, 2017）。このときマルチサイドは異なるグループを意味する。

　今日プラットフォームという用語が用いられるようになったのは，後者のマルチサイドプラットフォームを形成する企業が登場して，経済に大きな影響を果たすようになってきたからである。そこでは異質な参加者，異質な各グループのメンバーそれぞれが，プラットフォームへの参加を動機づける価値を得ることができ，一方で別のグループに対して価値を創出しなくてはならない。すべての参加者に継続的にサービスを利用させ満足する価値を提供し，また利益を生むような仕組みが必要になる。

　エバンズらはプラットフォームでは，各サイドの利用者の出会いが難しいときを意味するフリクション（fliction）が大きいほど，出会いを円滑にできるプラットフォームには大きな利益をもたらし，ますます拡大していくとする。そして利用者が多いから利便性の高い価値を提供できるのか，先に利便性を創造して利用者を集めるかという「鶏と卵問題」を解決してプラットフォームを構築することが課題であるという。

　つながる方法をつくるのがプラットフォームだというモザドとジョンソン（Moazed & Johnson, 2016）は，プラットフォームは取引を円滑化することによって価値を創造するという。利用者がコア取引を繰り返して価値を生み出し交換することによってプラットフォームの価値が高まる。このときコア取引はつながりによって利用者に価値を生み出すものを意味する。利用者がコア取引

を繰り返して価値を生み出し交換するのが場である。そのため利用者を参加させ，そのマッチングを支援し，取引しやすくなる技術を提供し，信頼を醸成して質を維持する，という4つのルールをつくることがプラットフォームの機能になる。

5.4　イノベーションの加速と巨大化

　このようなプラットフォームという概念は，電気や電話，自動車などさまざまな技術や製品ですでに存在していたものである。ただそれらは製品を単体で提供するなかで，産業のプラットフォームとして社会に影響を与えるものであった。しかしデジタル技術とインターネットの融合によってあらゆるものが結び付くようになると，より直接的に一つの企業が形成した事業としてのプラットフォームがより強大な力を持つようになる。

　そこで便利な機能を活用するために人や組織が集まるが，最終利用者はそこで提供される便利な機能を無償で利用できる。一つの機能を軸にしてプラットフォームにはさまざまな便利な機能が用意され，さらに新たな機能が加わってくる。その新たな機能を創るのがマルチサイドの作り手のグループで，それらグループがそれぞれに利益と利便性を求めてイノベーションに取り組み，それがさらに次のイノベーションを喚起する。

　そして利用機能が広がり利便性が高まり，さらに利用者が増える。それら利用者を引き付けるためにプラットフォーム企業は，つながる場を構築するため相次ぐ投資を重ねる。そこに向けてサードパーティの企業が参入してくる。そこでは新しいものを付加するためにイノベーションが加速する。

　プラットフォームは単なるつながる場ではなく，イノベーションを加速する場であり，便利な機能は広がっていくので，それまで競合しなかった異質な企業のプラットフォームとも，次第に競合領域が登場してくる。こうして現代はさまざまなプラットフォーム企業が競合し，イノベーションを加速させながら勝ち残るべくプラットフォーム企業を巨大にしていく。

6 ネットビジネスの今後

　情報はものと異なって同時多重利用が可能である。そして意味の多義性を持つ情報の価値は人によって異なる。このため情報はさまざまな方法によって価値化できるし，また価値を増殖させることもできる。今日，物理的なものを扱う巨大企業に代わって，GAFAやアリババ集団，テンセントなど，世界の巨大企業は情報を扱う企業である。それは今日が情報の時代であることを物語っている。

　ネットビジネスでは最終利用者には無料で，情報発信や便利な機能提供の場を与え，そこで生まれる情報を収集してその情報を価値化する。その情報はさらに増殖させることも可能で，そのためにいかに多数の利用者を集めるかが課題である。ネットビジネスでは「場」を設定し，そこに集まる人が情報を提供し，また情報が流通する仕組みを作り，自らは情報作成コストをかけずに多数の情報を集める。いかにして人を集めるか，そのための手段としてさまざまな機能や仕組みを創造する。それを強大化させたのがプラットフォームである。

　そこでは利用者を集めるためにさまざまなイノベーションが登場する。それは社会を豊かにもするが，個人間のトラブルも発生させたり，国の政治を左右するような影響ももたらしている。

　そうした負の側面があったとしても，規模の増大分よりも収穫が増える収穫逓増を目指してネットビジネス企業は巨大化していく。それが続く限りインターネットを核にしたイノベーションが進展することになる。

終章
イノベーションへの挑戦が社会や企業を支える

　経済が複雑化しグローバル化するなかで，さまざまなイノベーションが登場し，イノベーションを推進する企業が躍動している。しかしアメリカ企業や中国など新興国企業が活躍するなかで日本企業は影が薄い。それは同時に日本経済の低迷と重なる。かつて日本企業は最新技術や最新設備を積極的に導入し，新しい製品や技術を開発し，新しい事業に取組んできた。そこには当時技術革新と称したイノベーションの機運にあふれていた。

　しかし今日，かつては果敢に新しいものに取組み，技術革新を推進してきた日本企業が，リスクを恐れ新たなものへの挑戦が影を潜める。無謀とも思える積極経営に邁進した中小企業は，現状維持の従来踏襲の経営に甘んじている。

　この状況から脱皮するためにはやはりイノベーションへの挑戦が必要である。従来の技術革新という枠を超えてイノベーションは，存在しない新しい何かを事業活動によって生み出すという本来の視点に立ち返っている。社会生活や事業活動のあらゆることがイノベーションの対象になる。そうした視点で新しいものに挑戦することが日本企業の課題である。企業のいくつもの新たな試みによって，社会に大きな影響を及ぼすイノベーションが登場する。

　われわれの社会生活や企業活動を変革し，経済を新しい軌道に乗せるような社会的影響の大きなイノベーションでは，次々と他のイノベーションを喚起し，それが相互に影響を与えながら重層的に登場して新たな生産物をもたらす。本書ではコンテナがもたらしたコンテナリゼーション，複写機，トラクタ，カメラ，コンピュータやインターネットをはじめとする情報技術，トヨタ生産システム，宅配便などの例を通じてそうしたイノベーションをみてきた。

　以下では今までみてきたことを振り返ることで本書のまとめとする。

1 今日のイノベーションの特質

(1) イノベーションは新たな機能創出のために，企業家が入手できるあらゆる資源をいかに結合するか，システム化するかの構想が鍵である。新結合の遂行には目的が存在しなければならず，新しい事業概念の創造が起点になる。

新しい技術を創出したとしても，他の資源とどのように結び付けて事業化するかが課題である。また斬新な技術のような資源がなくても，入手できる資源の斬新な結びつきでも，漸新な事業概念によってイノベーションは推進できる。コンテナのイノベーションはトラックや列車，船舶，港湾設備など，多くは従来から存在する輸送手段を，コンテナという箱を荷物の入れ替えなしで一貫して運搬できるようにシームレスに結合することで実現した。

そしてマクリーンはそれらの結びつきを，初めから必要だと認識していたわけではない。荷物の入れ替え，積み替え積み下ろしがなくなれば輸送コストが引き下げられるという，コスト削減の事業概念の追求がコンテナリゼーションをもたらしている。そこには多くの試行錯誤がある。堅牢な箱やコンテナ化するための規格，そのコンテナを載せるトラックや列車などの台車，水深の深い港湾，コンテナヤードのある埠頭，取り扱いするためのクレーン，コンテナ専用船などは，後から改善や開発されてより効果的なコンテナリゼーションに進展した。

原点はいかにして運送料を引き下げるか，そのために積み替えをなくすために箱を利用するという着想であり，その事業概念である。前述のような新たに結合される手段は，新しい試みのなかでさらに創造され，そこに新しい技術や事業が登場して国際経済を変えるイノベーションをもたらした。

(2) 斬新な製品や事業の開発だけではなく，改善活動や改良でもイノベーションは生まれる。

新たな製品や事業が登場しても，当初は利用に足る機能の不足や，使い勝手が悪く性能も低い不完全なものであることが少なくない。製品や事業は顧客を

獲得し，顧客が求める価値に対応していくことで完成度を高める。それは製品イノベーションだけでなく，プロセスイノベーションによって向上していく。

　デジタルカメラは当初形状が大きく，画素数が少なくて滑らかな画像を再現できなかった。しかし需要を獲得するなかでさまざまなモジュールが登場し，ものづくりの仕組みも変えながら性能を向上させた。そこでは製品イノベーションとプロセスイノベーションが相互作用して，過去の光学的な精密製品より高解像度な写真，同質の画像がいくらで再現できる機能を発揮する製品になる。製品とプロセスの両者のイノベーションによって，高齢の女性でも気軽に扱えるデジタルカメラ，職業写真家が使用するような超高精度デジタル一眼レフカメラまで，そしてミラーレスカメラが登場した。

(3) トヨタ生産システムは生産や業務方法など，企業活動のイノベーションである。トヨタ生産システムはジャスト・イン・タイム（JIT）という考え方を実現するために，幾多の改善をへて業務方法のイノベーションとしての姿を現した。

　必要なときに必要なものを必要な数だけ取りに行くという簡単な命題を追求することで，ジャスト・イン・タイムは生産システムや流通システムを変革するが，それは業務方法のイノベーションとして多方面に影響を与える。その実現にはあらゆる無駄を省く，仕事量を平準化させていくことが前提で，一つの手法で実現するのではなく，障害になるものを改善し続けることが必要になる。このためそれを実現するには長い時間をかけての改善活動と試行錯誤が必要になり，それが企業活動をも変革する。

(4) オープンなモジュールはものづくり，そして産業構造を変革するイノベーションである。

　高度な機能を発揮する内部構造が複雑でブックボックスな部品であるモジュールが市場に登場することで，それら必要な機能を果たすモジュールを調達して組合せることで高度な製品の生産が容易になった。パソコンのように組

み合わせる方法がデザイン・ルール化した製品まで登場し，価格を低下させながら性能向上を図るようになる。

このため産業構造は垂直統合型から，自律分散型に移行し産業のリーダーシップも変わった。ブラックボックス化するノウハウを保有するモジュール企業が，独自に性能向上を図るためにイノベーションを繰り返し，製造ノウハウをもつモジュール企業が自律性を高めて，製品企業に代わって高収益を獲得するようになる。

産業内でリーダーシップを失った製品企業は収益を確保するため，組立業務までEMS（製造受託企業）やODM（設計製造受託企業）に依存するようになる。差別化できる製品概念やマーケティング機能を発揮できる製品企業しか生き残れなくなり，それはデジタル製品分野だけでなく，今後は自動車のような擦り合わせ型のハードが主体の産業にまで及ぼうとしている。

(5) 後発の企業でも，中小企業でも既存優良企業を打ち負かすのが破壊的イノ
　ベーションという現象である。

既存製品が性能を高めていく一方で，性能は劣るが，従来とは異質な機能を持ち，既存製品を購入しなかったローエンド層でも購入する製品が登場することがある。卓上型の乾式普通紙複写機はゼロックスに比べると，当初は便利な機能や複写速度には劣ったが低価格で，メンテナンス不要で置き場所も自由なため，小規模企業や個人でも購入できる。このため未消費者の需要を獲得する。

それまでゼロックスを使用できなかった顧客の市場を開拓し，さらに机周りに設置できるため次第に大企業のオフィスでも使用されるようになる。またレーザー技術が普及し，プリンターと複写機，スキャナーなどの機能を備えた複合機としてさらに個人需要を拡大する。

そうした破壊的イノベーションは優良企業を衰退させて産業構造を変える。それは性能は劣っても，既存製品にはない異質な機能を備え便利で手軽に使用でき，そして低価格な製品や事業を創造すれば，後発企業が既存の優良企業に

とって代わることができる可能性を示した。

2　イノベーションの推進エンジンとしての情報技術

すでに70年ほど前に登場したコンピュータから始まる情報技術が，製品や事業のイノベーションを推進している。情報技術が多くのイノベーションの核になり産業革命といえる影響をもたらす。

(1)　情報技術が製品をハードなものから，ソフトなものへと製品特性を変革する。

機器の作動がプログラム処理によって自動化され，それは関連機器とシステム化されて統合して制御されるようになる。さらにプログラムを更新することで機器の性能を進化させることが可能なスマート製品が登場した。製品が自ら作動を制御し他の機器にデータを送り，人間の関与なしに自律的に制御する。

それはハードな製品がソフト化され，物理的な部分よりもソフトの比重が高まることを意味する。日常的に視聴するテレビまでもが画像処理された映像を流している。新聞や雑誌，書籍などもデジタル機器で読むようになろうとしている。それがまた製品や事業のイノベーションを喚起する。ものづくりの概念が変わり，ハードなものの加工よりもソフト制作というものづくりの時代を迎えている。ソフトとデジタル技術がカメラや自動車，工作機械など従来業界にもイノベーションを招来している。

(2)　常に携帯する情報処理機のスマートフォンが多様なイノベーションを重層的に創出し始めた。

2000年以降，スマートフォンという情報機器を常に日常的に手元に置いて使用するようになる。それはインターネットを活用してあらゆる情報に接することが可能なだけでなく，個人でも情報を画像や動画までも，自由にいつでも発信できる環境をもたらした。そこに多様な事業が生まれ，情報技術を活用す

るイノベーションが次々と登場して，生活も企業活動も変革しはじめた。

　どんなことでも，くだらないことでも，文字や音声ばかりでなく画像や動画まで手軽に発信できるSNSが登場して，個人の情報発信力を飛躍的に高めた。このため大企業やメディアだけでなく，個人が影響力を高め，消費や購買行動を左右し，社会や政治にまで影響を及ぼすようになる。個人がネット上でさまざまな事業を行うことも可能になり，そうした試みがネットビジネスのイノベーションを加速する。

(3) 人や組織をつなぐ場を提供するプラットフォーム企業が，イノベーションを推進し巨大化している。

　いつでもどこでもスマートフォンやタブレット，パソコンなど情報機器を活用する利用者を巻き込んで，多数の人や組織を結び付けるプラットフォーム企業がさまざまな事業を創出し留まるところを知らない。そこでは異質な参加者からなるエコシステムが形成され，さらに参加者の増大を求めてイノベーションを促進する。

　インターネットを活用する事業では情報をいかに多数集めるか，利用者を集めるかが事業の基盤になり，意味の多義性を持ち同時多重利用が可能で，利用方法により価値が増殖する情報の持つ特質がプラットフォーム企業を生み出し，それは巨大化する。世界の巨大企業は石油や自動車，化学製品，金融機関などに代わって，GAFAのような情報を基盤にする企業に代わった。

　プラットフォームは自ら情報を創出するのではなく，情報が集まり取引される場を提供し，そこで人と情報をつなげる。そのつなぐ人や組織を増大するために，そこに集まる参加企業がイノベーションを推進する。

3　イノベーションの原点は顧客価値

　独自のアイデアや発明が製品や技術，事業を喚起し，経済社会を発展させるイノベーションに結びつき大きな影響をもたらすこともある。しかし顧客価値

を前提にしない技術の開発や技術応用のイノベーションは，ダイナミックなイノベーションに発展する可能性はあるものの，失敗の可能性が高い。

　従来の方法では不可能な顧客価値の実現がイノベーションである。そうするとイノベーションは技術から発想するのではなく，顧客側の視点に立脚しての創造が不可欠になる。どのような顧客価値が求められているのか，それをどのように見出していくか，さらにそれを競争優位なものとしてどのように提供していくかがイノベーション着想の課題になる。

　イノベーションの実現にはまったく未知の価値だけでなく，既に存在する価値領域でも，とりわけ異質な価値に注目して挑戦する。異質な顧客価値を発見するには，製品を使用しない人の立場でその理由を検証する，製品の使用場面を変えてみる，通常とは異なった使用方法を行ってみるなどのコンテクストを変えて検討する。すでに存在する製品でも，通常とは異なった視点から活用法や製品価値を検討する。それが異質な顧客価値に注目することになり，斬新な構想にもつながる。

　また必要性は認識できるが，その実現にはコストがかかりすぎて採算が取れない顧客価値，手間がかかる，多様で絞り切れないニーズなど，解決されずに放置されている事象のなかにイノベーションの芽がある。性能が優れた製品の創出がイノベーションとは限らない。異質な顧客価値，放置されている顧客の問題解決を実現するところにイノベーションが待っている。

　こうした異質な顧客や異質な価値に注目するという発想は，大企業よりも中小企業の方が対応しやすい。固定観念にとらわれず大企業とは異なった視点で，異質な顧客価値に注目し，ニッチな領域でイノベーションを起こす。

4　イノベーションには新たな事業の仕組みを創造

　事業として成功しないと，イノベーションは実現しない。一般には技術やアイデアの視点からイノベーションについて議論されるが，それは必要条件であっても十分条件ではない。斬新な発明や発見でも，事業に成功しなければイ

ノベーションではない。それどころか他社が創出したイノベーションでも事業として実現した企業が，イノベーションの担い手になる。イノベーションの実現には事業化が課題なのである。それには今まで存在しなかった価値だけでなく，競合企業とは異なった顧客価値，模倣しにくく競争優位になる顧客価値の提供が不可欠である。

ENIACを開発したモークリーらはコンピュータの事業化を図ったものの成功しなかった。代わって必ずしも技術力が高い訳ではないIBMがメインフレームの覇者になったのは，顧客獲得のマーケティングを重視した事業を行ったからである。ソフト制作を重視したプログラム訓練センターの開設，簡易言語開発によるユーザーのプログラム開発の支援，無償での業務ソフトの提供，さらにコンピューティング講座を開設する大学には，製品を大幅割引する。

IBM製品で学べば，それに慣れ親しんだ技術者が社会に送りだされるので販売が有利になる。トラブルに対するメンテナンス体制，高額製品のレンタル販売体制など，事務機器企業としてマーケティングの重要性を熟知するトム・ワトソン・ジュニアの戦略によって，同社はメインフレームの覇者になった。

事業化するには資金確保，マーケティング，販路開拓，PRなどを同時に準備する。中小企業は開発行為よりも事業化の方が，障壁が高いことが少なくない。このため開発だけでなく，はじめから事業化と一体でのイノベーション推進が不可欠になる。イノベーションの価値化にはそれを十分に生かせる事業の仕組み構築が前提である。イノベーションが登場しても，当初は顧客や他の企業など影響を受けるものが評価せず，普及には時間がかかる。イノベータはこの間に競争優位な事業の仕組みを構築する。

今までみてきたように今日，イノベーションが社会生活や経済活動を変容させている。そのなかに埋もれるのではなく，改善でも，企業内の変革でも，小さなイノベーションでもそれに挑戦することが企業に求められている。収益確保にも生き残りにも，挑戦なくしては困難な時代に企業は置かれている。

【参考文献】

Aaker, David A. (2004) *Brand Portfolio Strategy,* Free Press.（阿久津聡訳『ブランド・ポートフォリオ戦略』ダイヤモンド社，2005年)。

Aaker, David A. (2010) *Brand Relevance-Making Competitors Irrelevant*, Jossey-Bass.（阿久津聡監訳『カテゴリー・イノベーション』ダイヤモンド社，2011年)。

阿部武司・橘川武郎編（2018）『社史から学ぶ課題可決』出版文化社。

Abernathy and Utterback (1978) Patterns of Industrial Innovation, *Technology Review.*

Afuah, Allan (2004) *Business Models,* MaGraw-Hill Irwin.

Afuah, Allan (2014) *Business Model Innovation* Routledge.

阿甘（2011）（徐航明/永井麻生子訳）『中国モノマネ工場』日経BP社。

雨宮寛二（2012）『アップル，アマゾン，グーグルの競争戦略』NTT出版。

Anderson, Chris (2006) *The Long Tail*, First Hyperion Books.（篠森ゆりこ訳『ロングテール』早川書房，2006年)。

青木昌彦（2002）「産業アーキテクチャーのモジュール化」青木昌彦・安藤晴彦編著『モジュール化』東洋経済新報社。

朝山貴生（2016）「ブロックチェーン概論」馬淵邦美監修『ブロックチェーンの衝撃』日経BP社。

Baldwin, Carlis Y. and Kim Clark (1997) Managing in an Aege of Modularity, *Harvard Business Review*, Sep.-Oct.（坂本義美訳「次世代イノベーションを生む製品のモジュール化」『Diamond ハーバードビジネスレビュー』1998年1月号)。

Baldwin, Carlis Y. and Kim Clark (2000) *Design Rules*, MIT Press.（安藤晴彦訳『デザイン・ルール』東洋経済新報社，2004年)。

Bezos, Jeff (2008) The Institutional Yes, *Harvard Business Review*, Feb..（有賀裕子訳「アマゾン・ウエイ」『DIAMONDハーバード・ビジネス・レビュー』2008年2月号)。

Botsman, Rachel and Roo Rogers (2010) *What's Mine Is Yours*, Collins.（関美和訳『シェア』日本放送出版協会，2010年)。

Brooks, John (2014) *Business Adventures*, John Murray.（須川綾子訳『人と企業はどこで間違えるのか?』ダイヤモンド社，2014年)。

Buchanan, Mark (2002) *Nexus: Small Worlds and the Groundbreaking Science of Networks,* Norton.（坂本芳久訳『複雑な世界，単純な法則』草思社，2005年)。

Burgelman, Robert A. (2002) *Strategy Is Destiny*, The Free Press.（石橋善一郎外監訳『インテルの戦略』ダイヤモンド社，2006年)。

Campbell-Kelly and Aspray (1996) *Comouter: A Hisrtry of The Information Machine,*

HarperCollins.（山本菊男訳『コンピュータ200年史』海文堂，1999年）。

Ceruzzi, P.E. (2003) *A History of Modern Computing*, The MIT Press.（宇田理・高橋清美監訳『モダン・コンピューティングの歴史』未來社，2008年）。

Cheasbrough, Henry (2003) *Open Innovation*, Harvard Business School Press.（大前恵一朗訳『OPEN INNOVATION』産業能率大学出版部，2004年）。

Chesbrough, Henry (2006) *Open Innovation*, Harvard Business School Press.

Christensen, Clayton. (1997) *The Innovator's Dilemma*, Harvard Business School.（伊豆原弓訳『イノベーションのジレンマ』翔泳社，2000年）。

Christensen, Clayton. (2000) *The Innovator's Dilemma*, Harvard Business School.（伊豆原弓訳『増補改訂版イノベーションのジレンマ』翔泳社，2001年）。

Christensen, Clayton and M. Raynor (2003) *The Innovator's Solution*, Harvard Business School Press.（桜井祐子訳『イノベーションへの解』翔泳社，2003年）。

Christensen, Clayton, and Sccot Cook, Taddy Hall. (2005) The Cause and The Cure, *Harvard Business Review*.（スコフィールド素子訳「セグメンテーションという悪弊」『DIAMONDハーバード・ビジネスレビュー』2006年6月号）。

Chesbrough, Henry (2006) *Open Innovation,* Harvard Business School Press.

Christensen (2015) What is Disruptive Innovation?, *Harvard Business Review*.（有賀裕子訳「破壊的イノベーション理論：発展の軌跡」『DIAMONDハーバード・ビジネスレビュー』2016年9月号，ダイヤモンド社）。

Christensen, Clayton, and Taddy Hall, Karen Dillon, David Duncan (2016) Jobs to Be Done, Harvard Business Review.（辻仁子訳「Jobs to Be Done」『DIAMONDハーバード・ビジネスレビュー』2017年3月号）。

Cusumano, Michael, and Annabelle Gawer (2002) *Platform Leadership*, Harvard Business School Press.（小林敏男監訳『プラットフォーム・リーダーシップ』有斐閣，2020年）。

Cusumano, Michael, Annabelle Gawer, and David Yoffie (2019) *The Business of Platforms*, Harper Business.（青島矢一監訳『プラットフォームビジネス』有斐閣，2020年）。

張剛（2009）『MA YUN NIAN』China CITIC Press.（永井麻生子・王蓉美・王彩麗訳『アリババ帝国』東洋経済新報社，2010年）。

Douglas, Smith and Robert Alexander (1999) *Fumbling The Future*, iUniverse.（山崎賢治訳『取り逃した未来』日本評論社，2005年）。

Drucker, Peter F. (1954) *The Practice of Management*, Harper & Brothers Publishers.（野田一夫監修・現代経営研究会訳『現代の経営』ダイヤモンド社，1965年）。

Elberse, Anita (2008) Shoud You Invest in the Long Tail?, *Harvard Business Review*,

Jul-Aug, (DHR編集部訳「ロング・テールの嘘」『DIAMNDハーバード・ビジネス・レビュー』2008年12月号)。

Erisman, Porter (2015) *Alibaba's World*, St Martins Pr. (黒輪篤嗣訳『アリババ』新潮社，2015年)。

Evans, David and Richard Schmalensee (2016) *Matchmakers: The New Economics of Multisided Platforms*, Harvard Business Review Press. (平野敦士カール訳『プラットフォー戦略』朝日新聞社，2018年)。

Evans, Philip and Thomas Wurster (1997) Strategy and The New Economics of Information, *Harvard Business Review*, Oct.

Evans, Philip and Thomas S. Wurster (2000) *Blown to Bits*, Harvard Business School Press. (ボストンコンサルティング・グループ訳『ネット資本主義の企業戦略』ダイヤモンド社，1999年)。

藤原辰史 (2017)『トラクターの世界史』中公新書。

後藤晃 (2016)『イノベーション―ション活性化のための方策』東洋経済新報社。

Govindarajan, Vijay and Chris Trimble (2012) *Reverse Innovation,* Harvard Business Review Press. (渡部典子訳『リバース・イノベーション』ダイヤモンド社，2012年)。

Hamel, Gary and Bill Breen (2007) *The Future of Management*, Harvard Business School Press. (藤井清美訳『未来の経営』日本経済新聞社，2008年)。

Harford, Tim (2017) *Fifty Things: That Made The Modern Economy,* Riverhead Books. (遠藤真美訳『50いまの経済をつくったモノ』日本経済出版社，2018年)。

林信行監修 (2012)『スティーブ・ジョブズは何を遺したのか』日経BP社。

Iansiti, Marco and Roy Levien (2004) The Keystone Advantage, Harvard Business School Press. (杉本幸太郎訳『キーストーン戦略』翔泳社，2007年)。

Isaacson, Walter (2014) The Innovators, Simon & Schuster. (井口耕二訳『イノベーターズ I』『イノベーターズ II』講談社，2019年)。

井上達彦 (2012)『模倣の経営学』日経BP社。

磯山友幸 (2006)『ブランド王国・スイスの秘密』日経BP社。

今井正明 (2010)『カイゼン』日本経済新聞出版。

Johnson, M. and Clayton Christensen, Henning Kagerman (2008) Reinventing your Business Model. *Harvard Business Review,* Dec.. (関美和訳「ビジネスモデル・イノベーションの原則」『DIAMONDハーバード・ビジネス・レビュー』2009年4月号)。

Kim, Chan and R. Mauburgne (2005) *Blue Ocean Strategy*, Havard Business School Press. (有賀裕子訳『ブルー・オーシャン戦略』ランダムハウス講談社，2005

年)。

Kotler, K. & K. Keller (2006) *Marketing Management 12th Ed.*, Prentice Hall.（恩蔵直人監訳『マーケテイング・マネジメント』ピアソン・エデュケーション，2008年)。

川上量生（2015）『鈴木さんにもわかるネットの未来』岩波書店。

川上桃子（2012）『圧縮された産業発展』名古屋大学出版会。

川辺信雄（2003）『新版セブンイレブンの経営史』有斐閣。

楠木建（2006）「次元の見えない差別化」『一橋ビジネスレビュー』53巻第4号。

楠木建（2010a）「イノベーションの「見え過ぎ化」」『一橋ビジネスレビュー』57巻第4号。

楠木建（2010b）『ストーリーとしての競争戦略論』東洋経済新報社。

加護野忠男・井上達彦（2004）『事業システム戦略』有斐閣。

越塚昇（2015）「IoT時代のノード」坂村健監修『コンピュータがネットと出会ったら』KADOKAWA。

Levinson, Marc (2016) *The Box 2ed.*, Princeton University Press.（村井章子訳『コンテナ物語 増補改訂版』日経BP社，2019年)。

Levy, Steven (2011) *In the Plex*, Simon & Schuste.（仲達志・池村千秋訳『グーグル』阪急コミュニケーションズ，2011年)。

Linzmayer, Owen (2004) *Apple Confidential 2.0*, No Starch Press.（林信行訳『アップル・コンフィデンシャル2.5J上・下』アスペクト，2006年)。

松永宣明（2016）「イノベーションと中小企業」『商工金融』第66巻第9月号，商工総合経済研究所。

Markides, Constantinos (1997) To Diversity or Not to Diversity, *Harvard Business Review*.Dec.-Nov..（白鳥東五訳「多角化を成功させる戦略的資産」『DIAMONDハーバード・ビジネスレビュー』1998年2〜3月号)。

丸川知雄（2007）『現代中国の産業』中央公論社。

丸川知雄（2010）「中国の携帯電話端末産業」丸川友雄・安本雅典編著『携帯電話産業の進化プロセス』有斐閣。

丸川知雄（2013）『チャイニーズ・ドリーム』筑摩新書。

McGahan, Anita (2004) *How Industries Evolve*, Harvard Business School Press.（藤堂圭太訳『産業進化の4つの法則』ランダムハウス講談社，2005年)。

Milgram, Stanley (1967) The Small World Problem, *Psychology Today*, May. pp.60-67.（野沢慎司・大岡栄美訳「小さな世界問題」野沢慎司編・監訳『リーディングス ネットワーク論』勁草書房，2006年)。

三藤利雄（2018）『イノベーションの革新』ナカニシヤ出版。

Moazed, Alex and Nicholas Johnson (2016) *Modern Monopolies*, St Martins Pr.（藤原朝子訳『プラットフォーム革命』英治出版，2018年）。

盛田昭夫（1987）『MADE in JAPAN』朝日新聞社。

内藤耕・禿 節史・赤城 三男・溝渕 裕三（2006）『デジタル技術の衝撃』工業調査会。

長瀬幸雄・校條健・服部好弘・渡辺靖晃・松代博之（2012）「電子写真の発展を支えたイノベーション」日本画像学会誌 第51巻第2号。

中岡哲郎（1970）『人間と労働の未来』中央公論社。

中岡哲郎（1979）『技術を考える13章』日本評論社。

中道一心（2015）『デジタルカメラ大競争』同文舘出版。

Negroponte, Nicholas (1995) *Being Digital.*, Vintage Books, 1996.（福岡洋一訳『ビーイング・デジタル―ビットの時代』アスキー，1995年）。

日経ビジネス編集部（1984）『会社の寿命』日本経済新聞社。

丹羽清（2010）『イノベーション実践論』東京大学出版会。

日本画像学会（2018）「複写機遺産初めての認定」『複写機遺産』。

能澤徹（2003）『コンピュータの発明』テクノレヴュー社。

延岡健太郎（2011）『価値づくり経営の論理』日本経済新聞社。

野口悠紀雄（2017）『世界史を創ったビジネスモデル』新潮社。

野城智也（2016）『イノベーション・マネジメント』東京大学出版会。

Osterwalder, A. and Y. Pigneur (2010) Business Model Generation, Wiley & Sons.（小山龍介訳『ビジネスモデル・ジェネレーション』翔泳社，2012年）。

小川紘一（2009）『国際標準化と事業戦略』白桃書房。

小川正博（2007）「事業の仕組みによる独自事業の創出」『商工金融』第57巻第9号，商工総合研究所。

小川正博・西岡正・北嶋守編著（2012）『ネットワークのイノベーションと再編』同文舘出版。

小川正博（2015）『中小企業のビジネスシステム』同友館。

小川正博（2017）『情報技術と中小企業のイノベーション』御茶の水書房。

大野耐一（1978）『トヨタ生産システム』ダイヤモンド社。

大野耐一（2010）「トヨタ生産方式」『DIAMONDハーバード・ビジネス・レビュー』1月号。

小川進（2007）『イノベーションの発生原理』千倉書房。

小田徹（2016）『コンピュータ発明の果てしない物語』技術評論社。

小倉昌男（1999）『経営学』日経BP社。

尾原和啓（2014）『ITビジネスの原理』NHK出版。

尾原和啓（2020）『ネットビジネス進化論』NHK出版。

Pine II, Joseph (1993) *Mass Customization,* Harvard Business School Press. (江夏健一・坂野友昭監訳『マス・カスタマイゼーション革命』日本能率協会，1994年)。

Porter, Michel and Victor Millar (1985) How Information Gives You Competitive Advantage, *Harvard Business Review*, Jul.-Aug..

Porter, Michel (2001) Strategy and Internet, *Harvard Business Review*, Mar..

Porter, Michel and James Heppelman (2014) How Start, Connected Products Are Transforming Competition, *Harvard Business Review,* Nov..

Porter, Michel and James Heppelman (2015) How Start, Connected Products Are Transforming Companies, *Harvard Business Review,* Oct..

Prahalad, C. (2005) *The Fortune at the Bottom of the Pyramid*, Wharton School Publishing. (スカイライトコンサルティング訳『ネクスト・マーケット』英治出版，2005年)。

Rogers, Evertett (2003) *Diffusion of Innovation 5th.ed*, Free Press. (三藤利雄訳『イノベーションの普及』翔泳社，2007年)。

佐伯靖雄（2012）『自動車の電動化・電子化とサプライヤー・システム』晃洋書房。

坂村健（2016）『IoTとは何か』角川新書。

佐藤幸人（2007）『台湾ハイテク産業の生成と発展』岩波書店。

Schumpeter, Joseph (1912) *Theorie der Wirtschaftlichen Entwicklung.* (八木紀一郎・荒木詳二訳『経済発展の理論（初版)』日本経済新聞社，1980年)。

Schumpeter, Joseph (1926) *Theorie der Wirtschaftlichen Entwicklung.* (塩野谷祐一・中山伊知郎・東畑精一訳『経済発展の理論』岩波書店，1980年)。

Schumpeter, Joseph (1950) *Capitalism, Socialism, and Democracy*, Third Ed. (中山伊知郎・東畑精一訳『資本主義・社会主義・民主主義（上巻)』東洋経済新報社，1962年)。

SE編集部（2010）『僕らのパソコン30年史』翔泳社。

Seybold, Patricia (1998) *Customers.com*, Random House. (鈴木純一監訳『ネットビジネス戦略入門』翔泳社，1999年)。

Shenkar, Oded (2010) *Copycats*, Harvard Business Press. (井上達彦監訳/遠藤真美訳『コピーキャット』東洋経済新報社，2013年)。

Simon, H. (1981) *The Science of the Artificial 2ed*, MIT Press. (稲葉元吉・吉原英樹訳『新版　システムの科学』パーソナルメディア社，1987年)。

Slywotzky, Adrian (2002) *The Art of Profitability,* Warner Books. (中川治子訳『ザ・プロフィット』ダイヤモンド社，2002年)。

Spector, Robert (2000) *Amazon. Com*, HarperColins Pub. (長谷川真実訳『アマゾン・ドット・コム』日経BP社，2000年)。

Steven, Levy (2006) *The Perfect Thing*, Simon & Schuster.（上浦倫人訳『iPodは何を変えたのか?』ソフトバンククリエイティブ，2007年）。

立本博文（2009）「台湾企業：米国企業のモジュラー連携戦略」『ものづくり戦略の国際経営戦略』有斐閣。

高橋雄造（2011）『ラジオの歴史』法政大学出版局。

武石彰（2012）「オープン・イノベーション」『一橋ビジネスレビュー』第60巻第2号，東洋経済新報社。

田中辰雄（2009）『モジュール化の終焉』NTT出版。

都築幹彦（2013）『どん底から生まれた宅急便』日本経済新聞社。

鄭作時（2006）『阿里巴巴』浙江人民出版社（漆嶋稔訳『馬雲のアリババと中国の知恵』日経BP社，2008年）。

Utterback, James (1994) *Mastering the Dynamics of Innovation*, Harvard Business School Press.（大津正和/小川進監訳『イノベーション・ダイナミクス』有斐閣，1998年）。

Van Alstyne, Marshall and Geffrey Parker, Stageet Choudary (2016) Pipeiines, Platforms, and the New Rules of Strategy, *Harvard Business Review*, April.（有賀裕子訳「プラットフォーム革命」『DIAMONDハーバード・ビジネスレビュー』2016年10月号）。

von Bertalanffy, Ludwig (1968) General System Theory, George Braziller.（長野敬・太田邦昌訳『一般システム理論』みすず書房，1973年）。

von Hippel, Eric (2005) *Democratizing Innovation*, The MIT Press.（サイコム・インターナショナル監訳『民主化するイノベーション』ファーストプレス，2006年）。

Watts, Duncan (2003) *Six Degrees,* W.W. Norton & Company.（辻竜平・友知政樹『スモールワールド・ネットワーク』阪急コミュニケーションズ，2004年）。

Womac, J.P. and Daniel T. Jones (1990) *The Machine That Change The World*, Macmilian Publishing.（沢田博訳『リーン生産方式が，世界の自動車産業をこう変える』経済界，1990年）。

安本雅典（2010）「日本の携帯電話」「グローバルな携帯電話メーカーの競争力」「海外携帯電話産業の転機」丸川友雄・安本雅典編著『携帯電話産業の進化プロセス』有斐閣。

矢部洋三・小暮雅夫編（2006）『日本カメラ産業のダイナミズム』日本経済評論社。

矢部洋三（2015）『日本デジタルカメラ産業の生成と発展』日本経済新聞社。

ヤマトシステム開発株式会社（1993）『ヤマトシステム開発20年史』。

吉田民人（1967）「情報科学の構想」吉田民人他『社会的コミュニケーション』培風館。

索　引

231

【著者紹介】

小川 正博（おがわ まさひろ）

現　職　青森大学総合経営学部東京キャンパス特任教授
　　　　兵庫県立大学大学院客員教授
　　　　静岡県立大学客員教授
　　　　　札幌大学教授，大阪商業大学教授を経て2020年より現職。
　　　　博士（経営学）
公　職　中小企業診断士試験委員（基本委員）

主な著書

　『情報技術と中小企業のイノベーション』（単著）御茶の水書房，2017年。
　『中小企業のビジネスシステム―仕組みによる多様な事業へのイノベーション』
　　（単著）同友館，2015年。
　『企業のネットワーク革新』（単著）同文舘，2000年（中小企業研究奨励賞本
　　賞受賞）。
　『創造する日本企業』（単著）新評論，1996年。
　『企業の情報行動』（単著）同文舘，1993年。
　『21世紀中小企業論（第3版）』（共著）有斐閣，2013年。

2021年4月20日　第1刷発行

イノベーション入門

©著者　小　川　正　博

発行者　脇　坂　康　弘

発行所　株式会社 同友館

〒113-0033 東京都文京区本郷 3-38-1
TEL.03(3813)3966
FAX.03(3818)2774
https://www.doyukan.co.jp/

落丁・乱丁本はお取り替えいたします。
ISBN 978-4-496-05539-3

三美印刷／松村製本所
Printed in Japan